Gebrauchsanweisung für Schwaben

Anton Hunger

Gebrauchsanweisung für Schwaben

Piper München Zürich

Mehr Bäume.
Weniger CO_2.
www.cpibooks.de/klimaneutral

Mehr über unsere Autoren und Bücher:
www.piper.de

ISBN 978-3-492-27612-2
3. Auflage 2013
Überarbeitete und erweiterte Neuausgabe 2011

Karte: cartomedia, Karlsruhe
Satz: le-tex publishing services GmbH, Leipzig
Druck und Bindung: CPI – Clausen & Bosse, Leck
Printed in Germany

Inhalt

Rhein
Neckar
Bietigheim-Bissingen
Marbach
Hohenasperg 356 m
Ludwigsburg
Markgröningen
Korntal
Winnenden
Ipf
668 m
Ditzingen
Waiblingen
Hohen-
staufen
684 m
Bopfingen
Leonberg
Schorndorf
Enz
Calw
Stuttgart
411 m
Esslingen
Schwäbisch Gmünd
Sindelfingen
Württem-
berg
Göppingen
Herrenberg
Nürtingen
Kirchheim u. Teck
743 m
Hohenneuffen
Tübingen
Metzingen
Dettingen
Baiersbronn
Rottenburg a. N.
Reutlingen
Bad Urach
Horb a. N.
Neckar
Erms
Blaubeuren
Ulm
Burg
Hohenzollern
Schwäbische Alb
Donau
Albstadt
Zwiefalten
Rottweil
Riedlingen
Spaichingen
Sigmaringen
Biberach
Villingen-Schwenningen
Donau
Pfullendorf
Singen
Überlingen
Ravensburg
Konstanz
Friedrichshafen
Bodensee
SCHWEIZ

Der Schwabe und sein Schwabenland

Ja freilich.

Mit den Schwaben kennt man sich aus im großen deutschen Vaterland. Da kann jeder mitreden. Das sind doch die Nachkommen jener tölpelhaften Sieben Schwaben, die vor einem Häslein flohen, weil sie es für ein Ungeheuer mit feurigen Augen hielten. Das sind doch die Urenkel jenes famosen Götz von Berlichingen, der laut Goethe dem Hauptmann der kaiserlichen Armee bestellen ließ, er könne ihn am, will sagen im – na ja, der Rest ist bekannt. Und schließlich sind das jene etwas beschränkten, weil maulfaulen Leute, die sogar die Schotten in puncto Geiz übertreffen und ihr Leben an dem Grundsatz »Schaffa, spara, Häusle baue« ausrichten. Dazu noch ein paar Zeilen aus Ludwig Uhlands Ballade »Schwäbische Kunde« über ungemein wirksame Schwertstreiche (»Als Kaiser Rotbart lobesam, zum heil'gen Land gezogen kam«), ein paar dahingeschnaufte Zitate des ersten Bundespräsidenten Theodor Heuss, ein röhrender Porsche, unweit daneben der leuchtende Mercedesstern – und fertig ist das Schwabenbild.

Putzige Leutchen sind das da drunten im tiefen Süden, angesiedelt zwischen Hefezopf und Kuckucksuhr. Stellen sich abends mit dem Bauch an den Kachelofen, um das Mittagessen aufzuwärmen, haben dem schnurlosen Telefon den Namen gegeben, weil einer von ihnen fragte: »Hän'di koi Kabel?«, schwäbeln unverständlich durch die Nase und bemühen mit ihrem dauernden »Grüß Gott, grüß Gott« den Namen des Herrn.

Oha, jetzt geht uns aber gleich der Gaul durch. Deshalb ein paar kleine Korrekturen. Zum Beispiel die, dass sich unter den sagenhaften Sieben Schwaben zwar zwei Allgäuer, der Überlinger Seehas, der Bopfinger Gelbfüßler und der Nestelschwab aus dem Breisgau befanden, aber kein einziges Neckartäler Mannsbild. Zum Beispiel zweitens, dass der Götz von Berlichingen wie auch der hochgeschätzte frühere Journalist und spätere liberale Präsident Theodor Heuss genaugenommen keine Schwaben waren, sondern Franken. Und dass der göttliche Gruß keine Blasphemie ist, sondern ein Relikt aus besseren, frommeren Zeiten: »Gott grüße dich« – und das soll ja besagen: Gott segne dich. Außerdem ist das Schwabenland, wie der Theologe und Historiker Christian Gottlob Barth schon 1843 festgestellt hat, neben Palästina das einzige »gelobte Land«. Und sei es nur, »weil es kein besseres gibt in der ganzen Welt, und weil es wenigstens von den Schwaben gelobt wird, wenn es auch niemand sonst loben wollte«.

Auf der Roten Liste

Leider stirbt dieses Wissen langsam aus. Längst stehen die richtigen Schwaben auf der feuerroten Liste der bedrohten Arten. Nehmen wir einfach einmal ein spezielles Biotop, die Landeshauptstadt Stuttgart, als Muster für eine kleine Bestandsaufnahme.

Rund 600 000 Einwohner hat die Stadt an Neckarfluss und Nesenbach. Doch wer glaubt, er werde auf der Königstraße mit ganzen Schwabenrotten konfrontiert, der irrt sich. Schließlich kommt jeder vierte Stuttgarter aus Italien, Spanien, Griechenland, Kroatien, der Türkei oder sonst woher. Mehr als die Hälfte der verbliebenen 450 000 Deutschen besteht längst aus Preußen, Hessen, Badenern, Westfalen, Nieder- und anderen Sachsen, die alle ihre eigene Mundart importiert haben. Von den 200 000 Einheimischen ist die Hälfte auf Dienstreise oder im Urlaub, und wiederum die Hälfte der übrig gebliebenen 100 000 steckt auf den Autobahnen 8 und 81 im Stau. Ziehen wir von den 50 000 die Kinder und die Alten ab, bleiben gerade noch 25 000 Präsenzschwaben übrig – doch 22 000 davon sind durch den Einfluss von Vorschulerziehung, Fernsehen und dem streng »proissisch« parlierenden Südwestrundfunk sprachlich längst deformiert. Wobei preußisch alles ist, was nicht schwäbisch, badisch oder bairisch klingt. Jedenfalls sind selbst viele gebürtige Schwaben heute außerstande, ihr Losungswort »O'a'g'nehm« korrekt auszusprechen.

Blieben theoretisch gerade noch 3000 waschechte schwäbische Stuttgarter übrig, doch leider sind die meisten von denen nach Hamburg oder Berlin ausgewandert, wo sie als Manager, Drehbuchautoren, Prominentenfriseure, Journalisten oder Wirte Entwicklungshilfe für den Rest der Republik leisten. Man sieht, die paar Leutchen, die als kernfeste Schwaben durchgehen, könnte man in einer Untertürkheimer oder Cannstatter Weinbeiz unterbringen.

Das war einmal ganz anders. Oder eigentlich doch nicht. Die Schwaben sind sich zwar ganz sicher, wie ihr Musterländle einstmals erschaffen wurde. Es war nämlich so, dass der liebe Gott am siebten Schöpfungstag von seinem Landschaftsmaterial noch die schönsten Batzen übrig hatte und daraus, sozusagen im Freilauf, ein abwechslungsreiches Stück

Erde schuf – mit Bergen und Tälern, Seen und Flüssen, Wäldern, Wiesen und ein paar besonders hübschen Misthaufen zur Dekoration. Ein Musterländle halt. Daran ändert auch die Tatsache nichts, dass der frühere Ministerpräsident Erwin Teufel das Wort »Ländle« gern als rufschädigende Verkleinerung ausmerzen wollte. Und auch nichts, dass die Badener behaupten, die Schwaben seien ganz anders entstanden: Der liebe Gott habe auf dem Feldberg, mit Blickrichtung Rhein sitzend, lauter schöne Badener geschnitzt. Die missratenen Exemplare habe er hinter sich geworfen, über den Schwarzwald hinüber ins Württembergische. So charmant sind sie halt, unsere badischen Freunde.

Migranten, wohin man blickt

Wie die Schwaben wirklich zu den Schwaben wurden, darüber gibt es viele Theorien, weshalb wir es kurz machen wollen. Kaum war das Jurameer unter Hinterlassung zahlreicher Fossilien und Kalkberge abgeflossen, kaum hatten die Steinzeitväter und -mütter vom Homo steinheimensis (einer jungen Dame übrigens) bis zur alten Parre (einer streitbaren Uroma aus David Friedrich Weinlands Roman »Rulaman« aus dem Jahr 1876) das Zeitliche gesegnet, da besiedelten die Kelten das Land am mittleren Neckar. Weiter westwärts, jenseits des Rheins, hießen die Kelten Gallier und hatten als Asterix und Obelix ihren Spaß an Römerhatz und Wildschweinjagd. In den feuchten, manchmal nebeligen Neckarauen aber entwickelten sich diese Kelten zu nachdenklichen Leuten mit einem Hang zum Grübeln und Spintisieren. Kein Wunder, denn damals war es noch üblich, den Obergott Teutates mit Menschenopfern davon abzuhalten, den Himmel einstürzen zu lassen. Kein Keltenmensch war sich sicher, ob ihm die Druiden nicht mit ihren goldenen Sicheln zu Leibe rückten. Das, die dunklen Winter und die traurigen Lieder der Barden sorgten für eine trübe Stimmung. Und den Neckarwein als Seelendoping gab's noch nicht.

Dieser Hang der Kelten zur Schwermut besserte sich nicht, als sie im ersten Jahrhundert nach Christi Geburt von römischen Legionen überrollt wurden. Und erst recht nicht, als die Besatzer sie hinter einer Art Mauer einsperrten, dem Limes. Dieser Grenzwall bot zwar einen gewissen Schutz vor den Bajuwaren und anderen Barbaren und ist deshalb inzwischen zum Weltkulturerbe befördert worden. Doch die nächste Überrumpelung inklusive Vermischung 200 Jahre später konnte er nicht verhindern. Damals nahten aus dem hohen Norden unrasierte, blond- und rothaarige Völkerschaften mit Kuhhörnern auf dem Kopf. Diese germanischen Invasoren stürmten aus den Frostregionen von Elbe und Ostsee herunter, den sonnigen Süden mit Seele und Speeren suchend. So scharf waren diese verfrorenen Gesellen auf ein paar Grad Wärme, dass sie unter Absingen von »Brüder zur Sonne, zum Strandbad« gleich bis zum Mittelmeer durchgebrochen wären, hätten sich ihnen nicht die längst aufgetürmten Alpen entgegengestellt. Ein paar schafften es bis zum Gardasee und begründeten damit die deutsche Sehnsucht nach dem Land, »wo die Zitronen blühn«. Leider trugen diese blauäugigen Besatzer keine Personalausweise bei sich, denen man ihre Nationalität hätte entnehmen können. Zwei Stammesnamen hielten sich: Sueben und Alemannen. Dieser kunterbunte Verein namens »Alle Männer« siedelte am Neckar, beiderseits des Rheins, im Schwarzwald und in der Schweiz, weshalb eigentlich alles, was im Südwesten seine Vorfahren hat – ob Schwaben, Badener, Schwyzer oder Elsässer – alemannischen Ursprungs ist. Wie sagte der Reichenauer Benediktinerabt Walahfrid Strabo schon im 9. Jahrhundert? »Alemannen oder Schwaben, die beiden Wörter bedeuten ein Volk …« Und dieses Volk sind wir.

Doch leider blieb nicht genügend Zeit, die Namensfrage abschließend zu diskutieren. Kaum hatten die Alemannen keltisches und römisches Erbgut genetisch integriert, da nahten bereits die nächsten Okkupanten: die ebenfalls germanischen Franken. Sie führten das Christentum ein, nicht aber die Nächstenliebe. Unter einem Vorwand lockten sie die festesfrohen Alemannenführer in das alte römische Kastell Cannstatt – und brachten sie um. Feindliche Übernahme kann man das nennen. Dazu reichten Kraft und Mittel, nicht aber zur flächendeckenden Besiedlung der alemannischen Lande. So kommt es, dass bis heute eine zwar nicht sichtbare, wohl aber noch immer hörbare Sprachgrenze zwischen Schwarzwald und Ostalb, zwischen Hornisgrinde, Hessigheimer Felsengärten und dem Hohenberg bei Ellwangen die Schwaben von den Franken scheidet. Hier sagt man zu jungen Damen Mädle, dort Madlich, hier heißt der Geist Goischd, dort Gaaschd.

Man erkennt deutlich: Den lupen-, gar rassereinen Schwaben hat es nie gegeben. Er war, von ein paar auf Inzucht spezialisierten Dörfern auf der Schwäbischen Alb und im Heckenbeerlesgäu einmal abgesehen, immer eine bunte Mischung aus keltischen, romanischen und germanischen Genen – zumindest bis zum Ende des Zweiten Weltkrieges. Danach kamen die Heimatvertriebenen unfreiwillig, aber scharenweise ins Land; ihnen folgten später die Gastarbeiter aus dem Süden Europas, die »Reingeschmeckten« aus dem wirtschaftlich nicht ganz so blühenden deutschen Norden, die Aussiedler, manchmal tatsächlich Urenkel der Donau- und Wolgaschwaben, aus dem Osten – und schließlich die Freunde aus den neuen Bundesländern, die die Region mit ihrem sächselnden Originalton beschallen.

Angesichts eines solchen Völkergemischs mit durchgängigem Migrationshintergrund stellen sich dem Leser zwei grundlegende Fragen. Erstens: Wenn das alles so ist, was ist dann heute ein Schwabe? Und zweitens: Wo liegt dessen Schwabenland?

Alle gleich verdruckt?

Beginnen wir damit, ein weitverbreitetes Missverständnis auszuräumen: Das Schwabenland ist keineswegs deckungsgleich mit dem Bundesland Baden-Württemberg – dagegen würden sich die badischen Karlsruher und Freiburger, die kurpfälzischen Mannheimer und Heidelberger samt den fränkischen Heilbronnern und Hohenlohern mit Händen und Füßen wehren. Schlimmer noch: Schwaben fällt nur teilweise mit dem Territorium des ehemaligen Landes Württemberg zusammen. Ja, früher! Damals, so ums Jahr 1000 nach Christi Geburt, reichte das Herzogtum Schwaben vom Gotthardpass bis nach Nördlingen, von Weißenburg im Elsaß bis zum Comer See. Heute aber besteht die schwäbische Heimat, grob gesagt, aus dem alten Kernland der Staufer, später der Württemberger Grafen am mittleren Neckar, zwischen Tübingen und Schorndorf, zwischen Freudenstadt und Backnang. Dazu kommt das einst teils vorderösterreichische, teils klösterliche, teils grafschaftliche, jedenfalls aber kernig schwäbisch sprechende Oberland bis zum Schwarzen Grat bei Isny – und der bayerische Regierungsbezirk Schwaben von Neu-Ulm bis Augsburg. Beweis: Früher gab es einen ruhmreichen Fußballclub namens Schwaben Augsburg. Und als die Stadt der Fugger und Welser vor einiger Zeit ihren 2000. Geburtstag feierte, riefen besorgte Augsburger bei der »Stuttgarter Zeitung« an und baten darum, den Jubeltag auch im Württembergischen zu würdigen. Das dürfe man nicht den imperialen Münchnern überlassen.

Damit nähern wir uns dem Schwaben selbst, diesem unbekannten Wesen. Ein bayerischer Suebe, der frühere Bundesfinanzminister Theo Waigel, hat dazu eine ebenso infame wie erheiternde Definition beigetragen: »Es liegen sieben Schwaben aufeinander. Was unterscheidet den untersten vom obersten?« Antwort: »Nichts, alle sind gleich verdruckt.«

Nun bedeutet »verdruckt« nicht nur »plattgedrückt« wie eine überfahrene Pfautzkrott, sondern auch verschlossen. Gut, es gibt Schwaben, die herumdrucksen, nicht herauswollen mit der Sprache, hehlingen, also heimlich gescheit sind – und das sogar schon vor ihrem 40. Geburtstag. Aber die sollen auch bei anderen deutschen Stämmen vorkommen. Also muss es ein anderes Erkennungsmerkmal geben.

Ja, das gibt es: Es ist, erstens, die Sprache. Als Schwabe darf sich bezeichnen, wer schwäbisch spricht. Doch weil das inzwischen auch Luigi, Manolo und Aishe können, kommt ein Zweites dazu: Von sich als Schwabe reden darf, wer schwäbisch denkt und versteht, ob es nun das Stuttgarter Hoch- oder das älblerische Rustikalschwäbisch ist. Er oder sie muss ein Ohr haben für die feinen Zwischentöne dieser Sprache, vom groben »Leck-me-em-Arsch« bis zum romantischen »Jetzt gang i ans Brünnele«. Dazu eine feine Zunge, um mit verbundenen Augen einen Trollinger von einem Lemberger unterscheiden zu können. Er sollte einmal an Königs Geburtstag die Nationalhymne »Preisend mit viel schönen Reden« gesungen haben. Oder ersatzweise »Auf de schwäb'sche Eisebahne«. Und schon einmal heimlich eine Träne verdrückt haben, wenn Ludwig Uhlands »Ich hatt' einen Kameraden« erklang.

Vom schwäbischen Wesen

Womit wir bei jenem Phänomen angekommen wären, das sich »schwäbische Wesensart« nennt. Am einfachsten wäre es, man könnte sie an Persönlichkeiten festmachen, so wie das

Bayerisch-Bierdimpflige an Franz Josef Strauß oder das Hanseatisch-Schnoddrige am einstigen Kanzler Helmut Schmidt. Doch solche Identifikationsfiguren sind rar in diesem Land der Einzelgänger, wo zu Urgroßmutters Zeiten zwischen zwei Nachbardörfern ein Bach, drei Weidezäune und sieben Berge lagen. Wenn es sie gab, sind sie meist zu Unrecht vergessen, wie jener sagenhafte Landtagsabgeordnete Tiberius »Bere« Fundel aus Indelhausen auf der Alb. Der sagte nach dem Zweiten Weltkrieg zu Gebhard Müller, dem eben gewählten, stolzen Staatspräsidenten von Südwürttemberg-Hohenzollern: »Des eine musch' du dir merken, Gebhard: Je öfters du in der Zeitung komm'sch, umso öfters putzet die Leut den Hintere mit dir.«

Inzwischen gab und gibt es theoretisch andere Galionsfiguren aus dem Land der Schwaben: den gerade pensionierten, brummigen Tatortkommissar Bienzle alias Dietz-Werner Steck, den spitzzüngigen Entertainer Harald Schmidt alias Dirty Harry aus Nürtingen, den barocken Fernsehkoch Vincent Klink, den sein Weg von Schwäbisch Gmünd nach Schwäbisch Stuttgart geführt hat. Oder den blonden Fußballhelden Jürgen Klinsmann, der seine erste Gesellenprüfung, lang vor der Weltmeisterschaft 2006, daheim in der familiären Backstube in Stuttgart-Botnang gemacht hat. Oder Horst Köhler oder Joschka Fischer, denen Württemberg zur Heimat wurde. Ja, alles ganz wunderbare Leute. Aber sie leiden unter demselben Makel wie eine Artistin aus Stuttgart-Heslach, über die ein Biograf schrieb: »Eine Schwäbin war sie nicht, sie war eine Künstlerin.« Das hat etwas mit professionellem Rollenspiel zu tun, und genau das liegt dem Normalschwaben nicht.

Dennoch unterliegt der Deutsche dem Wahn, seine Schwaben zu kennen – natürlich aus dem Fernsehen. Da stolpern sie herum, diese köstlich maulenden Hausmeister, die keifenden Klatschweiber, die spruchbeutelnden Pfarrer, die groben

Büttel. Und die versponnenen Tüftler, denen man es zutraut, aus ein paar alten Konservendosen einen Zeppelin zu basteln. Oder aus Witzen, die so gehen: Fährt ein Schwabe in eine Autowaschanlage und kommt Sekunden später herausgerannt – patschnaß. Fragt ihn der Betreiber, was passiert sei. Antwortet der Mann: »Da stand auf dem Schild: Gang raus!« Zum besseren Verständnis: »Gang« ist im Schwäbischen auch der mundartliche Imperativ von gehen …

So also sind sie angeblich, die Schwaben: bruddelig, b'häb, knitz, raubauzig, tüftelig, herzensgut. In einem gerade vierzeiligen Vers hat es August Reiff so zusammengefaßt: »Ufrichtig und gradraus, / guetmütig bis dort naus, / wenn's sein muss, au saugrob, / des isch der Schwob.« Diese Charakteristik scheint ihre Wirkung getan zu haben, denn im Bayerischen gab es lange den Spruch: »Willst du keinen Streit und Ärger, meide jeden Württemberger.« Und Theodor Heuss legte auf seine diplomatische Art nach: »Die Schwaben sind vielleicht der komplizierteste, gewiss aber der spannungsreichste unter den deutschen Stämmen.«

Weicher Kern in rauer Schale

Saugrob? Spannungsreich? Na Glückwunsch. Und der arglose Leser von auswärts mag es kaum glauben: so sieht sich mancher Schwabe bis heute selbst gern. In Zeiten von Rap und Hip-Hop pflegt er seine landsmannschaftliche Identität, indem er, wie die Kulturwissenschaftler sagen würden, seine Existenz in eine idealtypische Basiserzählung eingliedert. Sprich: Wir sind halt, seit Adam und Eva, aufrechte Kerle und Weiber, ein bissle tappig, aber nicht blöd; selten parkettsicher, aber immer ehrlich. Wir schimpfen wie die Rohrspatzen, schaffen wie die Brunnenputzer und haben alle irgendeinen Fürsten, einen Professor oder einen Prälaten in der Ahnenreihe. Kurz, ein weicher Kern in rauer Schale, wenig Form, viel Inhalt, dazu immer ein Funken Genie, und natürlich die schönsten Mädle, gell. Diese manchmal inflationär eingesetzte Floskel »gell« steht übrigens für »gilt«: So ist es.

Um der Wahrheit und der Gegenwart näher zu kommen, müßte man allerdings differenzieren. Der heutige Urbanschwabe unterscheidet sich nämlich von seinem ländlichen Vetter wie die Stadtmaus von der Landmaus. Wobei Stadt in diesem Fall Stuttgart heißt, aber schon nicht mehr Stuttgart-Obertürkheim. Oder Ulm, aber schon nicht mehr Ulm-Wiblingen. Oder Reutlingen, aber nicht mehr in Reutlingen-Sondelfingen.

Der Stadtschwabe hat, weil auch am Neckar das Sein das Bewusstsein bestimmt, das Bauernwams schon vor 300 Jahren ausgezogen. Er futtert Tapas und Safranrisotto, fährt – früher undenkbar – einen bayerischen BMW, sitzt heute im Ballett, morgen in der Schickibar, liest Michel Houellebecq, liebt Tango und Salsa und trinkt im Chillout-Heaven Latte macchiato und Caipirinha. Er ist so austauschbar wie die Fußgängerzonen deutscher Metropolen. Kinder, die mit dem Kinderkanal und der »Sendung mit der Maus« aufwachsen, lernen schon im Kindergarten, korrekt Schaiße zu sagen, statt Scheijsele. Wenn sie nicht gleich auf Kacke, Pampe oder Shit ausweichen.

Draußen aber, in den Dörfern und Kleinstädten, in ehrwürdigen Fachwerkbauten und uniformen Reihen-Eckhäusern, verstecken sich noch ein paar Originalschwaben. Dort, wo es in der Wirtschaft noch einen kernigen Wirt und einen Stammtisch gibt. Dort, wo die Leute noch nicht bloß Maier oder Müller heißen, sondern Zwetschgen-Karle, Bobbes oder d' Schlitzäugles-Sofie, auch d'Kineese genannt. Dort, wo die Diarrhöe unter »Schnellkätter« läuft und der Kleintierzüchter unter »Hennavögler«. Die Chance, solche Oasen zu finden, steigt mit zunehmender Entfernung zum Stuttgarter Schlossplatz.

B'häb und bruddelig

Wer solchen Schwaben begegnet, ob auf dem Rathaus oder in der Autowerkstatt, ob auf dem Acker oder bei Aldi, lernt Paradoxes. Zum Beispiel, dass Klischee und Wirklichkeit zuweilen übereinstimmen. Diese Landsleute sind tatsächlich manchmal b'häb, bruddelig, grob. Aber auch knitz, wissbegierig, freundlich. Und mit einem ganz eigenen Humor ausgestattet.

B'häb? Das hat beileibe nichts mit behäbig zu tun, also mit satt-gemütlich, sondern mit knauserig und engherzig. Nicht Raffke, i wo!, sondern Entenklemmer. Das waren jene Leute, die den Hintern ihres Federviehs mit einem Klemmgriff kontrollierten, damit ein im Rohr steckendes Ei nicht in Nachbars Garten lande. Diese Vorsicht aus Zeiten, in denen Vogelgrippe ein Fremdwort war, entsprang keinem charakterlichen Defekt, sondern einem harten irdischen Los. Solange sich die Schwaben nämlich von der Landwirtschaft ernähren mussten, war Schmalhans Küchenmeister. Viele Leute waren so arm, dass sie nicht nur den Pfennig, sondern auch den faulen Apfel dreimal umdrehen mussten. Noch zu Beginn des 19. Jahrhunderts herrschte auf der rauen Alb Hungersnot – vorne Weh und hinten Ach. Deshalb suchten die vielen Auswanderer in Russland, Amerika oder Brasilien weniger die goldene Freiheit, sondern fruchtbare Felder und gut gefüllte Teller.

Die langen Notjahrhunderte haben die Lehre vom »Des duads no lang« und »Mr lässt nix verkomme« in die Bauernschädel eingehämmert. Dort sitzt sie noch heute. Man »hält sein Gerstle« zusammen, wirft nix weg, weder ein trockenes Brot noch einen verschlissenen Pullover, noch ein altes Radio.

Man weiß nie, wozu das noch gut ist. So wie jener nur einmal benützte Zahnstocher, den der Schwabe im Lokal wieder ins Büchsle zurücklegte: »Der duad's nomal.« Gut, manchmal tut er des Guten zu viel, zum Beispiel, wenn er seinem Sohn als Weihnachtsgeschenk großzügig »a Schleifez vors Haus soicht«, also pinkelt. Immerhin: Wer hat in Zeiten der Klimaerwärmung noch eine eigene Eisbahn? Also kein »Mir san mir«, sondern lieber »Älles mei«, was so viel heißt wie »Das gehört alles mir«. Dann herrscht Seelenfrieden. So wie bei jenem Mann, der eine Buchhandlung betrat, um seiner Frau ein Geschenk zu kaufen: »Mörikes Gesammelte Werke, bitte.« Fragte der Buchhändler: »Welche Ausgabe …« Antwortete der Mann: »Da haben Sie auch wieder recht!« und verließ den Laden. Schon wieder viel Geld gespart.

Böse Menschen behaupten ja, sie wüssten, wie der amerikanische Grand Canyon entstanden sei: Ein Schwabe habe dort nach einem verlorenen Groschen geschürft. Und es wird berichtet, wie der Schwabe es angeblich mit den Präsenten für seine Mitmenschen hält: »Lieber zehn Minute gschämt als a groß' Gschenk gmacht.« Selbst Eduard Mörike hat an diesem Ruf mitgedichtet: »Sparsamkeit ist eine Tugend, / während Geiz ein Laster ist. / Ach, dass unsre heut'ge Jugend, / dieses gar zu leicht vergisst. / Liebes Kind, ich bitt dich drum, / eh du einen Kreuzer ausgibst, / dreh ihn zweimal – einen Groschen / sechsmal in der Hand herum!« Genau so, behaupten die Spötter, sei der Kupferdraht erfunden worden. Die Wirklichkeit aber, sagt der in Stuttgart lebende Sachse und Verleger Ulrich Frank-Planitz, sehe ganz anders aus: Die Schwaben seien wegen Verschwendungssucht ausgewiesene Sachsen. Denn rund um Leipzig und Dresden sei die Sparquote einst viel höher gewesen als im Stuttgarter Talkessel. Das mag sein, doch Exministerpräsident Günther Oettinger hat in seiner Amtszeit ein leuchtendes Sparbeispiel gegeben. Wenn er als Ehrengast Spiele des VfB Stuttgart besuche, also ohne einen Pfennig für Show, Speis und Trank zu bezahlen, dann sei das »gelebtes Baden-Württemberg«. So isch no au wieder.

Parole »Schwätz nix«

Wie dem auch sei, Sparsamkeit fängt im Kopf an. Deshalb sind manche Schwaben bis heute auch sparsam beim Reden, getreu dem Motto »A stiller Mensch isch ruhig«. Für diese Maulfaulheit steht der verbale Dreisprung des Ehemannes beim Beglücken seiner Gattin: »Wasele?« Pause. »Sodele.« Kurze Pause, dann erleichtertes Aufseufzen: »Jetzetle!« Oder die Szene auf dem Land, wo ein Bauernbub nach Hause rennt und daheim ganz aufgeregt mitteilt, dass Nachbars Kühe ausgebrochen seien und die eigene Wiese abweideten. Ein-, nein, zweisilbiger Kommentar des Bauern: »Melka!«. Sprich: Melken! Nein, das ist nicht »verdruckt«, das ist nur vernünftig. »Schwätz nix, dann komm'sch in nix nei«, hieß es oft, ehe das Handy eingeführt wurde. Und so mancher, der zu Hause am Esstisch oder bei seinem Chef eine Lippe riskierte und danach abgekanzelt wurde, musste sich eingestehen: »Um den Preis hätt'sch dein Maul auch halte könna.«

Bruddelig, also brummig-abweisend, war und ist der Schwabe nicht etwa, weil er bösartig wäre. Sondern einerseits, weil er seine Gesundheit pflegt, wie der Autor Sebastian Blau feststellte: »Wer bei uns einen Kropf hat, hat ihn kaum wegen verschluckter Grobheiten.« Und andererseits, weil er die Welt nach Art seiner Vorfahren grundsätzlich skeptisch betrachtet – und damit leider meist recht behält. Der Rest ist Temperamentssache. Das sesshafte Exemplar zieht sich hinter seinen Ofen, hinter sein Viertele zurück und räsoniert über die Schlechtigkeit der Zeit. Der Umtriebige aber geht in die verquere Welt hinaus und versucht sie sich besser zurechtzuzimmern: indem er Motoren entwickelt und Zündkerzen und Werkzeugmaschinen und Computer. Und Harmonikas und Leitz-Ordner. Oder indem er, wie der gebürtige Ulmer Albert Einstein, die Relativitätstheorie erfindet. Im Übrigen hat sich die ursprüngliche Grobheit stark relativiert. Wurde ein Schwabe früher angerempelt, schlug er dem Übeltäter aufs Maul – »oine an d'Gosch na«. Später beließ er es bei einem gemäßigten Hinweis: »Hoppla, du Dackel, glotz au, wo du na'dappsch.« Heute kommt er mit einem einzigen Wort aus: »Entschuldigung«. Manche halten das für ein Zeichen von Degeneration.

Aber der Schwabe kann nicht nur raubauzig sein, sondern auch scheißfreundlich. So wie jener Landpfarrer, der einst seinem Herzog folgende Schadensmeldung übermittelte: »Dero allerhöchste Säue haben geruht, meine allerunterthänigsten Kartoffeln aufzufressen.« Und knitz. Knitz? So ist ein Mensch, dessen Qualitäten zwischen einfallsreich, clever und listig liegen. Jedenfalls hat er das, was man ein »Gelenk im Hirn« nennt. Meist ist er neugierig und wissbegierig, tut aber, als könne er nicht bis drei zählen. Und dann überrascht das Schlitzohr die anderen mit seinen Einfällen. Er weiß, wie man seinen »Vortl« nützt; also den vorteilhaften Schwung aus dem Handgelenk heraus, mit dem man leichter einen Ast am Kirschbaum kappt. Oder wie man die psychologische Finte platziert, um ein Geschäft zu befördern. Auch wenn andere zunächst lachen, macht er mit Pfennigartikeln wie Schrauben oder Dübeln oder schlichtem Dreck Millionen – wie die Vorzeigefabrikanten Reinhold Würth, Artur Fischer oder Helmut Aurenz. Man muss das Pulver nicht erfinden, sondern nur machen. Dann wird man von allen geliebt, sogar von den einheimischen Medien.

Das also ist die schwäbische Dialektik: dieses »Sowohl« einerseits und das »Als auch« andererseits, diese Mischung aus verhockt und umtriebig, dieser wohlhabende Biedersinn, diese maulende Sentimentalität, dieses Wechselbad von Heimweh und Fernweh. Nur einem Schwaben kommt in Australien der Gedanke: »Do sitzt mr en Sydney rum, ond daheim sott mr d'Bäum schpritza!« Max Eyth, dieser weltenbummelnde Dichteringenieur aus Kirchheim/Teck, war aus solchem Holz. Als er 1861 in Antwerpen eine Wurst aß, fiel ihm der wesentliche Unterschied auf: »Es fehlte ihr die schlichte Treuherzigkeit, die man am Neckar auch in einer Knackwurst findet.«

Schwäbisch lustig

Viele solch kritischer Situationen meistert der Schwabe mit seinem sehr speziellen Humor. Der ist wie der traditionelle Neuffener Täleswein: ein Eigengewächs, immer ziemlich trocken, manchmal arg räs. Ein Franzose fällt in den Neckar, droht zu ersaufen und schreit: »Au secour! Au secour!« Der Tübinger auf der Brücke ruft dem um Hilfe flehenden mitleidig zu: »Hättesch du lieber Schwemma g'lernt denn als Französisch.«

Lacht da jemand? Natürlich nicht, wozu hat einem der liebe Gott ein Pokergesicht geschenkt? Auswärtige Humoristen sind immer wieder fasziniert von der fast übermenschlichen Fähigkeit des Schwaben, eine noch so brillante Pointe stoisch auszusitzen.

Robert Gernhardt, der 2006 verstorbene Frankfurter Satiriker und Dichter, hat das als Kontrast zum stets lachbereiten Kölner so formuliert: »In Stuttgart schweigen die Menschen, das ist fast unheimlich. Aber hinterher kaufen sie Bücher. Als wollten sie zu Hause nachlachen.« Im Keller wahrscheinlich. Aber das kann eigentlich nicht sein, denn da liegt der technisch perfekt ausgestattete Hobbyraum. Dort wird geschafft, nicht gealbert.

Ein unerschöpflicher Brunnquell der Freude ist für den Einheimischen auch stets die Faschingszeit. Das gilt vor allem für die katholischen Hochburgen der schwäbisch-alemannischen Fasnet, wo die Hansele und die Schwellköpfe gerade so wild herumtanzen, wie es der Narren-Tüv erlaubt. Motto: »Narren müssen sauber bleiben«. Und noch viel mehr beim Stuttgarter Gaudiwurm, bei dem der Zuschauer, der laut »Narro« ruft, Gefahr läuft, wegen Ruhestörung abgeführt zu werden. Der Schwabe guckt zu und macht sich seine Gedanken. Zum Beispiel über die Büttenrede des seinerzeitigen Stuttgarter Oberbürgermeisters Wolfgang Schuster, diesem Meister rhetorischen Understatements, der folgendes Geständnis ablegte: »Find im Narrensein höchstes Glück – drum ging ich in die Politik.« Tätä, Tätä, Tätä.

Früher gab es im Südwesten Politiker, die sprachliche Geistesblitze zucken ließen. Reinhold Maier etwa, Ministerpräsident in den fünfziger Jahren, erteilte allzu markigen liberalen Parteifreunden den Rat: »O glaubet no net alles, was ihr saget.« Auch sein Parteifreund, der starke Raucher Theodor Heuss, war ein schlagfertiger Mann. Als ihn ein Besucher des Bundespräsidialamtes darauf hinwies, dass Zigarrenasche auf seine Weste gefallen sei, beschied ihn der Präsident kurz: »Des isch die g'wöhnt.« Günther Oettinger dagegen fiel zu seinen Amtszeiten als Ministerpräsident höchstens dann auf, wenn er einen Freund vor versammelter Geburtstagsgesellschaft samt Damen einen »württembergischen Meister im Seitensprung« nannte. Dies auch nur deshalb, weil er die Pointe schon einmal, bei einem anderen Herrn, verschossen hatte.

Deshalb gibt es ernsthafte Schwaben, die sagen: »Man könnte gerade meinen, älle rechte Leut seien gestorben – ond unter de Lebige gäb's koine G'scheite meh.« Das gilt nicht nur für Politiker, sondern auch für Firmenchefs, Intendanten und Feinkosthändler.

Zugegeben, dieser bunte Strauß an Eigenheiten mag auf einen jovialen Rheinländer einen eher grimmigen, eigenbrötlerischen Eindruck machen. Aber das ist eben das keltische Erbgut – ein gewisser gutnachbarlicher Ausgleich zu den lebensfrohen Badenern und den bräsig-krachledernen Bayern. Um so mehr strahlt unser Landsmann, wenn er ausnahmsweise und wider Erwarten positiv überrascht wird: durch eine Gehaltserhöhung (bei schwäbischen Chefs unwahrscheinlich), durch ein Lob des Vorgesetzten (dito) oder durch ein Küssle seiner Gemahlin oder Gefährtin (nicht ausgeschlossen). Dann kann er richtig nett werden, gemütlich und leutselig. Ja sogar gesprächig und großzügig. Dann streift er sein skrupulöses, in sich gekehrtes Wesen ab und gibt sogar eine Runde aus. Dafür geniert er sich am nächsten Morgen ein bisschen: »Sapperlott, i glaub, i werd' leichtsinnig.« Damit meint er verschwenderisch, und das wäre eine Sünde.

Schätzla und Hyänen

Fehlt nur noch eins zum Glück: die Schwäbin. Und die ist auch bitter nötig. Denn sie muss mit ihrer ausgleichenden, charmanten, nach außen zurückhaltenden, am Esstisch und im Ehebett aber bestimmenden Art all die Beulen ausbügeln, die ihr Schwabenfrieder sich und anderen zugefügt hat.

Mag der schwäbische Mann noch so oft behaupten, er habe die Hosen an – zu Hause lebt er in einer milden Form des Matriarchats. Das war schon bei den Ureinwohnern in den Albhöhlen so, wo die erwähnte alte Parre Wunden heilte und Entscheidungen traf. Auch die berühmten Weiber von Schorndorf unter der Führung der Bürgermeisterfrau Anna Barbara Künkelin haben eindrucksvoll gezeigt, wie Frauen ihren Mann stehen, wenn die Herren der Schöpfung schwächeln. Mit Mistgabeln und Besenstielen bewaffnet belagerten die Damen 1688 das Rathaus, um ihren verzagten Männern droben im Ratssaal klarzumachen: »Mit uns keine Kapitulation vor den Franzosen!« Das wirkte, auf Freund und Feind übrigens.

Dabei entsprachen die allermeisten schwäbischen Mädle gar nicht dem Bild jener keifenden Marktweiber, deren eine der anderen im Streit einen Rossbollen, einen Pferdeapfel, ins Maul gestopft hatte, worauf jene hinter dem Hindernis hervorkeifte: »Der bleibt drin, bis d'Bolizei kommt!« Nein, längst nicht alle Schwäbinnen hatten und haben die Neigung, im Schiller'schen Sinne »zu Hyänen« zu werden. Im Gegenteil, selbst einer der härtesten Schwabenkritiker, ein norddeutscher Anonymus, lobte die »oftmals sehr zierlichen und wohlgestalteten Mägde« im Land und gestand den Mädchen »ein weit heißeres Blut zu« als den Damen »unserer Küstenregion«. Die Schwäbin bilde durch ihre »angeborene Glut« den Übergang zu »den leidenschaftlichen Italienerinnen«. In der Tat, manches Mädchen vom Lande sieht noch heute so aus, als ob sich in ihrer Ahnenreihe ein schwarzhaariger römischer Legionär befunden hätte – eine Tradition, um deren Wiederbelebung sich die italienischen Kaffeesieder und Pizzabäcker seit einem halben Jahrhundert erfolgreich bemühen.

Der Schwabe sucht bei seinem Schätzle, seinem Mäusle, seinem Moggele und Doggele nicht nur Leidenschaft, sondern vor allem Ordnungssinn und Fürsorge. Schon in Sebastian Sailers »Schöpfung der ersten Menschen« formuliert die resolute Eva eine Art Aufgabenteilung, die wir hier, der Verständlichkeit halber, in gemäßigtes Hochdeutsch übersetzen: »Geht der Mann auf den Acker hinaus, kann er dort Meister sein; daheim aber und im Haus, gehört die Meisterschaft noch mir. Ordnen, schaffen und befehlen steht der Frau zu, und in diesen Aufgaben besteht ihr ganzer Lohn.« Fazit der Urmutter: »Ond dees will i hau!« So will sie es, so bekommt sie es. Und so halten es viele Evastöchter, wenn man Friedrich

Christian Daniel Schubarts mehr als 200 Jahre altem Bekenntnis eines Mädchens glauben darf, das nichts von Gezier und Bücherstudium hielt: »Mir fehlt zwar diese Gabe, / fein bin ich nicht und schlau, / doch kriegt ein braver Schwabe, / an mir ne brave Frau.«

Noch nach dem Zweiten Weltkrieg war folgende Charakteristik zu lesen: »Die Schwäbin ist keine komplizierte Frau mit Launen, wechselnden Temperamenten, mit der Neigung, sich interessant zu machen und sich entsetzlich wichtig zu nehmen.« Sie sei weder Blaustrumpf noch Mannweib, weder Vamp noch kapriziöse Geliebte, und es fehle ihr, wie ihrem Herrn Gemahl, eine Portion Weltgewandtheit. Die Frage bleibt: Warum haben dann so viele US-Boys, die nach 1945 ein halbes Jahrhundert lang rund um Stuttgart stationiert waren, so viele Schwäbinnen ins Land der unbegrenzten Möglichkeiten entführt? Vielleicht kannten sie die alte Empfehlung: »Drum, kömmt dir mal das Freien ein, so lass's ein Schwabenmädchen sein.«

Das auch deshalb, weil die hiesigen Evastöchter eine gute Mischung aus Anstand und Pragmatismus pflegen. So wie jene Mutter, die ihre Tochter fragte, wie sie spätabends nach Hause gekommen sei. »Gut«, sagte die Tochter, »wenn der Kerle bloß seine Händ am Steuer g'lassa hätt.« Worauf die Mutter meinte: »Na, ›s Taxi wär au net umsonst gewesa.« Und oftmals haben die Töchter diesen Pragmatismus schon verinnerlicht. Während die Französin nach der Liebesnacht im fremden Bett flötet: »Chérie, du warst wunderbar«, reibt sich die Schwäbin erst einmal die Augen und fragt dann bockelhart und ganz direkt: »G'höret die Möbel älle dir?«

Heute aber bemühen sich die hiesigen Mädchen, in puncto Mode, Lifestyle und Zeitgeschmack den von Hamburg bis Honolulu gültigen Trends zu entsprechen. Aufgeklärt sind sie, dank der modernen Lehrpläne, schon früh. Damit geraten sie nicht mehr in jene Bredouille, in die einst die Kathrin kam, als sie von ihrer Mutter gefragt wurde, ob sie der Galan vom letzten Abend auch gehörig »äschtimiert«, also wertgeschätzt habe. »Ond wia«, sagte die junge Dame mit glänzenden Augen, »dreimal hinteranander.«

Das war einmal. Heute herrscht im Neckarland Gleichberechtigung – und die schwäbischen Damen übertragen ihre häusliche Führungskraft energisch auf das öffentliche Leben, ob am Arbeitsplatz, am Steuer des Mercedes Coupé, im Ministerium. Das hat nur zwei kleine Nachteile: Der Schwabennachwuchs versiegt allmählich. Und wenn die Mannen etwas Habhaftes in den Magen bekommen wollen, müssen sie oft ihre Spätzla selber schaben, ihren Braten selbst brutzeln. Es hat eben alles seinen Preis. Und es ist natürlich nur ein schlechter Witz, wenn ein Autofahrer seinen Nebenmann nach einer Verkehrswarnung (»Vorsicht, auf der A 8 bei Esslingen, ein Besen auf der rechten Spur«) fragt: »Seit wann hat dei Frau da Führerschei?« Nein, so geht kein Kerl mit seiner häuslichen Chefetage um. Außerdem bestätigt jede Statistik: Sui, also sie, fährt sowieso sicherer.

Autoritäten, hoch droben

Was unterscheidet einen jungen Schwaben sichtbar von einem alten? Der Jungschwabe busselt, der allgemeinen Mode folgend, seine Bekannten, Freunde, Spezl und Spezelinnen genauso unbekümmert ab wie den Rest der Welt. Der Altvordere wird sich hüten. Er küsst ordnungsgemäß seine Ehefrau oder glüstelig sein Schätzle, aber sonst hält er sich »zrigg«. Diese Zurückhaltung ist typisch für seinen Umgang mit allem, was ihm nicht vertraut ist: mit Fremden, Auswärtigen, aber auch mit sogenannten »Höhergestellten«, also Chefs und sonstigen Autoritäten, seien sie echt oder nicht.

Im Grunde genommen glaubt der Schwabe, egal welcher Konfession, nur an den lieben Gott, genauer: an den schwäbischen Herrgott, ob im Himmel droben, in der Natur oder auf hohen Bergen. Ja, da spürt er noch das Erbe seiner Urmütter und -väter, die sicher waren, dass die verehrungswürdigen Wesen auf den Hügeln sitzen. Deshalb erfreuen sich hierzulande Berge noch einer ungebrochenen Bewunderung, und seien es Maulwurfshügel im Vergleich zum Matterhorn. Man denke nur an den Hohenstaufen bei Göppingen, der Urheimat des großen Kaisergeschlechts, dem Barbarossa entsprang und Friedrich II. Man denke an den Hohenzollern, eine ebenfalls kaiserliche Erhebung. An den Hohenneuffen am Albtrauf, wo einst die Steinzeitmenschen den Göttern opferten. An den Württemberg, die Wohnstatt des alten Grafengeschlechts, an den Ipf bei Bopfingen, auf dem die Kelten ihre Fürsten bestatteten.

Eine der höchsten Erhebungen des Landes wurde allerdings weniger als Götterthron, sondern als Staatsgefängnis bekannt: der 356 Meter hohe Hohenasperg, von dem die Leute einst sagten, man sei schnell droben, aber es dauere Jahre, bis man wieder herunterkomme. Hier schmachteten viele hinter Gittern, ob von 1777 bis 1787 der Dichter und Journalist Christian F.D. Schubart oder in den siebziger Jahren der RAF-Terrorist Günter Sonnenberg, ob 1824 der Reformer Friedrich List oder Helmut Palmer, streitbarer Rebell, Bürgerrechtler und Obsthändler aus dem Remstal. Hier versteckte der Staat Übeltäter, aber auch seine Kritiker. Väter drohten ihren Kindern: »Da kommsch nuff, wenn du net lieb bischt.«

Zu ihren Autoritäten, ob von Gottes oder von Bürgers Gnaden, haben die Schwaben am liebsten Abstand gehalten: »Gehe nicht zu deinem Fürscht, wenn du nicht gerufen würscht«, lautete die allgemeine Maxime. Der Kulturphilosoph Gustav Rümelin stellte schon vor 150 Jahren fest:

»Fremder Autorität und Gewalt wird sich der Schwabe nur unter dem Drang der Nötigung und mit ausdauerndem Widerstreben fügen.« Selbst König Wilhelm I., württembergischer König von 1816 bis 1864, klagte einmal, dass die Schwaben gleich nach ihrer Geburt zwei Wörter lernten: »Noi« und »nedda« – nein und nicht. Dass es, bei aller Loyalität, irgendwo eine Grenze gibt, jenseits derer der gänzlich unheroische württembergische Mensch zu bocken beginnt, haben schon viele erfahren müssen.

Außerdem ist es durchaus landesüblich, der Obrigkeit gegenüber den Mund aufzumachen, wenn es sein muss. Einer, der dafür bekannt war, war der Münchinger Pfarrer Johann Friedrich Flattich. An einem Sonntag begegnete ihm sein bekannt lebenslustiger, ja sexwütiger Herzog Karl Eugen und fragte: »Was hat er denn heute, an meinem Geburtstag, gepredigt?« Da zögerte Flattich nicht lange: »Was werd ich gepredigt haben? Fürsten sollen fürstliche Gedanken haben.« Heute hört der republikanisch gesinnte Schwabe mit Unbehagen, wie die Nachfahren des württembergischen Königshauses devot mit »Königliche Hoheit« angesprochen werden. Ein ordentlicher Demokrat belässt es bei »Herr von Württemberg« – und die adeligen Herrschaften, die sich von Wäldern, Weinbergen und anderen Ländereien nähren, können gut damit leben.

Auch ihre demokratischen Nachfolger, die Ministerpräsidenten, dürfen nicht damit rechnen, dass ihnen das Schwabenvolk die Füße küsst. Sie residieren zwar, typisch für Autoritätspersonen, in der Villa Reitzenstein auf einer Anhöhe über Stuttgart, und wohnen in einer Dienstvilla nahe dem Schloss Solitude. Doch damit hat es sich. Der frühere Ministerpräsident Kurt Georg Kiesinger, als »König Silberzunge« von 1966 bis 1969 Kanzler der ersten Großen Koalition, glaubte einmal, besondere Anzeichen von untertäniger Verehrung zu spüren. In einem Festzug per Kutsche unterwegs und von Verehrern mit Blümchen beworfen, sah er am Straßenrand eine ältere Frau mit einem schönen Strauß. Damit die Pracht nicht auf der Straße lande, beugte er sich aus dem Wagen und streckte die Hand aus, um das Gebinde persönlich entgegenzunehmen. »O noi, noi Herr Minischterpräsident«, rief da die Schwäbin, »der isch net für Sie, der isch für mein Ma' drübe aufm Friedhof.« So erzählte es Kiesinger selbst der früheren CDU-Ministerin Annemarie Griesinger aus Markgröningen. Und die lacht noch heute »Bröckele« über die Geschichte.

Bis die Schwaben einen Amtsinhaber ins Herz schließen, dauert es lange. Reinhold Maier, der erste baden-württembergische Ministerpräsident, hat das geschafft, weil er, mit und ohne Viertele in der Hand, ein umwerfendes Schwäbisch gesprochen hat. Erwin Teufel, Jahrzehnte später sein Nachfolger, hat das erreicht, weil er so eckig und kantig war wie seine Wähler. Und Manfred Rommel, von 1974 bis 1996 Stuttgarter Oberbürgermeister, weil er nach eigenem Eingeständnis gleich zwei Sprachfehler, nämlich ein Lispeln und leichtes Stottern, bewusst als Markenzeichen einsetzte.

Einmal allerdings hat er sich die Zuneigung einiger Bürger verscherzt. Kurz nachdem ein verwirrter Schwarzafrikaner zwei Polizeibeamte erstochen hatte, sagte er beim Trauergottesdienst: »Es hätte auch ein Schwabe sein können.«

Hoppla, da war Feuer unter dem Dach – aber nicht lange. Nach der nächsten Rede zur Volksfesteröffnung, nach der nächsten Bierdusche beim programmgemäß misslungenen Fassanstich, war der emotionale Brand gelöscht.

Wie dem auch sei: Nur vier ihrer Herrscher würdigen die Stuttgarter mit einem Standbild. Herzog Eberhard im Barte, der 1477 die Universität Tübingen als »rechtes Seminarium und Bomsatz«, also als geistige Baumschule, gründete, reitet hoch zu Ross mit blankem Schwert durch den Hof des Alten Schlosses. Der viel geliebte Herzog Christoph von Württemberg (1515 bis 1568), der eine moderne Landesordnung einführte, die Reformation festigte und das Schulwesen ausbaute, steht am Rande des Schlossplatzes. König Wilhelm I., der Reformer und Gründer des Cannstatter Volksfestes (1817), darf die Jubiläumssäule samt Concordia auf dem Schlossplatz und gleich zwei Reiterstandbilder sein Eigen nennen. Und den bürgerlich-zivilen König Wilhelm II., den ein paar Revoluzzer nach dem Ende des Ersten Weltkriegs vertrieben, haben sie, ein bisschen bieder, mit seinen Spitzerhunden vor die Stadtbücherei gestellt. Dafür – für die mangelnde Unterstützung durch die Bürger, nicht für das Denkmal – rächte sich Wilhelm, der »gute König«, auf eigenwillige Art an seinen Stuttgartern. Er bestimmte, dass sein Leichnam von seiner Sommerresidenz Bebenhausen bei Tübingen aus in einem großen Bogen um Stuttgart herum auf den Ludwigsburger Friedhof zu fahren sei. So geschah es im Oktober 1921 auch. Die Stuttgarter mussten in das damals noch nicht eingemeindete Feuerbach reisen, um ihrem verehrten Herrscher die letzte Ehre zu erweisen.

Ein Stückchen monarchistischen Erbes ist dennoch geblieben: in Form der Stuttgarter Königstraße, der Hauptflaniermeile der Stadt neben der Calwer und der Eberhardstraße. In Form des säulengeschmückten Königsbaus, der heute die Fassade für ein großes Einkaufszentrum abgeben darf. Auch sonst sind im Land noch viele Straßen nach Prinzessinnen, Herzögen und Königen benannt. Nur der kriegerische Reiter auf dem Stuttgarter Karlsplatz ist kein Schwabe, sondern Kaiser Wilhelm I. aus Berlin. Preußen sind hier geduldet – auch wenn jung-dynamische Politiker immer wieder vergeblich versuchen, die versteinerte Majestät zu vertreiben. Die getreuen Schwaben aber haben sich an ihren Wilhelm gewöhnt. Abgesehen davon, dass ihn die meisten, weil der Platz so heißt, für Herzog Karl Eugen halten. Aber der wäre mit seinem Podagra längst vom Gaul gefallen.

Der Kaiser hat abgedankt, der »Keenich« auch; das Podagra heißt nun Gicht und ist heilbar – und der Schwabe von heute gibt sich redliche Mühe, sich in dem üblichen multikulturellen Umfeld zurechtzufinden. Nur manchmal, wenn ihm der Modernitätsdruck zu groß wird, erleichtert er sich mit einem stillen Seufzer: »O Heimatland!« Dann geht es ihm gleich wieder besser.

Es gibt bloß ein Stuttgart

Manche Menschen meinen, Schwaben und Stuttgart seien ein und dasselbe – ein Synonym, sozusagen. Aber Vorsicht. Das mag bis 1945 gegolten haben, als man an den Ufern des Nesenbachs noch schwäbisch redete und evangelisch betete. Inzwischen ist Stuttgart eher der suebische Sonderfall: groß, urban, geschäftlich wie kulturell vital, weltoffen und international, nicht nur was das Corps des Stuttgarter Balletts und die Fußballmannschaft des VfB angeht. Jedenfalls, vieles ist hier anders als im schwäbischen Hinterland.

In den Amts- und Ruhmestiteln der Stadt dominiert das Wörtchen »Haupt«. Jawohl, sie ist die Landeshauptstadt Baden-Württembergs, des einzigen Bundeslandes, das in der Geschichte der Republik den politischen und territorialen Zusammenschluss gewagt und geschafft hat. Jawohl, sie ist Hauptstadt des württembergischen Landesteiles, der – für Altschwaben ein Sakrileg – längst in zwei Regierungspräsidien aufgelöst wurde. Das für den nördlichen Landesteil sitzt in Stuttgart (schon wieder ein Haupt!), das für den südlichen in Tübingen. Und natürlich ist sie Hauptstadt der Region

Stuttgart, die Metropolregion sein will. Diese Sammlung von Würden und Bürden stößt manchem badischen Landsmann noch immer hart auf. Allerdings nur so lange, bis man ihn daran erinnert, dass das »Stettlein« um das Jahr 1200 von einem badischen Markgrafen regiert und, sicherheitshalber, mit einer Mauer versehen wurde. Angeblich.

Ein Badener war es auch, der früh auf die Exklusivität dieser Stadt hinwies – der Regierungsrat und Historiker Hector Wilhelm von Günderode (1755 bis 1786). Er berichtete von einer Schwäbin, die Wien und andere europäische Großstädte besucht und danach, wieder daheim, gerührt festgestellt habe: »Es isch aber oineweg bloß oi Stuttgart.« Will heißen: über Stuttgart geht nichts, trotz aller auswärtigen Pracht (oineweg!), wenigstens für seine eingeborenen Söhne und Töchter.

Dabei bildet die Stadt nicht nur den Kopf des Landes, in ihr liegt auch der Nabel Schwabens. Wir wollen nicht darüber philosophieren, wo denn die anderen Körperteile anzutreffen seien: der Brustkasten, wie man hierzulande die Frontpartie des Oberkörpers nennt, das Hinterteil, vulgo als »Fiedle« bezeichnet, und die Achillesferse. Das Zentrum aber ist fixiert: Umbilicus Sueviae (Nabel Schwabens) hat der berühmte Architekt Paul Bonatz den Hauptbahnhof genannt, den er vor und nach dem Ersten Weltkrieg geplant und gebaut hat. Später haben seine Nachfahren das Werk als schönsten weltlichen Kirchenbau gerühmt. Nun ja, »Näbele« klingt ziviler. Und heute wollen viele Stuttgarter ihr »Näbele« behalten und wehren sich mit Händen und Füßen gegen die Tieferlegung ihres Bahnhofs unter die Erde. So laut, dass inzwischen die ganze Welt ihre Schwaben nicht mehr versteht.

Auch der Name der Stadt selbst wirkt nur heroisch, wenn ihn Italiener aussprechen: *Stoccarda.* Mama mia! Die Schwaben aber können sich bis heute nicht recht entscheiden, wie sie ihre Heimstatt nennen wollen und sollen: Schduegert ist die gängige Version, benützt im Alltag von allem, was unterwegs ist. Allerdings gibt es da auch noch das gehobene »Schduggard« – einer Redeweise entsprungen, die ein Landeshistoriker »Dekansschwäbisch« genannt hat. Der erste Nachkriegs-Oberbürgermeister Arnulf Klett, ein begeisterter Porsche-Fahrer schon damals, sprach immer von Schduggard. Das hatte etwas Gehobenes, Würdiges. Die Jungen behelfen sich heutzutage mit einem coolen Stuggi-Town. Und dem Auswärtigen bleibt freigestellt, wie er mit diesem Problem umgehen will.

Zwischen Berg und Tal

Andere Städte mögen größer sein, mehr Einwohner haben, fettere Schlagzeilen machen. Doch bei aller landesüblichen Bescheidenheit wollen wir festhalten: Stuttgart hat seinen unübertrefflichen Superlativ. Nämlich: auf keine deutsche Großstadt lässt sich leichter herunterschauen. Das hat weniger mit Herablassung zu tun als vielmehr mit der Topografie. Stuttgart ist schließlich kein langweiliger, breitgewalzter Pfannkuchen, der formlos-flach ins Land hinauswuchert. Nein, die Stadt sitzt, wie das Häslein in der Grube, in einer Kuhle zwischen mindestens sieben Bergen. Es sind keine hochragenden Felsmassive, sondern milde, zum Teil von Rebstöcken bestandene Hügel mit schönen Namen wie Frauenkopf, Hasenberg, Birkenkopf, Killesberg, Uhlandshöhe, Kriegsberg oder Hoher Bopser. Und höher als die sieben römischen Hügel sind sie auch – ehrlich!

Von diesen Höhen aus haben die Bürger immer gern und ein bisschen stolz auf das Häuser- und Straßengewirr hinuntergeblickt. Die schönsten Aussichtspunkte sind nicht nur in der Silvesternacht, beim Neujahrsfeuerwerk, gut besucht.

Da wäre, erstens und höchstens, die Aussichtsplattform des 217 Meter hohen Fernsehturms – jener 1956 errichteten, eleganten Stütze des Stuttgarter Himmels, die für viele TV-Nadeln in aller Welt zum Vorbild wurde. Dann vom Bismarckturm im Norden aus, der seit 1904 so heißt, obwohl der Name manche politischen Saubermänner stört. Drittens vom Eugensplatz aus. Dort kann man nicht nur das Stadtpanorama, sondern auch Stuttgarts eindrucksvollsten Damenhintern bewundern – das barocke Prachtsgesäß der Brunnenlady Galatea. 1890 haben die wohlgeformten Backen dieser steinernen Nymphe einen Skandal verursacht, obwohl sie im Original nicht, wie vermutet, einer Hofgrazie gehörten, sondern einer Berliner Schuhmachertochter. Heute dienen sie jüngeren Damen im Gespräch mit ihren Begleitern allenfalls der Selbstvergewisserung: »Du, aber so oin han i net, gell!«

Den begehrtesten und am leichtesten, weil mit einem Fahrstuhl erreichbaren Ausblick bietet das Restaurant des neuen städtischen Kunstmuseums am Schlossplatz. Viele Schaulustige täuschen ihr Kunstinteresse nur vor, um rasch einen Platz in der ersten Reihe des Restaurants »Cube« zu ergattern – des Panoramas wegen. Viele gehen leer aus, denn die Reservierungsfrist liegt bei vier Wochen. Doch wer sein Ziel erreicht hat, dem bleibt nur ein beglücktes Seufzen: »Da liegt's, onser Schduegert« – ein grünes Amphitheater mit Schlössern, Kirchtürmen, Bürgerhäusern, Parks und Wäldern. Einfach schee.

Vielen Auswärtigen bleibt es bis heute ein Rätsel: Wie konnte man in grauer Gründungsvorzeit eine Stadt in diesem stillen Winkel verstecken, in dem sich, manchmal noch heute, Fuchs und Has gute Nacht sagen? Wo man doch in Cannstatt, dem alten Römerkastell drunten am Neckar, einen Siedlungsplatz hatte, der sogar dem Universalgelehrten Gottfried Wilhelm Leibniz noch im 17. Jahrhundert hauptstadtwürdig erschien?

Der Einheimische, der seine Landesgeschichte im Kopf hat, liefert gern die Erklärung. Die einstigen Grafen von Württemberg, womöglich aus Luxemburg eingewandert, hatten eines Tages schlicht genug. Genug davon, in ihrer erstmals 1083 genannten Burg auf dem Hausberg beim heutigen Stadtteil Rotenberg wie auf einem Präsentierteller zu thronen. Die Aussicht vom Württemberg herunter war zwar fabelhaft. Aber jede vorüberkommende Truppe, ob es die Kaiserlichen waren, die Esslinger oder andere Räuber, hielt sich für verpflichtet, die bescheidene Behausung zu überfallen, auszuplündern und anzuzünden – und die offizielle Grabstätte im nahen Beutelsbach zu schänden. Weil diese Grafen weder das Zeug zu Helden noch zu Märtyrern hatten und weil ihnen die Renovierungskosten auf die Dauer zu hoch schienen, suchten sie sich im 13. Jahrhundert einen ruhigen Winkel, ganz hinten, ganz drunten im Nesenbachtal. Dort hatten seit 950 die Pferde des sagenhaften Schwabenherzogs Ludolf friedlich das Gras des sumpfigen Stutengartens abgeweidet, wovon noch heute der Name und das Rössles-Wappen der Stadt zeugen. Inzwischen war dort eine Siedlung entstanden, weit ab vom Schuss – aber das war den Württembergern »grad recht wie's Wildbad«. Hier fühlten sie sich in ihrem neu angelegten Wasserschloss sicher. Die geografische Wahl entwickelte sich von nun an zum prägenden Element der Stadt, in positiver wie in negativer Hinsicht.

Stäffelesrutscher und Maulwürfe

Als Segen empfinden die Stuttgarter und ihre Besucher den Umstand, dass die Stadt grün ist. Ja, streckenweise auch politisch, aber vor allem botanisch und landschaftlich: eichengrün, birkengrün, tannengrün, grasgrün, buschgrün, moosgrün. Das »Beispiel einer Spaziergehstadt« hat ein Schriftsteller sie genannt. Wo gibt es das noch, dass die Hälfte einer Großstadtgemarkung aus Wald, Wiesen, Äckern und Parks besteht? Und aus Weinbergen, die Stuttgart nach wie vor zur weinseligsten aller Großstädte machen? Dass an einer Straße, die seit alten Zeiten Weinsteige heißt, noch Reben wachsen, ist in Württemberg Ehrensache. Dass die Karlshöhe noch bestockt ist und die Mönchhalde dazu, freut den Trollinger-Süffier. Den Höhepunkt aber bildet der Kriegsberg, nur ein paar Hundert Meter vom Hauptbahnhof entfernt. Schon wieder ist ein Superlativ fällig. Der Rebensaft, den ausgerechnet die Industrie- und Handelskammer auf diesem Hang exklusiv erzeugt, ist vielleicht nicht der edelste, aber mit Sicherheit der teuerste der Welt. Man muss nur die exorbitanten Quadratmeterpreise der Stuttgarter City anlegen, um jedes Gläschen Riesling wie flüssiges Gold zu genießen.

Es grünt also üppig in Stuttgart: vom Höhenpark Killesberg hinunter bis zum Schloss Rosenstein – und in Form eines großen U bis hinein in die Innenstadt, vor das Neue Schloss. Ehrgeizige Planer wollen jetzt sogar das ganze Neckartal von Plochingen bis Besigheim zu einem Flusspark entwickeln. »Neckaribik« heißt das peppige Stichwort, und bei Cannstatt schlürfen junge Leute schon zur Sommerzeit ihren Mojito auf einem eigens angelegten Sandstrand. Umfragen, von denen das Rathaus gar nicht genug bekommen kann, bestätigen es immer wieder: Stuttgart ist die bei ihren Einwohnern meistgeliebte Großstadt Deutschlands. Die Bürger schätzen die Lebensqualität und den Freizeitwert ihrer Kommune, vor allem die Tatsache, dass man gleich neben der Königstraße, neben dem Neuen Schloss schon mitten in den »Anlagen« steht. So bescheiden werden jene Grünflächen bezeichnet, die anderswo unweigerlich den Titel »Schlosspark« trügen. Außerdem sind die Stuttgarter sicher, dass es – von der reizvollen, hügelreichen Lage her gesehen – höchstens Florenz mit ihrer Stadt aufnehmen könne. Und vielleicht noch Rio, aber auch nur, weil die Brasilianer statt des Neckars die ganze Copacabana vor der Haustür haben. Die Schwaben trösten sich: Wenigstens droht ihnen kein Tsunami. Und sie zitieren im Geist jenes alte und ewig gültige Gedicht von Karl Gerok, das an sommerlichen Tagen trotz aller erhöhten Feinstaubwerte immer noch gilt: »Da liegst du nun im Sonnenglanz, schön wie ich je dich sah …«

Soweit zum Segen der Hügelherrlichkeit. Der Fluch lässt nicht auf sich warten. Er besteht darin, dass das Auf und Ab rund um die Stadt keinen Verkehrsring zugelassen hat – weder für die Autos noch für die Bahnen. So rollt alles, was Räder hat, mitten durch die Stadtschüssel, über die gleichen Kreuzungen und Knotenpunkte hinweg. Was das bedeutet, kann der Besucher selbst testen, indem er versucht, zur Hauptverkehrszeit über die Bundesstraße 27 zu kommen oder einen Platz in einer S- oder U-Bahn zu finden. Da wird es, trotz aller Verkehrsleitcomputer, gottsallmächtig eng in Staugart; der solide Vorrat an Gleichmut und Heiterkeit schrumpft in solchen Stoßzeiten ein wenig zusammen.

Das Oben und das Unten ist hier nicht nur eine geografische Größe, noch nicht einmal eine politische, wie die Auseinandersetzung um den Bahnhof zeigt, sondern vor allem eine soziale. Denn drunten, in Untertürkheim, in Cannstatt, in Feuerbach und Zuffenhausen, wird in den Fabriken schichtweise, mal mit, mal ohne die hier erfundene Steinkühler-Pause, am Band geschafft und das Bruttosozialprodukt erwirtschaftet. Ganz oben, auf dem Killesberg, auf dem Frauenkopf, wohnt der Geldadel – und in den Villen der viel beneideten Halbhöhenlage sitzen »die rechten Leute«, und mit ihnen der Wohlstand. Was der Begriff »Aufstieg« bedeutet, lernen die Stuttgarter Buben und Mädchen schon im Kinderwagen.

Andererseits, wo alles in die Höhe strebt, findet sich die Rettung manchmal im Untergrund. Um die ewige Berg-

und Talbahn zu unterbrechen, mussten die Stuttgarter von jeher graben – Tunnel für Bundesstraßen, Tunnel für Stadtstraßen, Tunnel für Busse und Bahnen. Halbe Stadtteile stehen auf solchen Verkehrsröhren, ja sogar der Hauptfriedhof Steinhaldenfeld wird in schicklicher Tiefe von der Stadtbahn unterquert. Trotz entsprechender Befürchtungen hat sich bisher noch kein Verblichener wegen unterirdischer Störung der Totenruhe beklagt. Das bisschen Gerumpel hält ein Schwabe aus, ob lebendig oder tot. Und der Vorschlag, das hüpfende Rössle aus dem Stadtwappen zu entfernen und es, der dauernden »Wuhlerei« wegen, durch einen Maulwurf zu ersetzen, hat bisher keine Mehrheit gefunden.

Wer aber, im Zuge moderner Zeiten, versucht, die Stadt mit dem Fahrrad zu erkunden, dem fährt die Topografie in die Waden. Dauernd geht es irgendwie bergauf, mal mild wie im Stuttgarter Westen, mal alpin wie auf der Alten Weinsteige. Wo die Höhe lockt, dräut auch die Tiefe. Die rührenden Bemühungen der Stadtverwaltung, Stuttgart nach holländischem Muster in ein Radlerparadies zu verwandeln, scheitern an dem überall zu beobachtenden atemlosen Hängen und Würgen der Pedalöre. Auch Fußgänger brauchen stramme Muskeln, wenn sie all die rund 400 Treppen, hierzulande verharmlosend »Stäffele« genannt, überwinden wollen. Wobei das »Nauf«, also der Weg nach oben, immer noch angenehmer ist als das »Nonder«, das Hinunter. Denn dabei holt man sich etwas, was die schwäbischen Stäffelesrutscher einen »Knieschnäpperer« nennen – zwei zitternde Knie inklusive massivem Muskelkater. Jedenfalls ist es kein Wunder, dass der Stuttgarter Thomas Dold den Wolkenkratzer-Marathon im New Yorker Empire State Building inzwischen zum sechsten Mal in Folge gewonnen hat: 1576 Stufen in etwas mehr als zehn Minuten und von Treppenlauf zu Treppenlauf immer ein paar Sekunden schneller, das schafft nur einer von hier. Schließlich kennt der Mann die Disziplin von Kindesbeinen an. Kürzlich ist er auch den heimischen Fernsehturm in Rekordzeit »hinaufgefußelt«, also gerannt – 800 Stufen in vier Minuten und 44 Sekunden, ohne Testosteronspritze.

Man sieht, die Berg- und Talstadt Stuttgart hält fit, auch wenn sie der Mitteleuropäischen Zeit aufgrund ihrer geografischen Lage (9 Grad, 10 Minuten östlicher Länge von Greenwich) um 23 Minuten hinterherhinkt.

Dreierlei Wetter, mindestens

Noch eine Exklusivität verdankt die Stadt ihrer abwechslungsreichen Lage: ihr Wetter, das meist im Plural vorkommt, weil es, besonders im Winter, dreigeteilt ist. So wundert sich kein hiesiger Autofahrer, wenn er drunten beim Stadtteil Hofen auf 207 Meter Neckartalniveau im Frühling startet, bei der Fahrt durch die 245 Meter hoch gelegene Innenstadt in diesiges Gewölk gerät und droben, bei der Bernhartshöhe am Autobahnkreuz Stuttgart (549 Meter), plötzlich in einem Schneegestöber steckt. Im Sommer aber heizt sich der Stadtkessel gern auf – dann wird es »dämpfig«, wie die Stuttgarter untertreibend sagen.

So mancher Gast hatte mit diesem Klima seine Probleme. Zum Beispiel der Dichter Nikolaus Lenau. Er beschwerte sich 1840 bitter: »Das Stuttgarter Klima ist abscheulich, ich liege in diesem Tal wie auf einer Bratpfanne [...] die Luft ist gar zu lax und erbärmlich.« Auf seinen abendlichen Spaziergängen habe sich die heiße Luft »so schmierig um den Leib« gelegt »wie kochendes Unschlitt, dass ich dem Stuttgarter Himmel, dem blauen Aas, ins Gesicht spuckte vor Galle«. Die Luft war aber nicht der Grund, weshalb Lenau wenig später, geistig verwirrt, in die Heilanstalt Winnenthal gebracht werden musste. Auch der Brauch, dem Wettergott bei allzu ungestümen Turbulenzen »ein paar alte Weiber« zu opfern, ist seit ein paar Jahren abgeschafft. Der Deutsche Wetterdienst hat mit dem Glauben, Hexen zögen Hagel und Gewitter an, aufgeräumt.

Der Dampfdruck im Stuttgarter Talkessel sorgt aber nicht nur für Schweißperlen oder Schüttelfrost – er hat auch einen direkten Einfluss auf die Bebauung der Innenstadt. Ach, wie gern hätten die namhaften Baumeister dieser Architektenmetropole das Einheitsmuster der Bürger- und Geschäftshäuser durch den einen oder anderen »städtebaulichen Akzent« verschönt. Sprich: durch Hochhäuser, moderate Wolkenkratzer oder einen amerikanischen Trump-Tower. Doch die Bürger und ihre Stadträte hatten Angst, die für Stuttgart so nötigen Frischluftschneisen könnten blockiert werden, worauf die Stadt endgültig im eigenen Saft schmoren würde. Also blieb die altehrwürdige Stiftskirche mit ihrem 61 Meter hohen Hauptturm das Maß aller Dinge, und der Tagblatt-Turm wie auch der Bahnhofsturm – beide Lehrbeispiele gelungener Architektur – mussten sich danach richten.

Dass die Stuttgarter gut daran tun, ihre Grünflächen nicht völlig mit Beton zu versiegeln, zeigt sich immer dann, wenn im Sommer dicke Gewitterwolken am Himmel aufziehen. Während Auswärtige arglos den Schirm aufspannen, gedenken die Einheimischen mit Grausen jener heftigen Unwetter, die das Wasser sturzbachartig über alle Hänge in den Kessel schicken wie in einen großen Trichter. Nicht umsonst gehen dann in manchen Unterführungen die roten Ampeln an: Stop, Überflutungsgefahr! Früher hatte man wenigstens nur befürchten müssen, in den Weinmengen zu ersaufen, die rings um die Stadt reiften. Die Stuttgarter würden dieses Schicksal einer neuen Sintflut noch heute vorziehen.

Viele Wege führen in die Stadt

Lange Jahre mussten sich die Stuttgarter auf den Arm nehmen lassen – mit der Frage, was das Schönste an ihrer Stadt sei. Alberne Antwort: die Autobahn nach München. Darauf fielen zwei Gattungen von Menschen nicht herein: die Streckenkundigen und die Leselustigen. Die einen kannten die Tristesse der Route ins Bayerische, die anderen zitierten den Brief des Dichters Joachim Ringelnatz aus dem Jahr 1928: »Ja, Stuttgart ist schön, gegen dies Scheißmünchen ein Paris.«

Die Wertschätzung der Schwabenmetropole ist auch bei deutschen Fußballfans während der Weltmeisterschaft 2006 angekommen. Als sich die Kicker des aus Stuttgart-Botnang stammenden Jürgen Klinsmann vom Endspieltraum verabschieden mussten, skandierten die Schlachtenbummler in halb Deutschland: »Stuttgart ist viel schöner als Berlin.« Denn in Stuttgart wurde das Spiel um den dritten Platz ruhmreich gewonnen. Berlin hingegen musste sich mit einem Finale ohne Ballack & Co. begnügen.

So passt es wirklich in die Zeit, dass die »Welt am Sonntag« nach der WM vermeldete: »Stuttgart ist wirklich schöner als Berlin, nur hat sich das noch nicht herumgesprochen.«

Das Schönste an Stuttgart? Vielleicht das Ankommen. Da quält den informierten Reisenden die Wahl. Denn in diese Stadt führen mindestens so viele Wege wie nach Rom.

Der luftigste Zugang führt über den Stuttgarter Flughafen, der draußen exterritorial inmitten der Filderfelder liegt. Zugegeben, das ist doppelt gemoppelt, weil Filder ja schon Felder heißt. Aber es hat den Vorteil, dass Reisende in den Herbstwochen gleich in den Genuss des wundervollen Filderkraut-Parfüms kommen. Man weiß selbst in finsterer Nacht, wo man gelandet ist – inmitten von Spitzköpfen. Das können weder London noch New York bieten, höchstens Peking, wenn im fernen Osten der Chinakohl geerntet wird. Jahrelang haben die hartschlägigen Bauern ihre Äcker gegen Flughafenerweiterung und Messeneubau verteidigt, den Staat eine Gauner- und Räuberbande genannt – und dann ihre Quadratmeter versilbert. So renditeträchtig ist nicht einmal die Riester-Rente.

Wer die Bahn bevorzugt, kommt nicht umhin, die Stadt – des schönen Ausblicks halber – von Zürich, Horb und Böblingen her anzufahren. Dann kurvt der Passagier, staunenden Auges am Fenster stehend, um die halbe Nordstadt – und fährt gleich noch durch den Tunnel am Azenberg. Der ist bekannt, allerdings nicht ganz so berühmt wie der Cannstatter Tunnel, dem sogar ein unsterbliches Gedicht gewidmet wurde: »Zwischen Schduegert ond Cannstatt, do steht a Tunell, wenn mr neifährt, wird's dunkel, wenn mr rausfährt, wird's hell.« Dem Reim ist leicht zu entnehmen, dass der Schwabe nicht »Tunnel« sagt, sondern »Tunell«. Selbiges ist hierzulande immer noch sächlich: das Tunell. Gell?

Eine weitere pittoreske Annäherungsmöglichkeit ist die Stuttgarter Zahnradbahn, die »Zacke«, in die man droben am Degerlocher Albplatz umsteigt und dann hinunterrattert über eine der ältesten Straßen der Stadt, die Alte Weinsteige, bis zum Marienplatz. Diese Alte Weinsteige ist nicht nur deshalb wichtig, weil dort Vincent Klinks Edelrestaurant Wielandshöhe mit einer eigenen Haltestelle liegt. Sondern auch deshalb, weil die Weinsteige einst das weinfröhliche württembergische Unterland vom bier- und hopfenherben Oberland trennte. Genau genommen tut sie das heute noch, weshalb die Tour mit der Zahnradbahn zu einem grenzüberschreitenden Erlebnis wird.

Hätten die Verkehrspolitiker vor Jahrzehnten anders entschieden, wäre auch die Straßenbahnfahrt über die Neue Weinsteige noch ein Panoramaerlebnis, Marke San Francisco. Doch was taten sie in ihrer Sparwut? Sie steckten die Bahn in eine Röhre samt Alibifenster und ließen die Benzinkutschen an der frischen Luft. Deshalb dürfen jetzt die Automobilisten, ob sie die Weinsteige oder die Gerokstraße herunterrollen, einen der schönsten Blicke auf die Stadt werfen. Wer glaubt, das sei ein flüchtiges Vergnügen, der kennt die Staus auf diesen Strecken nicht. Keine Angst, es bleibt genügend Zeit fürs Schauen und Staunen.

Schließlich führt auch noch eine historische Standseilbahn hinunter in die Stadt. Allerdings nicht von einem der imaginären Stadttore aus, sondern vom hoch gelegenen Waldfriedhof. Auf den verirren sich Besucher nur aus traurigem Anlass oder wenn sie die Ehrengräber von Robert Bosch oder Theodor Heuss besuchen. Heuss ist als Ruheständler 1963 von seinem Häusle am Feuerbacher Weg hier heraufgekommen, der ewigen Ruhe halber. Fast hätte er schon von 1949 an am Nesenbach residieren können – wäre Stuttgart damals nicht als Bewerberin für die neue Bundeshauptstadt knapp gescheitert. Heuss hat Bonn den Etappensieg nicht übelgenommen, die Stuttgarter haben die Niederlage längst verziehen. Sie wissen, was ihnen erspart blieb.

Leider benutzen nur wenige Besucher die erwähnten, extra für sie angelegten Einflug- und Einrollschneisen. Die meisten kommen durch die dunklen Tunnel der B 14 oder der S-Bahnstrecken. Da sieht man von der Landeshauptstadt weder das Häusermeer noch das abendliche Lichtermeer, sondern, sorry für den Kalauer: gar nichts mehr.

»Viel Jugend unterwegs«

Egal, wo er herkommt, irgendwann landet der Mensch, der Schwerkraft folgend, unweigerlich in Downtown-Stuttgart, einem Ort, den die Stadtwerber am liebsten S-City nennen. Noch vor ein paar Jahren fragte die »Frankfurter Allgemeine Zeitung« herablassend: »Im Ernst, käme je einer auf den Gedanken hinzuschreiben: Stuttgart leuchtet?« Und jetzt, o heiliger, München preisender Thomas Mann, steht genau dies auf den Werbeplakaten. Es muss sich also etwas geändert haben rund um den Schlossplatz und seine Jubiläumssäule, auf der Flaniermeile der Königstraße, die, anders als in Düsseldorf, nicht zu »Kö« amputiert wird – zwei Silben sind die ehemaligen Herrscher ihren Bürgern noch wert.

Vieles ist neu in diesem Revier des Bummelns und Kaufens, des Sehens und Gesehenwerdens, des mobilen Essens und Trinkens. Schon damals hatte die FAZ konstatiert: »Viel Jugend ist hier unterwegs, auch ausländische, auch farbige, nackte Beine in den Wasserbecken, junge Mütter, Radfahrer, dann Penner …« Letztgenannte hat die Polizei mit dem Mittel der Platzverbote vertrieben, damit sie die Kauflaune der Konsumisten nicht trüben können. Von denen wallfahren immer mehr in die neuen Einkaufstempel, in denen manchmal die Masse der Klasse das Wasser abgräbt. Als das neueste Exemplar, die glanzvollen Königsbau-Passagen, eingeweiht wurde, jubelte eine große Stuttgarter Zeitung: die Innenstadt rücke endlich Metropolen wie Wien, Paris und London näher.

Nur eine Gattung Mensch, die hier ihr Biotop hatte, ist ausgestorben: die des Königstraßen-Löwen. Darunter verstand man einst diese adretten, im Frack und Zylinder durch die Straße flanierenden, nach Eau de Cologne riechenden Schwabendandys, die durch einen »Zwicker« verachtungsvoll auf die übrige Welt herabsahen und so den dämlichen »Schönheiten« imponieren wollten.

Frack? Eau de Cologne? Vorbei, vorbei. Heute riecht es in der Königstraße nach Pfannkuchen, Bratwürsten und Kebab, und ausgestorben sind auch die Damen, die sich für einen Einkaufsbummel stadtfein machten. Dafür strömen bauchfrei gewandete Mädels in tiefergelegten Jeans und dicksohligen Turnschuhen durch die Klamottenläden, und der Sprache dieser Punk-Lolitas ist nicht anzuhören, ob ihre Eltern vom Bosporus oder aus Böblingen kommen. Egal. Hauptsache, das nächste Happening, die nächste Party, das nächste Event ist nah, pardon: »geht ab«.

Daran fehlt es dank eines fleißigen Veranstaltungsmanagements nie. Ob Flohmarkt, Autohappening, Popkonzert oder Sommerfest mit weißen Zelten, ob bierseliges Cannstatter Volksfest, Weindorf oder pittoresker Weihnachtsmarkt, der Stuttgarter Festkalender hat immer etwas zu bieten. Wobei sich Weindorf und Weihnachtsmarkt, beide neuerdings besonders von Touristen aus China und der Schweiz heimgesucht, nur in zweierlei unterscheiden: in der Jahreszeit und in dem Umstand, dass der Wein einmal kühl, das andere Mal aufgekocht mit Zimt und Zucker ausgeschenkt wird. Die beglückende Wirkung ist indes dieselbe.

US-Touristen sind manchmal von Stuttgart enttäuscht. Einfach deshalb, weil sie es nicht schaffen, alle Attraktionen innerhalb von 24 Stunden abzuhaken. Gut, die von den Stuttgartern heiß geliebten Kulturtempel der Oper, des Theaters und des Balletts, allesamt hochrenommiert, sind auf Zufallsbesucher sowieso kaum eingerichtet. Die Karten sind lange im Voraus vergriffen. Aber selbst die anderen Magnete sind nicht im Hui abzuarbeiten: die renommierte Staatsgalerie mit ihrem Neubau von James Stirling, das daneben liegende »Haus der Geschichte«, der neue Glaskubus des städtischen Kunstmuseums am Schlossplatz, das Landesmuseum im Alten Schloss, das Lindenmuseum. Dazu die funkelnagelneue Mercedes-Welt, das spektakuläre Automuseum von Daimler nahe dem Untertürkheimer Stammwerk. Nebenbei, Zuffenhausen hat prompt nachgezogen – mit dem architektonisch extravaganten Porsche-Museum, das vor der Sportwagenschmiede thront wie ein eben gelandetes Ufo. Das alles ist nicht in einem Tag zu schaffen, von dem Musicaltempel droben in

Möhringen, vom innovativen Theaterhaus an der Pragkreuzung, von der Liederhalle, dem Literaturhaus am Boschareal und dem Hegelhaus gar nicht erst zu reden.

»You need three days to know Stuttgart«, erklärte einst ein Neu-Stuttgarter stolz seinen angelsächsischen Gästen. Aha, staunte drauf ein Schwabe, »drei Täg? Ich wohne jetzt 60 Jahren hier und bin immer noch net durch.« Allerdings sucht der Stuttgarter die Schönheiten und Besonderheiten seiner Stadt selten »einfach so« auf. Er geht lieber gezielt und in Begleitung hin: auf den Fernsehturm »mit dem Onkel aus Amerika«; in den zoologisch-botanischen Garten der Wilhelma »den Kindern zulieb«; ins Löwentormuseum samt seinen Sauriern »mit Bekannten von auswärts«; ins Theater, »damit mei Frau au was vom Leben hat«, in das Sternerestaurant »mit Geschäftsfreunden.« Alles mit Maß – aber auch mit Ziel.

Wo man größere Ansammlungen schwäbischer Aborigines treffe, wollen manche Gäste wissen. Schwierige Frage. Sehen wir einmal vom Katharinen-Hospital, dem größten Krankenhaus der Stadt ab, und auch vom Tag der offenen Tür im Kunstmuseum (Gratis! Günschtig!), dann vielleicht im Mundarttheater Komede-Scheuer in der Mäulesmühle im Siebenmühlental, knapp außerhalb der Stadtgrenze. Beide, das Haus und das Tal, gibt es wirklich. In der zum Theater umgebauten Mühle sitzen allabendlich Schwaben Hintern an Hintern auf harten Bänken und horchen bei Leberkäs und Kartoffelsalat zu, wie zwei Schwaben schwäbisch schwätzen – Hannes, der liedrige, schlitzohrige Amtsbote und der cholerische »Bürgermeischter«. Richtig derb geht es da zu, sauglatt. Da verklemmt nix. Touristen findet man hier kaum. Erstens, weil sie kein Wort verstehen würden. Und zweitens, weil die Eintrittskarten an einem einzigen Herbsttag für das ganze nächste Jahr verkauft werden, restlos. Man ist unter sich. Allenfalls musste man dort bisweilen Exministerpräsident Günther Oettinger ertragen, wenn er laut, von sich selbst eigenhändig am Klavier begleitet, »Bergkameraden sind wir« gesungen hat. Ebenfalls ziemlich sauglatt, was übersetzt »sehr lustig« bedeutet.

Am liebsten sucht der eingeborene Stuttgarter, der ja meist ein Möhringer, ein Weilimdorfer oder ein Hedelfinger ist, die stilleren Winkel seiner Stadt auf: den Schillerplatz zwischen Stiftskirche und Altem Schloss, wenn die Gärtner unter dem demütig dreinblickenden Dichterfürsten Blumenmarkt halten. Ja, da hört man noch die alten Laute und Sprüche. Dann die Markthalle, wo eine riesige Auswahl an heimischen und exotischen Viktualien vermuten lässt, die Vertreibung aus dem Paradies habe doch nicht stattgefunden. Dazu die Calwer Straße samt ihrer Passage, wo man sich für alte Bücher oder junge italienische Weine entscheiden kann – oder für beides. Und natürlich den Killesbergpark. Hier speit nicht mehr ein Drache namens Tazzelwurm Feuer, hier dampft das gleichnamige Kleinbähnle, und die Besucher schwitzen, wenn sie den spiralförmigen Aussichtsturm des Architekten Jörg Schlaich erklimmen. Nicht zu vergessen die Gärten am Schloss Hohenheim. Klar, viele Bürger besitzen ihr eigenes Gärtle oder Stückle. Aber der Ehrgeiz gebietet es, nachzusehen, ob die Dahlien bunter, die Kürbisse größer gedeihen, wenn sie von den Gärtnern des öffentlichen Dienstes gedüngt werden.

Jetzt hätten wir, vor lauter Grünzeug, fast die Mineralbäder von Bad Cannstatt vergessen, jenem Stadtbezirk, in dem der Weinbau und starke Quellschüttungen (die stärksten nach Budapest, bitte!) für ein belebendes Schorle sorgen. In den Wasserbecken ziehen ehrwürdige Damen und Herrschaften frühmorgens ihre Runden – je nach Glaubensrichtung im »Leuze«, im »Berg« oder im Cannstatter Mineralbad. Sie sind erst glücklich, wenn ihnen das prickelnde Wasser Oberkante Unterlippe steht: ein guter Grund, den Mund zu halten und höchstens einmal philosophisch zu prusten. Hier schwimmen noch Neunzigjährige wie heurige Frösche durch die Fluten, und junge Herren, die sich über die kribbelnde Wirkung des »Sackgrills« beschweren, werden ausgelacht: »Des fördert die Potenz.« Und die Bildung. Wie hatte einst Oberbürgermeister Rommel gesagt, als es um kulturelle Defizite ging? »Mei Leuze isch au Kultur.« Basta.

Schließlich treffen sich die Einheimischen immer noch in den kleinen Beizle, in den Weinlokalen abseits der Königstraße, ob in der sagenhaften »Kiste«, bei der »Kochenbas« oder draußen in den Vororten, winters auch in zahlreichen Besenwirtschaften. Fremde sind hier gern zugelassen, wenn sie sich anständig benehmen. Das heißt, wenn sie keinen australischen Wein bestellen, nicht laut herumschreien, die Kellnerin nicht kneifen – und wenn sie ohne Murren essen, was auf den Tisch kommt.

An Stuttgarter Stammtischen

Die schwäbische Stammbesatzung solcher Kneipen und Stammtische, früher rein männlich geprägt, heute auch weiblich aufgelockert, ist durchaus liberal gesinnt und hält es mit Friedrich Hölderlins Versen: »Sei uns hold! Dem Gast und dem Sohn, o Fürstin der Heimat! Glückliches Stuttgart, nimm freundlich den Fremdling mir auf!« Schließlich sollen die Preußen, die Hanseaten und die Chinesen, die hierherkommen, auch etwas von der großen Gemütlichkeit haben. Und erleben, wo der demokratische Geist dieses Landstrichs seinen Ursprung hat: in der freien Rede am Wirtshaustisch.

Bei aller Freiheit gibt es freilich auch einige Themen, die der Auswärtige lieber nicht ansprechen sollte. Erstens: »Stuttgart 21«, jenes futuristische Bahnprojekt, das ganz Stuttgart unterqueren und so von seiner Kessellage befreien soll. Darüber streiten die Stuttgarter mit Land und Bund seit mehr als einem Jahrzehnt und immer heftiger und lauter. Sie bauen ihn jetzt, aber sie haben keine Lust, ahnungslosen Neuankömmlingen die Feinheiten von Kopf-, Sack- und Durchgangsbahnhof zu erklären, wobei Durchgangsbahnhof inzwischen so etwas wie ein Schimpfwort ist. Da »isch älles g'schwätzt«, sagt der Landsmann dazu. Und er denkt dabei an das Neue Testament, Hebräer 6, Vers 15: »... also trug er Geduld und erlangte die Verheißung«.

Zweites Tabuthema: die Kehrwoche. Der Stuttgarter hat es nun einmal gern reinlich, auch wenn die Stadt die Abfallkörbe abmontiert, auch wenn seine Frau daheim nicht mehr dreimal die Woche das Parkett bohnert, »damit mr vom Boda essa ka«. Und er hat es satt, sich von jedem neu zugelaufenen Zeitungsvolontär durch den Kakao ziehen zu lassen. Die Wirklichkeit ist so einfach: Offiziell ist die Kehrwoche von der Stadt abgeschafft worden. Inoffiziell werden weiterhin Treppenhaus und Trottoir gefegt, »beginnend mit jedem Sonntag früh«, bis der gröbste Dreck weg ist: »In dieser Woche ist die Reihe an Ihnen.« Ausrufezeichen.

Der letzte große Streik der Müllmänner hat allerdings eine furchterregende Toleranz der Stuttgarter gegenüber Kutterbergen gezeitigt. Sie blieben ruhig, obwohl es an manchen Stellen der Stadt wieder aussah wie im Mittelalter. Damals galt Stuttgart als »sagenhaft schmutzig«. Selbst vor 250 Jahren beklagte ein Zeitgenosse die »eminente Unreinlichkeit«. Jeder Wengerter im Bohnenviertel entsorgte seinen Trester und seine tote Katze im nächsten Graben, und vor dem Haus dampfte der Dung. Das steckt im Hinterkopf; vor solchem Gestank aus »Cloak und heimlichen Gemachen« wollten seit 1492 zahlreiche Sauberkeitsverordnungen die Bürger bewahren. Dabei soll es bleiben. Vielleicht wird die Kehrwoche irgendwann auf die Liste des Unesco-Weltkulturerbes gesetzt. Dann guckt die Welt. Ach was, sie glotzt!

Wenig stimmungsfördernd ist es auch, am Stammtisch nach dem Verlauf des Nesenbachs zu fragen, den man gesucht, aber nicht gefunden habe. Da trifft man auf einen wunden Punkt, weil es diesen Nesenbach ja tatsächlich gibt. Schon Mörikes Schuster-Seppe hat ihn im »Hutzelmännlein« spöttisch besungen: »Scheraschleifer, wetz, wetz, wetz, / lass die Rädle schnurra! / Stuagart ist a grauße Stadt, / lauft a Gänsbach dura.« Früher war dieser Gänsebach ein stinkender Graben namens »Wälzimdreck«, in den Übeltäter zwecks Läuterung getunkt wurden. Oft war er Quell heftiger Überschwemmungen. Mal hatte er zu viel, mal zu wenig Wasser, keinem konnte er es recht machen. Doch seit er diskret in einem Kanalrohr versteckt wurde, wollen ihn alle sehen. Bloß die Stammtischbrüder nicht: »Der stenkt«, heißt es, und »do hat's Ratta.«

Auch die Frage nach der Stuttgarter Schickeria erübrigt sich. Da verstummt der Schwabe und guckt in die Luft. Weil es hier nämlich durchaus gescheite, gut verdienende, tüchtige, ja sogar prominente Menschen, Manager, Schauspieler gibt. Aber die sind meist nicht willens, etwas mitzumachen, was man »Lebtag« nennt. Einmal Faschingsball, einmal Rundfunk-Ball, die Bambi-Verleihung vielleicht, das muss genügen. Stuttgart ist eine sachliche Stadt mit riesigem Bildungsangebot, mit technisch und landwirtschaftlich geprägten Universitäten, mit Musik- und Medienhochschulen, mit Akademien und Instituten. Viele Ingenieure, Planer, Manager und Tüftler sind hier zu Hause, viele Verlagsleute, Computer- und Hightechspezialisten, eine breite Schicht eines gut betuchten Bildungsbürgertums. Aber eben nicht die bunten Paradiesvögel der Film- und Fernsehszene. Die tummelt sich, ohne Showgirls und Schickimicki, draußen rund um die Filmakademie Baden-Württemberg in Ludwigsburg. Selbst der Glanz der Musicalstars, ob Sissi oder Elisabeth, dringt kaum über das Phantom der Musical-Oper an der Möhringer Landhauskreuzung hinaus. Rabatz? »Des könnet andere besser«, räumen die Stammtischbrüder ein.

Doch, ja, es gibt eine sündige Meile, verharmlosend »Städtle« genannt. Es gibt Lounges, Bars, Cafés, ja Nachtclubs in dieser angeblichen »Nachtschönheit ohne Nachtleben«. Es gibt eine Kneipenszene für alle Altersklassen, Geschmacks- und Schluckrichtungen, ob für die Popszenegänger an der Theodor-Heuss-Straße, ob für die Abendbummler rund um den Hans-im-Glück-Brunnen. Und doch hatte Heinrich Heine, dieser Spötter, nicht ganz unrecht, als er sagte: »Es ist schwer, in Stuttgart nicht moralisch zu sein.« Oder wenigstens nicht anständig. Aber ist das so schlimm?

Der Kampf ums Imitsch

Das einzige Defizit, das Stuttgart jahrzehntelang plagte, ist das angeblich fehlende »Imitsch«. Statt stolz zu sein auf die Stärken ihrer komfortablen, wohlhabenden Stadt, fühlten die kommunalpolitischen und medialen Sachwalter immer wieder den dunklen Drang, auf masochistische Art nach Schwächen zu suchen. »Ehrlich« nannten das die einen, »selbstzerstörerisch« die anderen. Regelmäßig versuchen seither die Rathausoberen, mit vollmundigen Parolen gegen die angebliche Biederkeit ihrer Stadt anzukämpfen. Als das Motto »Großstadt zwischen Wald und Reben« zu altmodisch klang, beförderte man sich zum »Partner der Welt« und seit Neuem zum »Motor Deutschlands«. Schließlich sei Stuttgart ein germanisches Detroit, eine Autostadt also, und das müsse imagemäßig genutzt werden. Na gut, wenn es denn der Profilschärfung dient. Die Stadt wird es überleben, wie einst im »Tausendjährigen Reich« den Titel »Stadt der Auslandsdeutschen«, mit dem »deutsche Leistung im Ausland« gewürdigt werden sollte. Vielleicht nehmen auch jene manisch-depressiven Anfälle ab, die sich dadurch äußern, dass sich Stuttgart mal als Global Player, mal als tiefste Provinz fühlt. Wie schrieb vor einiger Zeit ein Stuttgarter Journalist: »Wir bleiben, wie wir sind: kleinkariert, humorlos, engstirnig, dickköpfig, besserwisserisch, kompromisslos.« Das war natürlich ironisch gemeint, nur haben es viele Leser nicht verstanden. So bestätigen sich Vorurteile, fälschlicherweise.

Dabei hat Stuttgart allen Grund, ein gesundes Selbstbewusstsein zu zeigen. Gut, man wurde 1949 nicht Bundeshauptstadt. Gut, man hat sich bei der letzten Olympiabewerbung mit einem faden Film und einem faden Oberbürgermeisterauftritt blamiert. Gut, man hat kein Hofbräuhaus und keine Stadthymne. Aber sonst? Stuttgart hat, rechtzeitig zur Fußballweltmeisterschaft 2006, einen regelrechten Investitions- und Attraktionsschub erlebt. Was wurde da nicht alles eröffnet und eingeweiht! Der Glaswürfel des neuen Kunstmuseums am Schlossplatz. Das architektonisch an eine Doppelhelix gemahnende Mercedes-Museum in Untertürkheim, ein Sternen-Himmel mit 160 hochglänzenden Oldtimern vom Prinz-Heinrich-Wagen über den Silberpfeil bis zum Papamobil. Die Porsche-Arena, die das Gottlieb-Daimler-Stadion und die große Hanns-Martin-Schleyer-Halle drunten auf dem Cannstatter Wasen – pardon: im Neckar-Park – ergänzt. Das Carl-Benz-Center samt seiner »VfB-Welt« ebendort. Alles in allem Investitionen von rund 500 Millionen Euro. Ein vom WM-Jubel in »Deutschlands schönster Fankurve« begeisterter Oberbürgermeister Schuster wähnte sich noch erfolgreicher als das Klinsmann-Team: »Wir waren schon Weltmeister, bevor das Fußballturnier angefangen hat.«

Rund um diese Novitäten gruppiert sich eine Stadt voller Geld und Ideen, voller Besserverdienenden und deren Kaufkraft, voller Literatur und Kunst, voller technischer Intelligenz. Und mit einem begeisterungsfähigen Publikum. Der langjährige Intendant der Stuttgarter Staatsoper, Klaus Zehelein, hat es so beschrieben: »Es ist kein Publikum der vorschnellen Reaktionen auf das, was es hört oder sieht. Es kann warten.« Doch wenn es einmal in Fahrt ist, kennt die Begeisterung kaum Grenzen. Dafür gab es rund um den Globus hohes Lob und Auszeichnungen. Nicht nur Künstler aus allen Erdteilen gastieren gern am Nesenbach. Auch Athleten aller Sparten, ob Kicker, Sprinter, Turner, Radler oder Tenniscracks, kommen gern an den Neckar, zu Welt- oder Europameisterschaften und ebenso zu dem weltweit renommierten Porsche-Damen-Tennis-Grand-Prix – auch der Gastfreundschaft wegen. Da ist es schon fast logisch, dass sich Stuttgart im Jahr 2007 mit dem Ehrentitel »Europäische Sporthauptstadt« schmücken darf.

Nein, bisher ist das niemandem zu Kopfe gestiegen, niemand ist größenwahnsinnig geworden. Im Gegenteil, man bleibt beim landesüblichen Understatement. »Hier kann man seine Kleider auftragen«, hat Alt-Oberbürgermeister Manfred Rommel trocken festgestellt und damit angedeutet, dass in Sachen Präsentation und Mode eine angenehme Nonchalance herrsche. Mit häufig wechselnden, nicht immer dem letzten Schrei entsprechenden Kopfbedeckungen vom Pepitahut bis zur Basken- oder Baseballmütze hat er dafür den Beweis angetreten. Außerdem haben Psychologen herausgefunden, dass die Stuttgarter Männer zu den glücklichsten der Republik zählen. Nicht nur der schönen Schwabenmädle wegen oder weil auf der Königstraße keine Krawattenpflicht herrscht. Sondern wegen des milden, südlichen Klimas, das sich psychisch wie hormonell positiv auswirkt. Kein Wunder, dass Casanova, der große Liebhaber und Falschspieler, diesen Ort seinerzeit nur unfreiwillig verlassen hat.

Dass trotzdem nicht immer eitel Sonnenschein herrscht, liegt daran, dass Stuttgart von lauter lieben Freunden umgeben ist. Die Cannstatter Vorstädter rühmen sich ihrer römischen

Tradition. Die Esslinger Reichsstädter führten einst zusammen mit dem Kaiser Krieg gegen Stuttgart und sind noch heute böse, dass die Stuttgarter als Rache den Esslinger Wengertern die Reben und den Esslinger Töchtern die Röcke abgeschnitten haben. Ludwigsburg, diese zur Herzogskurtisane geronnene Stadt, avancierte zum Hauptwaffenplatz des Landes und zur zeitweiligen Residenz. Die Leonberger rühmen sich des ersten Landtages von 1457, die Sindelfinger ihrer inzwischen verblichenen Marmor-Überwege; die Tübinger nennen sich wegen ihrer älteren und berühmteren Universität und wegen der württembergischen Grablege in der Stiftskirche »heimliche Hauptstadt«. Die Waiblinger (»Ghibellinen«) sind stolz auf ihre Staufer-Tradition. Die Heilbronner pflegen ihre eigene Frankenregion. Der Landtag verweigert seiner an Fläche armen Landeshauptstadt jeglichen Zuwachs. Und selbst das Regionalparlament, jene direkt gewählte, zentralschwäbische Abgeordnetenkammer, wagt Stuttgart nicht allzu hilfreich unter die Arme zu greifen. Dazu sitzen zu viele Nachbarbürgermeister und Provinzfürsten in der Versammlung, die eifersüchtig ihre Pfründen bewachen.

Manfred Rommel, der Philosoph und einstige Oberbürgermeister, hat diese Antihaltung entschuldigt: »Es ist die Pflicht jedes ordentlichen Schwaben, gegen Stuttgart zu sein.« Andere, wie die Popband Schwoißfuaß, drückten das härter aus: »Oiner isch emmer dr Arsch.« So manches Mal haben die Stuttgarter das Gefühl, sie hätten diese Rolle gepachtet. Aber sie sind es gewöhnt. Und sie haben eine Entschuldigung dafür: die bereits erwähnte Topografie. Die ist an allem schuld.

Denn die »Stadt im Tale« ist von draußen her mangels hochragender Gebäude wie eines Doms oder Münsters – siehe Köln, siehe Ulm – schlicht nicht präsent. Von optischer Dominanz keine Rede. Die drinnen können, wie Friedrich Theodor Vischer sagte, »oben nicht nausgucken«, die draußen können, der Hügel wegen, nicht hineinsehen. Soviel aber wissen sie: In der Hauptstadt sitzt die Obrigkeit, ob einst die absolutistische, ob heute die demokratisch legitimierte. Hier sitzen die Behörden, die Gerichte, die Finanzämter. Da geht man nur hin, wenn man muss. Und das auch noch in unterschiedliche Richtungen. Der Göppinger oder der Filderbewohner geht nach Stuttgart hinunter, also nonder, der Cannstatter hinauf, also nuff, der Ludwigsburger hinein, also nei. Und die Degerlocher sitzen seit Menschengedenken droben über der Alten Weinsteige und nehmen übel: »Do dronta liegt die fett Sau und frisst onsere Steura.«

Man sieht, es geht, trotz aller Urbanität, an manchen Ecken der Stadt recht schwäbisch zu. Doch wenn alle Rivalitäten ausgefochten, wenn alle gutnachbarlichen Hakeleien durchgestanden sind, dann geht man wieder schiedlich-friedlich miteinander um. Vorausgesetzt, der VfB, den alle lieb haben, wenn er siegt, gewinnt tatsächlich. Dann sind die draußen zufrieden. Und die Stuttgarter freuen sich über das Privileg, in ihrer schönen, reichen Stadt leben zu dürfen – zwischen Solledi, wie das Schloss Solitude genannt wird, und dem Wirrdabärg, auf dem das Mausoleum für die noch heute verehrte, aus Russland stammende Königin Katharina thront. Darauf können alle ihr Glas heben: »G'sundheit, Herr Nachbar«.

Schwäbischer Geist

Die Bewohner Schwabens haben die Eigenart, menschliche Fähigkeiten an den dafür zuständigen Körperteilen festzumachen. Dabei geht es schicklich zu, versteht sich. Von einem, der kräftig ausschreiten, also »weidle laufen« kann, heißt es, er habe es »in de Füß«. Wer ein rechter Schaffer ist, hat es »in de Ärm«, was eine kräftige Portion Armschmalz voraussetzt. Und von gebildeten Menschen wird respektvoll gesagt, sie hätten es »im Kopf«, was wiederum auf ein gerüttelt Maß an Hirnschmalz tippen läßt. Für solche Leute hat der Volksmund ein paar Ehrenbezeichnungen parat: G'scheidle oder Röhrle heißen sie wahlweise, gegebenenfalls auch Fässle oder Käpsele. Solche geistigen Käpsele treten im Württembergischen überdurchschnittlich häufig auf.

An dieser Stelle muss zwangsläufig jener Vers zitiert werden, der einmal als »der arroganteste Reim« aller Zeiten bezeichnet wurde. Es geht um den Vers des Lyrikers Eduard Paulus (1837 bis 1907) aus Stuttgart. Der Wortlaut: »Der Schelling und der Hegel, der Schiller und der Hauff, die sind bei uns die Regel, die fallen gar nicht auf.«

Zu diesen Zeilen ist zweierlei zu sagen. Erstens, dass sie öfters umgedichtet wurden – mal rückt Schiller auf den Platz des Philosophen Schelling, mal tritt auch Uhland auf. Aber darauf kommt es weniger an, wir haben nun einmal die reichhaltige Auswahl. Wichtiger ist, zweitens, der Hinweis darauf, dass Eduard Paulus einer jener Schwaben war, denen gelegentlich der Schalk der Selbstironie im Nacken saß. Deshalb ist sein Poem alles andere als arrogant, was man schon an der vorangehenden Strophe erkennen kann: »Wir sind das Volk der Dichter, / ein jeder dichten kann, / man seh' nur die Gesichter / von unser einem an.« Dickköpfe, Quadratschädel, Hommelesköpf eben.

Dabei ist das mit den Dichtern ja nicht so falsch. Schon in der Schwäbischen Literaturgeschichte des Stuttgarters Rudolf Krauß, erschienen im Jahr des Herrn 1897, heißt es: »Unter den zahlreichen Schwaben, die durch edlere Veranlagung und höhere Begabung über das Durchschnittsmaß hervorragen, ist die Klasse der Poeten besonders stark vertreten.« Denn, so fährt Krauß fort: »Hoher Flug der Phantasie und Tiefe des Empfindens, Ausdauer im Denken und Hang zum Träumen sind ja bei diesem Stamme heimisch.«

Hoher Flug der Phantasie? Wohl wahr. Aber eben weniger beim Malen und Bildhauern, beim Tanzen und Schauspielern als in der Literatur. Deshalb avancierte Stuttgart früh zur Dichter- und Verlagsstadt und erst viel später zu einem Theater- und Ballettmekka. Der Grund dafür liegt in der Reformation und in Martin Luthers Grundsatz »Sola scriptura« – »Allein die Schrift«. Sänger, Tänzer und andere Spaßmacher konnten sich die vergnügungssüchtigen Herzöge kostengünstig aus dem Ausland besorgen – aus Frankreich und Italien, beispielsweise. Aber die Schriftsteller und Dichter, die gediehen zu Hause: im Evangelischen Stift zu Tübingen, diesem berühmten Gewächshaus für Generationen schwäbischer Pfarrer, später in den Pfarrhäusern selbst, und, wie

Friedrich Schiller beweist, auch in der Hohen Karlsschule, dieser frühen Gesamthochschule des Herzogs Karl Eugen. Hier wie dort wurden anfangs heiligenmäßige, also fromme Lieder geschrieben, danach aber auch revolutionäre Reime deklamiert und verbreitet. Kaum ein Geistesblitz, ob Philosoph oder Literat, der nicht diesen kulturellen Brutkästen entsprungen wäre.

Pfarrhäusler und Stiftsköpfe

Das schwäbische Pfarrhaus war also nicht nur für seinen Kindersegen bekannt, sondern auch für seine Funktion als geistige Brutstätte. Dabei beschränkten sich die Insassen dieser meist geräumigen Fachwerkbauten nicht nur auf das Abfassen von Predigten. Sie sattelten auch den Pegasus. Psychologisch geschulte Leute nannten diese Schreiblust einen Akt der Sublimierung: So habe man sich wenigstens in der Phantasie ausmalen dürfen, was zu tun die protestantisch-christliche Erziehung verboten habe. Ottilie Wildermuth hat in ihren Pfarrhausgeschichten beschrieben, wie diese Fabulierfreude manchmal über die Zehn Gebote hinausflatterte: »Das geistige Leben gestaltete sich immer bewegter, je mehr die Jugend heranwuchs. […] Da wurden in den Ferien Trauerspiele verfertigt, zu denen jedes eine Szene beitrug, herzerschütternde Trauerspiele, rührend komische Stücke.«

Die Vorstufe, das Trainingslager für dieses Pfarrhaus, war seit jeher das Evangelische Stift zu Tübingen. Das war jenes Institut, an dem gestrenge Lehrer und Repetenten den Nachwuchs für die geistlichen Ämter des Landes heranzogen. Man muss sich nur die Namen der bedeutendsten »Stiftsköpfe« in Erinnerung rufen, um zu erkennen, wie groß die Wirkung dieser Abteilung der 1477 gegründeten Landesuniversität Tübingen war. Das beginnt mit keinem Geringeren als

Johannes Kepler, diesem 1571 in der Freien Reichsstadt Weil der Stadt geborenen Astronomen, der auf eine Pfarrstelle verzichtete und lieber mit dem Dänen Tycho Brahe in Prag die Himmelsgeheimnisse enträtselte. Und zwar nicht, indem er mit einem Fernrohr das Firmament und die Planetenbahnen beobachtete – dazu reichte sein schwaches Augenlicht nicht. Nein, er berechnete und definierte die neue Sternenkunde und die Weltharmonik kraft seiner Gehirnwindungen – und musste zwischendurch aus Linz, wo er später Professor war, nach Leonberg zurückeilen, um seine dort lebende Mutter zu retten. Die nämlich wollten engstirnige Hurgler, also Nichtsnutze, als Hexe verbrennen.

Ähnlich begriffsstutzige Zeitgenossen nannten Kepler ein »Schwindelhirnlein«, seine »Neue Astronomia« ein Phantasiegebilde. Bis heute ist dieses unruhige Genie, das dem Feldherrn Wallenstein im Dreißigjährigen Krieg als Astrologe diente, ein Gegenstand hitziger Phantasie. Ein Amerikaner wollte ihn jetzt sogar des Mordes an seinem Chef Tycho Brahe überführen, wobei angeblich eine Überdosis Quecksilber als Tatwerkzeug gedient habe. Erst als seriöse Historiker darauf hinwiesen, dass Brahe permanent versucht habe, mit diesem Mittel seine Krankheiten zu kurieren, war der Spuk vorbei.

Zurück vom Weltall ins Tübinger Stift. Einige der dortigen Eleven wurden wirklich Pfarrer, So jener bemerkenswerte Johann Friedrich Flattich (1713 bis 1797), der es sogar wagte, seinem Herzog zu widersprechen. Als der ihn bei einem Empfang rügte, dass er seine Perücke nicht ordentlich mit Mehl bestäubt habe, antwortete der fromme Mann geistesgegenwärtig: »I brauch mein Mehl für d'Spätzle«. Und dazu Philipp Matthäus Hahn (1739 bis 1790), Flattichs Schwiegersohn. Er war gleichzeitig Seelenhirte und hochbegabter Mechanikus, der die physikalische Leistung definierte und – zur größten Hochachtung eines seiner Besucher, des

Geheimen Rats Johann Wolfgang von Goethe – Himmelsmaschinen, Wunderuhren und Präzisionswaagen konstruierte.

Andere Stiftler kehrten der kirchlichen Lehre den Rücken und wagten den Höhenflug in der dünnen Luft der Philosophie. So der aus Leonberg stammende Natursystematiker Friedrich Wilhelm Joseph Schelling (1775 bis 1854) und sein Freund, der Stuttgarter Exgymnasiast Georg Wilhelm Friedrich Hegel (1770 bis 1831), dessen Dialektik sein Schüler Karl Marx später angeblich vom Kopf auf die Füße stellte. Seine Lehren waren für die Berliner Studenten schwer verständlich. Einerseits, weil sie äußerst kompliziert waren, andererseits aber, weil Hegel sie in einem Gelehrtenschwäbisch vortrug, das norddeutsche Ohren beleidigte. Ein Schüler schilderte das so: »Jedes Wort, jede Silbe löste sich nur widerwillig los, um von der metallenen Stimme dann in breitem schwäbischem Dialekt [...] einen wundersam gründlichen Nachdruck zu erhalten.« Hegel, der in Napoleon die »Weltseele zu Pferde« sah, war froh, wenn er auf einen Landsmann traf. Kurz, ehe ihn die Cholera hinwegraffte, erhielt er Besuch von dem Ludwigsburger Theologen David Friedrich Strauß, sprach »Ah, ein Württemberger«, zeigte »eine herzliche Freude« und beklagte, »dass ein Prophet nichts gilt in seinem Vaterlande«.

Nicht genug, dass sich Schelling und Hegel im Tübinger Stift ein Zimmer teilten – sie hatten einen weiteren Genossen: Friedrich Hölderlin, dieses in Lauffen am Neckar geborene, in Nürtingen aufgewachsene Sprachgenie, das die Herrlichkeit der Welt und der Götter besang – und am praktischen Leben so trostlos scheiterte. Schelling, schon mit 23 Jahren Professor in Jena, holte seinen älteren Freund Hegel nach, und beide begaben sich, wenn auch auf unterschiedlichen Denkpfaden, auf die Suche nach dem Absoluten. Für Schelling war Gott die »absolute Identität, ob des Geistes, der Natur oder der Kunst« und alles Wirkliche galt ihm als »Selbstoffenbarung Gottes.« Das Stift wirkte nach.

Hegel, der nach einer unehelichen Vaterschaft aus Jena flüchtete und erst nach Jahren und Umwegen in Berlin eine Professur erhielt, nannte dieses Schelling'sche Absolute »die Nacht, worin, wie man zu sagen pflegt, alle Kühe schwarz sind«. Mit seinem Kernsatz, wonach alles Wirkliche vernünftig und alles Vernünftige wirklich sei, wurde er zu einer Art preußischem Staatsphilosoph. Seine dialektische Denkmethode – These, Antithese, Synthese – sollte auch für die Geschichte gelten, die in Katastrophen voranschreite. Schwäbische Rotweintrinker praktizieren eine simplere Version: Der Trollinger existiert in seiner ursprünglichen Selbstständigkeit, ist aber nur selbstständig, weil er sich vom Lemberger unterscheidet. Doch diese Negation hebt sich in der Synthese zum Trollinger-Lemberger auf. Kein Wunder, dass diese Mischung noch immer von vielen Schwaben bevorzugt wird.

Hegel ist auch von den meisten seiner Landsleute nicht verstanden worden – und schon gar nicht von seinem Berliner Dozentenkollegen Arthur Schopenhauer, der ihn einen »unwissenden Scharlatan« mit »Bierwirts-Physiognomie« nannte.

Trotzdem ist das wiederhergestellte Hegelhaus in der Eberhardstraße in Stuttgart ein Wallfahrtsort. Auch die Persiflage »Der absolute Stiefel«, 1844 in Stuttgart erschienen, wurde wieder aufgelegt. Darin bekommt ein hegelkundiger Schustergeselle Ärger mit seinem Meister und der Polizei, weil er über eine Probearbeit sagt: »Der Begriff des Stiefels ist in mir; was im Begriff ist, hat allgemeines Dasein, während der besondere Stiefel, als bloßes Ding, nur eine geistlose Wirklichkeit hat. Aus dem allgemeinen Sein den Stiefel ins besondere Sein hinabzuziehen, was ein verkehrtes Abstrahieren wäre, ist Kinderspiel.«

Dass Hegel den Schwaben in sich nicht verleugnen konnte, zeigte sich schon daran, dass er sich über die hohen Preise für Lebensmittel und Wohnungsmieten in Berlin ärgerte und dass ihm die vielen Schnapsboutiquen lästig waren. Er selbst hielt es lieber mit dem Rotwein. Alljährlich entkorkte er am 14. Juli, zur Feier der Französischen Revolution, ein besonderes Fläschchen und trank es notfalls allein aus. Allerdings, Trollinger-Lemberger gab es damals noch nicht.

Und dann die Theologiestudenten, die in die Literatur abwanderten! Zu nennen wären Wilhelm Waiblinger, das gescheiterte, in Italien jung gestorbene Genie, das alle Anlagen zum Hippie hatte. Gustav Schwab, der Vater der Heldensagen, Wilhelm Hauff, der im Alter von 25 Jahren verglühte, dessen Märchen, dessen historischer Roman »Lichtenstein« und dessen »Wirtshaus im Spessart« sein kurzes Erdenleben überdauert haben. Der erwähnte David Friedrich Strauß, der mit seinem revolutionären »Leben Jesu« einen Skandal entfachte, weil er die Wunder Christi als ewige Wahrheiten, nicht aber als historische Fakten interpretierte. Sapperment, da bebten die Pfarrhäuser, da wackelten die Kirchtürme im Land!

Turmhahn und Schöne Lau

Der begabteste und sensibelste dieser Poeten war Eduard Mörike, 1804 in Ludwigsburg geboren. Als scheuer Hypochonder scheiterte er im Pfarrer- und im Lehrerberuf, doch seine biedermeierliche Dichtkunst machte alle seine Defizite wett. Ob »Der alte Turmhahn von Cleversulzbach«, ob »Mozarts Reise nach Prag«, ob das »Stuttgarter Hutzelmännlein« mit der Schönen Lau und dem »Klötzle Blei« aus dem Blautopf: In Mörike, diesem Maler des Worts, findet sich das schwäbische Gemüt bis heute wieder, besonders nach einem langen Winter: »Frühling lässt sein blaues Band, wieder flattern durch die Lüfte …«

Auch Friedrich Theodor Vischer, 1807 wie Mörike, Strauß und Kerner in Ludwigsburg geboren, war so ein Stiftler, der nicht auf der Kanzel landete, sondern Professor für Ästhetik und Literatur wurde – ewig geplagt von chronischem Schnupfen und Husten, was wohl auf eine damals nicht zu diagnostizierende Pollenallergie hindeutet. In seinem Roman »Auch Einer« hat er der dauernden Verschleimung ein Denkmal gesetzt, als Abgeordneter zog er in die Frankfurter Paulskirche ein, den Stuttgartern galt er als Bildungspapst. Dabei sagte er ihnen nicht nur Freundliches nach: »Meinen, sie haben die Gemütlichkeit gepachtet.«

Doch nicht nur diese Klassiker zeugen von der kreativen Tübinger Atmosphäre, sondern auch der Revolutionsdichter Georg Herwegh, 1817 in Stuttgart geboren. Allerdings musste er das Stift wegen Trunkenheit, Lärmens und »beleidigenden Benehmens gegen zwei Repetenten« verlassen. Im Umsturzjahr 1848 wurde der Sänger des »Jungen Deutschland« zum tragischen Helden. Er kam, direkt aus dem Pariser Asyl, mit seiner Deutschen Demokratischen Legion zu spät zur Revolution nach Baden, wurde von württembergischen Truppen geschlagen, und musste wieder emigrieren – zum Schluss seines Lebens ins Badische. Noch heute können wackere Schwaben, im Gegensatz zu vielen gewerkschaftlichen Streikposten, einen Vers aus seinem »Bundeslied« des Allgemeinen Deutschen Arbeitervereins auswendig: »Mann der Arbeit, aufgewacht! Und erkenne deine Macht! Alle Räder stehen still, wenn dein starker Arm es will.«

Der einstige Stiftler und spätere Journalist Hermann Kurz lernte wegen »Ehrenkränkung vermittelst der Presse« im Jahr 1852 für einige Wochen das entbehrungsreiche Leben hinter den Gefängnismauern des Hohenaspergs kennen. Und Hermann Hesse (1877 bis 1962) aus Calw kam erst gar nicht bis ins Stift. Er floh nach einem halben Jahr aus dem Maulbronner theologischen Seminar, der Vorstufe des Stifts, und schrieb sich seine Nöte in dem Roman »Unterm Rad« von der Seele. Für einige Zeit landete allerdings auch er in Tübingen: als Buchhändlerlehrling und -gehilfe bei Heckenhauer.

Doch, doch, es gab auch dichterische Begabungen außerhalb des Stiftes. Und welche! Christoph Martin Wieland (1733 bis 1813), der Satiriker und Goethe-Freund aus Biberach, der neben Lessing als bedeutendster deutscher Dichter der Aufklärung galt. Dazu Ludwig Uhland, der Tübinger, dem laut einer Biografie »die Liebe und Verehrung des Volkes zugeflogen ist« wie keinem anderen deutschen Dichter. Und das, obwohl er Landtagsabgeordneter war und Mitglied des Paulskirchen-Parlaments – ein nüchterner Mann, der sich in seinen patriotischen Gedichten auslebte, von »Schäfers Sonntagslied« (»Das ist der Tag des Herrn!«) über »Die Kapelle« (»Droben stehet die Kapelle, schauet still ins Tal hinab«) bis zum »Frühlingsglauben« (»Die linden Lüfte sind erwacht, sie säuseln und weben Tag und Nacht …«).

Uhland war ein Leben lang mit dem Dichter und Arzt Justinus Kerner (1786 bis 1862) befreundet. So schwäbisch-schwermütig der manchmal war (»Kummer und Tränen verzehren mich«), so gastfreundlich war sein Weinsberger Haus. Von seinen Geistersehereien und seinen mondsüchtigen Patienten erholte er sich beim schwäbischen Wein; zehn Viertele pro Tag waren keine Seltenheit. Seinen Dank stattete er auf seine Weise ab. Den im Herzen königstreuen Württembergern schenkte er nicht nur eine heilsame Studie über Wurst- und Fleischvergiftungen, sondern auch die Landeshymne »Der reichste Fürst«: »Eberhard der mit dem Barte, / Württembergs geliebter Herr, / sprach: »Mein Land hat kleine Städte, / trägt nicht Berge silberschwer. / Doch ein Kleinod hält's verborgen: / Dass in Wäldern noch so groß, / ich mein Haupt kann kühnlich legen, / jedem Untertan in Schoß.« Welcher Ministerpräsident könnte das heute noch von sich sagen?

Zwischen Tigern und Leuen

Und Schiller? Der Stürmer und Dränger, der zum Klassiker im Dichterolymp aufstieg? Nein, ihn ließen Vater Johann Kaspar und Herzog Karl Eugen nicht ins Tübinger Stift einrücken, sondern rekrutierten ihn für die Hohe Karlsschule in Stuttgart, wo Jurisprudenz, Militaria und Medizin gelehrt wurde. Keine Sorge, wir werden jetzt nicht die ganze Geschichte erzählen: von der Geburt 1759 in Marbach am Neckar als Sohn eines Hauptmanns und einer Bäckerstochter bis zur Flucht nach Mannheim – in jener finsteren Nacht 1782, als Landesherr Karl Eugen, der ihn kurz vorher hatte einsperren lassen, auf Schloss Solitude ein Fest gab. All das ist aus Anlass seines 200. Todestags im Jahr 2005 landauf, landab geschrieben, erzählt, aufgeführt, gefeiert worden. Nur so viel: Wer die Zustände im autoritär regierten, bürokratisch-griffelspitzerisch verwalteten Württemberg kennenlernen will, greife wieder einmal zu dem 1784 erschienenen bürgerlichen Trauerspiel »Kabale und Liebe«. Allein dieses Stück rechtfertigt Schillers Ruhm, von den »Räubern« einmal abgesehen und vom »Wilhelm Tell«, mit dem der geniale Fritz den Schweizern ihren Nationalhelden geschenkt hat. Dafür sind sie bis heute dankbar.

Schillers freiheitstrunkener Widerspruchsgeist war schwäbisch, seine Reime waren es oft auch. Manfred Rommel hat einmal festgestellt, ohne eine gehobene schwäbische Aussprache (»Zwischen Tiger und Leuen/mitten hinein«) brächen Schillers Gedichte in sich zusammen. Wer weiß, ob der »Taucher« oder das »Lied von der Glocke« noch lange einen Platz in den Lesebüchern haben. »Freude, schöner Götterfunken« wird als Text zu Beethovens Neunter Sinfonie überleben – zumindest als Hymne der Europäischen Union. Schiller selbst blieb trotz der Karriere in Weimar und Jena, trotz der Freundschaft mit Goethe, im Grunde seines Herzens ein

Schwabensohn. An einen Freund schrieb er, kurz ehe er 1793 eine Reise in die Heimat antrat: »Die Liebe zum Vaterland ist sehr lebhaft in mir geworden, und der Schwabe, den ich ganz abgelegt zu haben glaubte, regt sich mächtig. [...] Thüringen ist das Land nicht, worin man Schwaben vergessen kann.«

Als er noch Regimentsmedikus in Stuttgart war, hat Schiller einen anderen Feuerkopf besucht – den Journalisten, Dichter und Musiker Christian Friedrich Daniel Schubart (1739 bis 1791). Herzog Karl Eugen hatte dem einen harten Erziehungsurlaub auf dem Tränenberg des Landes, dem »Aschberg« zudiktiert, »teils um seiner schlechten und ärgerlichen Aufführung willen«, womit Unzucht und Ehebruch gemeint waren, »teils wegen seiner sehr bösen und sogar gotteslästerlichen Schreibart« – Schubart hatte des Herzogs Geliebte Franziska von Hohenheim öffentlich »Donna Schmergalina« genannt. Schiller kam als »Doktor Fischer« zu Besuch auf den Hohenasperg und wurde von Schubart geherzt und geküsst, nachdem er sich als der Autor der »Räuber« zu erkennen gegeben hatte. Der Clou: Die Idee zu den »Räubern« stammte von dem Gefangenen selbst.

Egal, wer dieser Schubart nun war, ein Weinschlauch, ein großartiger Organist, ein allzu einfühlsamer Klavierlehrer junger Hofdamen, der erste kritische Journalist des Südwestens, ein unterwürfiger Höfling (»Statt des Tobaks kaue ich Lavendel. Ich glücklicher Mann!«), seine »Fürstengruft« (von 1780) bleibt für immer im Gedächtnis: »Da liegen sie, die stolzen Fürstentrümmer, / ehemals die Götzen ihrer Welt!«. Dazu sein »Kaplied« (von 1787), das den als herzogliches Kanonenfutter missbrauchten Landessöhnen gewidmet war: »Auf, auf, ihr Brüder und seid stark, / der Abschiedstag ist da! / Schwer liegt er auf der Seele, schwer! / Wir sollen über Land und Meer, / ins heiße Afrika.« Und natürlich die »Forelle«: »In einem, Bächlein helle ...« Dass es zum Schluss neben unmäßigem Essen und Trinken nur noch zu Stegreifversen reichte, (»Ach das freut mich königlich, / dass die Dame säuft wie ich!«) ist ein anderes Kapitel. Auf dem besuchenswerten Stuttgarter Hoppenlau-Friedhof hat er sein Grab gefunden. Dabei war er eigentlich gar kein Schwabe, sondern ein Franke aus Obersontheim in den Limpurger Bergen.

Nix – als die Tücke des Geschicks

Wir ächzen in Anbetracht von so viel Literatur, so vielen Dichtern. Doch dieses Dichten – das war im Lande nicht nur die genialische Beschäftigung großer, mal überschwänglicher, mal depressiver Geister. Dichten war und ist auch die Leidenschaft einfacherer Leute. Noch heute erhalten die Zeitungen im Land mehr gereimte Leserzuschriften, als sie je drucken können und wollen. Es ist wie ein Virus, den ein Lehrer einst so diagnostiziert hatte: »Es treibt mi halt zum Reima, / so wie mi's treibt zum Wei'...«. Dieses Virus, diese Sucht hat einige Verseschmiede berühmt gemacht.

Zum Beispiel den oberschwäbischen Dorfpfarrer Michael Jung, der wegen seines »ausgezeichneten Benehmens bei der Nervenfieber-Epidemie« 1814 zum Ritter des königlichen Zivil-Verdienstordens geschlagen wurde. Aber nicht für seine gereimten Nachrufe, die er am Grabe seiner Schäflein in Kirchdorf bei Memmingen gehalten hat. Die stießen nicht nur bei den Hinterbliebenen, sondern auch bei der Obrigkeit auf Kritik, was bei Texten wie dem Nachruf »Beim Grabe eines Mannes, der mit einem Regenschirm erstochen wurde« nicht verwundert: »Hier schlummert eines Mannes Leiche / und modert in der Totenbahr, / der selbst durch seine bösen Streiche / die Ursach seines Todes war. / Er war der Trunkenheit ergeben, / der Spötterei und Händelsucht, / so ward von seinem bösen Leben / sein früher Tod die böse Frucht.« Und das war's nicht etwa. So geht das volle 24 Liedverse weiter.

Berühmt wurde auch der Liebhaberdichter Christian Späth, »weiland Ochsenmetzger zu Tübingen«. Seine Gedichte hat er, nach eigenem Bekenntnis, im 19. Jahrhundert, »neben Feldarbeit, Handel und Gewerbe, ohne Papier und Buch auf freien Fluren in der Natur gemacht«. Oder dann, wenn er von Lustnau in die Universitätsstadt hineinfuhr, »den gestirnten Himmel über mir, das moralische Gesetz in mir ond meine Säu hinter mir«. Sein bekanntester Vers hat sogar einem Buch den Titel gegeben: »Der Mond braust durch das Neckartal, / die Wolken sehen aus wie Stahl, / und in den Straßen sieht man nix / als nur die Tücke des Geschicks.«

Richtige, ernsthafte Schriftsteller und Dichter gab und gibt es auch in neuerer Zeit. Erwähnt seien nur Peter Härtling – in Chemnitz geboren, auf Umwegen nach Nürtingen gekommen, wo er die Schule besuchte. Seine Romane über Friedrich Hölderlin und Franz Schubert, über E. T. A. Hoffmann und Robert Schumann haben hohe Auflagen erzielt. Hierher gehört auch Martin Walser, weil er vom Schwäbischen Meer, dem Bodensee, stammt und dort lebt. Und weil für ihn in Stuttgart alles angefangen hat, bei dem »Genietrupp« des damaligen Süddeutschen Rundfunks, wo in den fünfziger Jahren des letzten Jahrhunderts auch Alfred Andersch, Hans Magnus Enzensberger und Helmut Heißenbüttel Radio machten. Seine »Ehen in Philippsburg« und die »Halbzeit«-Trilogie um Anselm Kristlein haben ihm den immergrünen Lorbeerkranz beschert, lange vor seiner missverstandenen Friedenspreis-Rede in Frankfurt.

Sollen wir weitermachen? Von Christian Wagner reden, dem Warmbronner Bauernpoeten? Von dem Dichter Hermann Lenz erzählen, von Albrecht Goes, dem Pfarrer und Schriftsteller? Von Sebastian Blau, dem personifizierten Rottenburger? Von Thaddäus Troll, dem humorvollen Mundart- und Theaterautor, der manchmal an seiner kleinkarierten Umwelt verzweifelte?

Nein, nein, diese Vielfalt von Schreib- und Dichtlust hält nur der Schwabe aus. Wie gut, dass es Marbach gibt. Dort, auf einer Anhöhe über dem Neckar, liegt die literarische Dreifaltigkeit des Schiller-Nationalmuseums, des Deutschen Literaturarchivs und des neuen Literaturmuseums der Moderne, »Limo« abgekürzt. Da kann man als Bürger oder als Wissenschaftler Akten, Dokumente, Quellen, Manu- oder Typoskripte studieren, ob von Kafka, Döblin, Benn oder Heidegger. Und der Fluss fließt darunter vorbei und plätschert den einen oder anderen Vers vor sich hin. Zum Beispiel den, den ihm Friedrich Hölderlin gewidmet hat: »In deinen Tälern wachte mein Herz mir auf/zum Leben, deine Wellen umspielten mich,/und all der holden Hügel, die dich/Wanderer! kennen, ist keiner fremd mir.« Das sind Form und Sprache von unserem Hölderlin, dem großen Geist, der sich auf Adlerschwingen ins elysische Licht erhob und in seinem Tübinger Turm in geistiger Umnachtung endete.

Aber halt! Wie war das? Von »unserem Hölderlin«? Vorsicht, Thaddäus Troll hat das einmal als »anmaßende Unechtheit« bezeichnet, »die sich mit fremden Federn schmückt«. Das seien billige »Identifikationen, die nur den Wert von Selbstaufwertung und Selbsttäuschung haben«. Und weil er schon einmal am Schimpfen war, beklagte er gleich noch, dass die schwäbische Sprache nur den »Heimatblödlern und Gaudemachern« überlassen werde. So ist der Schwabe nun einmal. Er verehrt seine Geistesheroen, aber den anderen gönnt er sie nicht so gern.

Schwaben, wie es singt und baut

Ehe es jetzt aber so aussieht, als könne der schwäbische Genius entweder dichten oder gar nichts, sei noch auf andere feingeistige Disziplinen hingewiesen. Zum Beispiel auf die renommierte Stuttgarter Oper, die auf den Titel »die beste Deutschlands« abonniert zu sein scheint. Zum Beispiel auf das berühmte Stuttgarter Ballett. Sein einstiger Chef, der gebürtige Südafrikaner John Cranko, wäre bestimmt längst zum Stuttgarter Ehrenbürger ernannt worden, hätte er sein Leben nicht im Alter von erst 46 Jahren in einem Flugzeug auf dem Rückflug von einer Tournee in den USA ausgehaucht. Es sei des Weiteren auch auf das Theater mit seinen experimentierfreudigen Bühnen hingewiesen, ob staatlich subventioniertes Schauspielhaus, dem »Theater des Jahres« 2006, ob Theaterhaus in Stuttgart, ob Esslinger Landesbühne, Tübinger Landestheater, Melchinger Lindenhof oder Ulmer Stadttheater. Ihren experimentierfreudigen, liberalen Ruf haben diese Institutionen nicht von ungefähr. Schließlich durften im einstigen Stuttgarter Hoftheater politisch brisante Stücke von Ludwig Thoma und Frank Wedekind aufgeführt werden – ohne Zensur, dafür mit dem Segen des liberalen Königs Wilhelm II. Und das, obwohl beide Autoren anderswo wegen Majestätsbeleidigung vorbestraft waren. Nur als der Stuttgarter Theaterchef Claus Peymann in den späten siebziger Jahren per Aushang Geld sammeln wollte für den Zahnersatz der im Gefängnis von Stuttgart-Stammheim einsitzenden Terroristin Gudrun Ensslin, da hatte die Liberalität der Regierenden ein Ende.

Dass es die Schwaben gern harmonisch haben, beweisen die unzähligen Chöre im Land. Sie reichen vom kleinen Männergesangverein bis zu Hellmuth Rillings Gächinger Kantorei, ihr Repertoire spannt sich vom »Mädle, ruck, ruck, ruck« über Friedrich Silchers Vertonung der »Lorelei« von Heinrich Heine (»Ich weiß nicht, was soll es bedeuten«) bis zu den Passionen des Johann Sebastian Bach. Suebia non cantat? Schwaben singt nicht? Ja Pfeifendeckel, das ist ein altes, längst widerlegtes Vorurteil. Natürlich wurde lange nur zum Lobe des Herrn jubiliert, doch seit 1825 hat »Singen« im Stundenplan der Schulen seinen Platz – und mit der Gründung der typisch schwäbischen Liederkränze, beginnend um 1820, war mehr verbunden als die Liebe zum deutschen Lied. Hier begann sich eine bürgerliche Gesellschaft heranzubilden, die klassenlos war – zumindest für die Zeit, während der man miteinander sang.

Inzwischen pflegt der Schwabennachwuchs sein traditionelles Liedgut nur noch sporadisch und lässt dafür andere für sich singen und spielen: zum Beispiel die Fantastischen Vier, um die herum sich eine eigene Stuttgarter Hip-Hop-Szene gebildet hat, von Rapper Afrob bis zum Sänger Max Herre, der seiner Heimatstadt Stuttgart aus dem fernen Berlin eine Liebeserklärung gewidmet hat: »Ich mag deinen Anblick,/ und dass du viele Sprachen sprichst,/lieb, dass du sowohl High Class als auch Straße bist.« Apropos High Class, die findet sich auch unter Schwabens Komponisten. Zum Beispiel bei Helmut Lachenmann und seinem Bühnenwerk »Das Mädchen mit den Schwefelhölzern«. Zum Beispiel beim Jazzpianisten Wolfgang Dauner, der als kreativer Kopf des international renommierten Jazz & Rock-Ensembles gilt. Man sieht, Schwaben können tatsächlich fast alles.

Natürlich auch bauen. Und das dank der berühmten Stuttgarter Architektenschule, die mit den Namen Paul Bonatz (Hauptbahnhof), Rolf Gutbrod (Liederhalle), Hans Kammerer (Calwer Straße), Fritz Leonhardt (Fernsehturm) eng verbunden ist, dank namhafter Planer wie Günter Behnisch, Richard Döcker, Max Bächer, Frei Otto und Hans Volkart bietet Stuttgart einen lebendigen Anschauungsunterricht, was sich aus Stein, Beton, Stahl und Glas formen lässt. Ganz zu schweigen vom Tagblatt-Turm E. Otto Osswalds, der ersten Stahlbetonkonstruktion im Land; ganz zu schweigen von der berühmten Weißenhofsiedlung, zu der Woche für Woche viele Interessierte pilgern, um die Häuser von Le Corbusier (jetzt ein Museum), Gropius, Scharoun, Mies van der Rohe zu sehen. Noch heute bereitet es den Betrachtern eine Gänsehaut, sich vorzustellen, dass diese Demonstration modernen Bauens, von den Nazis als »Araberdorf« und »Schandfleck von Stuttgart« diffamiert, um 1940 fast abgerissen und durch eine größenwahnsinnige Ordensburg ersetzt worden wäre. Dagegen ist der Unfall mit dem seelenlosen Kleinen (Beton-) Schlossplatz überstanden. Sein Nachfolger ist das von den in Berlin ansässigen Stuttgarter Architekten Rainer Hascher und Sebastian Jehle entworfene Kunstmuseum. Dessen Glaskubus beherbergt nicht nur bedeutende Werke, etwa von Otto Dix und Oskar Kokoschka. Es lässt auch die Kultur mitten im Citykommerz hell strahlen.

Farbiges Schwaben? Ja, auch die Malerei hat eine bunte Palette großer Talente hervorgebracht – von Christian Landenberger bis Willi Baumeister, von Hermann Pleuer bis HAP Grieshaber, Oskar Schlemmer und Manfred Henninger, von Heinrich von Zügel bis zum Meisterfälscher Konrad Kujau, dem Zugewanderten, dessen Gemäldekopien inzwischen selbst gefälscht wurden. Das typischste aller schwäbischen Bilder aber stammt von Theodor Schüz. Sein »Mittagsgebet bei der Ernte«, 1861 entstanden, hängt in der Stuttgarter Staatsgalerie und ist immer noch ein Wallfahrtsort für die Heimatfans. Warum? Weil es einerseits seine frommen, andererseits aber auch seine heiteren Seiten hat – und das alles unter einem reich tragenden Apfelbaum, wie er in den heutigen Niederstammplantagen nicht mehr vorkommt.

Dass es der Schwabe gern plastisch-handgreiflich hat, bewiesen schon vor 30 000 Jahren steinzeitliche Holzschnitzer auf der Schwäbischen Alb mit ihren Löwenmenschen und Mammutfiguren. Das war ein künstlerischer Urknall. Doch bis heute haben es die Plastiker zwischen Ripple und Filderkraut nicht immer leicht. Als man in Stuttgart nach einem geeigneten Platz für Henry Moores üppige »Liegende« suchte, grummelten die Leute: »Viel zu wüscht«. Als Alexander Calders großes Mobile »Crinkly with a Red Disk« auf dem Schlossplatz aufgestellt wurde – Kostenpunkt vor einem Vierteljahrhundert knapp eine Million Mark –, hieß es: »Viel zu teuer«. Das »Kuhriosum« von Jürgen Görtz in Bietigheim-Bissingen war für die Bürger ebenso gewöhnungsbedürftig wie die Schlange des Niederländers Auke de Fries über der Ludwigsburger Zentralkreuzung »Stern«. Doch der Mensch gewöhnt sich an den Anblick, gewinnt ihn irgendwann sogar lieb. So sind all diese Figuren längst eingebürgert – inklusive der fast lebensechten »Putzfrau« von Duane Hanson in der Stuttgarter Staatsgalerie, der die Sympathie aller eingeborenen Putzlumpenfetischisten gehört.

Grombiera statt Kunst

Hätte doch der einstige württembergische Landtag nur auch progressiv gedacht und die berühmte Stuttgarter Sammlung Boisserée im 19. Jahrhundert für die Staatsgalerie gesichert. Doch der Abgeordnete Mosthaf sprach für seine sparsamen Kollegen: »Mir brauchet koi Kunst, mir brauchet Grombiera!« So blieben die Kartoffeln im Ländle und die 213 Gemälde wanderten in die Alte Pinakothek nach München ab. Was in Stuttgart blieb, war die königliche Sammlung weiblicher Nackedeis, die Wilhelm I. diskret angelegt und stellenweise hinter Vorhängen versteckt hatte. Auch sie ging nach dem Tod des Königs an die Isar. Die Versteigerung und die dabei erzielten Preise waren allerdings kein Ruhmesblatt. Hätte es damals Harald Schmidt schon gegeben, es wäre ein »gemähtes Wiesle« für ihn gewesen. Doch auch ohne diese Pointe avancierte der TV-Satiriker, geboren in Neu-Ulm und aufgewachsen in Nürtingen, im Magazin »Cicero« zu Deutschlands Intellektuellem Nummer zwei, nach Günter Grass und noch vor Literaturpapst Marcel Reich-Ranicki.

Unser Harald also? Nein, diese Gefahr besteht kaum, anders als bei Schiller und Hölderlin. Schon weil man Schmidts Monologe bei Schulfesten nicht so schön aufsagen kann. Ebenso wie die Fernsehautoren Felix Huby alias Eberhard Hungerbühler (Tatort-Krimis, Pfarrerin Lenau, Tierarzt Dr. Engel) und Fred Breinersdorfer (»Der Hammermörder«) sind zwei andere hochgeistige Identifikationsfiguren inzwischen ebenfalls abgewandert. Es geht um niemand anderes als um Micky Maus und Asterix. Lange Jahre wurden sie von einem Verlag nahe Stuttgart ins Deutsche übertragen – Asterix sogar ins Schwäbische. Da traten dann Röhrle auf und Fässle: Vincent Klinkos als Cäsars Koch, dazu der Sklavenhändler Mooshammus. Obelix artikulierte schwäbisch-freundlich: »Schlofat ihr eigentlich nie, ihr Schofseckel, ihr römische?«

Nur einer braucht nicht synchronisiert zu werden: der Poet und Philosoph Manfred Rommel. Er darf sich inzwischen als meistgelesener deutscher Lyriker und Auflagenmillionär fühlen. Wohl auch deshalb, weil seine Verse meist kurz und unmissverständlich sind: »Das Dichterherz ist wie ein Schwamm, / es saugt was auf und er schreibt's z'samm.« Aus der Erfahrung des ehemaligen Stuttgarter Oberbürgermeisters stammt der Spruch »Schütz uns vor Rheuma, Grippe, Gicht, / und vor der Kommunalaufsicht.« In seinen philosophischen Sentenzen beschäftigt er sich gern mit dem schwäbischen Innenleben. »Der Schwabe tut so, als ob er arm sei; aber er ist beleidigt, wenn andere ihm das glauben!« Oder: »Der Schwabe denkt immer: was groß ist, ist unnötig.«

Das alles dokumentiert, dass in schwäbischen Landen neben dem Sinn für das Praktische auch ein reges Interesse an der Kultur wohnt. Das lässt sich auch an einer frühen Vorläuferin von »My fair Lady« zeigen. Sie hieß nicht Eliza, wie bei George Bernhard Shaw, und ihr Entdecker war nicht Professor Higgins. Die Geschichte spielte dreieinhalb Jahrhunderte nach Christi Geburt bei Rottenburg, dem römischen Sumelocenna. Dort entdeckte der römische Schriftsteller Ausonius, dessen Name heute ein erstklassiges Weingut in St. Emilion bei Bordeaux ziert (Château Ausone), eine hübsche, blonde, blauäugige Sklavin namens Bissula. Er beschrieb ihre Gesichtsfarbe als eine Mischung aus »purpurnen Rosen und weißen Lilien«, widmete ihr anrührende Gedichte und machte aus ihr, der Barbarin, eine kultivierte Römerin mit Sinn für die schönen Dinge des Lebens.

Glaube nur niemand, dass die gute Bissula eine Ausnahmeerscheinung im Neckarland gewesen sei. Denn Käpsele gibt es auch in weiblicher Gestalt.

Essen. Von wegen »Hauptsache, der Ranzen spannt«

Für einen rechten Schwabenmenschen ist der Umgang mit Messer und Gabel, also das »Schnabulieren«, wie man früher sagte, mehr als schnöde Nahrungsaufnahme. Wie heißt es im Ländle? »Essen und Trinken hält Leib und Seele zusammen.« Ja, mehr noch. Es gilt die Devise: »Wie man isst, so schafft man.« Da ist es Ehrensache, wacker zuzugreifen, auch wenn der ideale Body-Mass-Index dabei ein wenig aus den Fugen geht. Schon Goethes Reineke Fuchs schlug seiner Gemahlin Ermelyn vor: »Lasst uns nach Schwaben entfliehen! Es findet süße Speise sich da und alles Guten die Fülle: Hühner, Gänse, Hasen, Kaninchen und Zucker und Datteln …«

Von Datteln war nicht die Rede in Thaddäus Trolls Bestseller »Deutschland, deine Schwaben«. Dafür stellte der gebürtige Bad Cannstatter fest: »Der Schwabe liebt eine gute Küche. Zum Gourmet, zum Feinschmecker, bringt er es selten.« Begründung: »Man isst, um satt zu werden.« Mundartlich heißt das: »Egal, was i fress, Hauptsach, mei Ranza spannt.«

Das allerdings war vielleicht früher einmal so, seitdem haben sich die Sitten verändert. Oder die Gewohnheiten. Ein

Teil der Landeskinder ist fahnenflüchtig geworden und der Bequemlichkeit halber zu Hamburger-Fast Food und Tiefkühlpizza übergelaufen. Das zweite Drittel schwört noch immer auf deftige Hausmannskost – und der Rest hat Zunge, Gaumen und Geschmacksknospen weitergebildet. Pilgerten die heimischen Feinschmecker früher – angeblich – nach München oder ins nahe gelegene Elsass, um den Wonnen der Gourmandise zu frönen, so tun sie das heute getrost und selbstbewusst zu Hause. Schließlich blinken in Württemberg, ebenso wie im badischen Landesteil, mehr Gastronomiesterne als in anderen Teilen der Republik, und Starköche schwingen landauf, landab ihre Rührlöffel.

Nein, wir machen hier keine Schleichwerbung. Aber manche prominente Küchenkünstler sind weit über Süddeutschland hinaus bekannt. Zum Beispiel in Stuttgart Frank Oehler vom Sterne-Restaurant Speisemeisterei im Schloss Hohenheim, Vincent Klink mit seiner Wielandshöhe hoch über der City, Bernhard Diers, der in der Zirbelstube im Hotel Schlossgarten kocht; dazu Armin Karrer, der Chef des Hirschen in Fellbach, Andreas Goldbach, Maître der Linde in Pliezhausen-Dörnach, Rolf Straubinger vom Salacher Burgrestaurant Staufeneck. Nicht vergessen sei auch Boris Benecke, Nachfolger von Altmeister Lothar Eiermann, in seiner Friedrichsruhe in Zweiflingen bei Öhringen. Alles in allem finden sich allein in und um Stuttgart zwölf Restaurants mit einem oder zwei Michelin-Sternen. Und falls es jemand vergessen haben sollte: Auch Baiersbronn, wo Harald Wohlfahrt (Schwarzwaldstube in der Traube Tonbach), Claus-Peter Lumpp (Restaurant Bareiss) und Jörg Sackmann (Restaurant Schlossberg) Sternschnuppen massenhaft einfangen, gehörte seit jeher zum schwäbischen Teil des Schwarzwalds. Natürlich ist das nur ein Ausschnitt aus dem Angebot dieses kulinarischen Paradieses. Aber Vorsicht: Hier isst man zwar exzellent, manchmal auch teuer, aber selten durchgehend schwäbisch.

Schnepfen oder ein Süpple

Aus zwei Gründen sind die Bewohner des Neckarlandes, die Landsleute von Schwarzwald, Schwäbischer Alb und Oberland den leiblichen Freuden gegenüber aufgeschlossen. Der erste: In den ärmeren, bäuerlichen Gegenden war früher Schmalhans Küchenmeister. Es gab Hafermus zum Frühstück, zum Mittag- und zum Abendessen – und wenn es gut ging, einen Ranken Brot aus Dinkelmehl dazu, dem traditionellen Schwabenkorn. Da wurde jedes Stückchen Fleisch zum regelrechten Festmahl, auf das man sich die ganze Woche lang freute. Der zweite Grund: In den städtischen Revieren, vor allem in Stuttgart, übten sich die fürstlichen und adeligen Häupter schon immer in der elitären Kunst des Dinierens. Liest man, was zu einem Jagdschlussessen »zu Ehren höchster Herrschaften« um 1890 am württembergischen Hofe aufgefahren wurde, läuft einem noch heute das Wasser im Munde zusammen. Da gab es Austern, Fasanensuppe, Rheinsalm geröstet, Wildschweinrücken mit Jägersauce, junge französische Hühner, Gänseleberterrine mit Sulz, Schnepfen gebraten mit Brotschnitten, neue Spargel mit Sauce Hollandaise, Caramel und Vanillegefrorenes, Dessert, Früchte und Käse. Dazu wurde – wohlgemerkt im angeblich sparsamen Württemberg – Pommery-Champagner serviert, süßer Sauternes, teurer Mouton-Rothschild aus Pauillac, Jahrgang 1881, und feiner Clos de Vougeot aus Burgund, Jahrgang 1871.

»Mahlzeit«, hätte da der Landmann gesagt, »möge das Zeug den Herrschaften im Halse stecken bleiben.« Selbst wenn dieser menschenfreundliche Wunsch nicht in Erfüllung ging: Viele der hochmögenden Schlemmer litten hernach, wie der despotische und zeugungsfreudige Herzog Karl Eugen, wegen dauernder Übersäuerung des Körpers am sogenannten Podagra samt Gichtknoten.

Davon wenigstens wurde der Bauer auf der Alb und der Wengerter im Unterland seltener heimgesucht. Denn bei ihnen daheim gab es die typisch schwäbische Resteküche, organisiert von der Hausfrau, der Muader oder der Mamma (nicht der italienischen, sondern der heimischen, gesprochen mit einem zweifach nasalen a, bitte!). Sie sorgte dafür, dass die Mägen der Familienangehörigen wie auch des Gesindes gut gefüllt wurden – zuerst einmal mit einer Vielzahl von Suppen. Hieß es beim französischen Sonnenkönig Ludwig XIV. noch »Lieber eine klare Brühe als ein reines Gewissen«, so haben die Schwaben bis heute einen anderen Spruch parat: »A g'scheite Supp schadet dem dümmsten Menschen nix.« Sie bereitet den Magen vielmehr schonend auf die bevorstehenden Strapazen vor.

Deshalb beginnen die sprichwörtlichen Suppenschwaben bis heute ihr Menü mit einem »Süpple«. Das war schon 1788 so. Da reichte der schwäbische Pfarrer Johann Friedrich Flattich in Münchingen hohen Besuchern eine Wassersuppe, und freute sich, dass die Herrschaften lebhaft löffelten. Er erinnerte sie daran, dass Gott im zweiten Buch Mose, Kapitel 23, Vers 25, sage: »Ich will dir dein Wasser und Brot segnen«. Deshalb sei diese schlichte Suppe »eine vorzügliche Speise, weil sie aus Wasser und Brot« bestehe. Also »lag ein Segen drauf«, wie man früher sagte.

Doch dabei blieb es nicht. Das Angebot im tiefen Teller war groß und reichte von der Milch- und der Biersuppe über die üppigeren Grieß- und Riebelessuppen bis hin zur Flädles- und zur gewaltigen Metzelsuppe. Flädla sind dünn gebackene Pfannkuchen, die in feine Streifen geschnitten und der Brühe beigegeben werden. Und von der Metzelsuppe hat der Dichter Ludwig Uhland schon vor 150 Jahren geschwärmt: »Wenn solch ein Fleischchen, / weiß und mild, / im Kraute liegt, das ist ein Bild, / wie Venus in den Rosen.« Woran man erkennt, dass hier die Grenzen des bescheidenen, dünnflüssigen Suppengerichts längst gesprengt sind. Uhland sagte es selbst: »Hie reimt sich trefflich Wein auf Schwein, / und passt sich köstlich Wurst und Durst, / bei Würsten gilt's zu bürsten.« Also herzhaft zu trinken, bitteschön.

Es ist wohl etwas Wahres dran an der alten Weisheit: »Wer lange suppt, lebt lang.« Ähnlich verhält es sich mit der suppigen Verwandtschaft, den Eintöpfen.

Gaisburger Marsch, zwei, drei, vier

Von diesen Eintöpfen kennt die Schwabenküche mehrere, doch die bekanntesten sind der Gaisburger Marsch und die sauren Kartoffelrädla. Der Gaisburger Marsch bestand einst aus »Kartoffelschnitz und Spatza«, einer eher eigenwilligen Mischung aus Kartoffeln, Teigwaren und geschmälzten Zwiebeln, harmonisch vereint in einer fleischlosen Brühe. Seinen Namen hat das Gericht angeblich von Soldaten, die in der Nähe des Stuttgarter Stadtteils Gaisburg exerzierten. Weil ihnen das Kasernenessen nicht schmeckte, marschierten sie oft in ein schwäbisches Gasthaus, wo es den »Marsch« gab, oder eben den Eintopf nach dem Marsch. Es ist anzunehmen, dass der Wirt dem Essen schon damals jene Zutat beifügte, die heute wie selbstverständlich dazuzählt: gesottene Ochsenbrust. Auch die sauren Kartoffelrädle, also in Scheiben geschnittene Kartoffeln, schwimmen in einer würzigen Mehlschwitzebrühe, der Zwiebel, Essig, Zucker, Pfeffer, Salz und ein »Schucker«, ein Schuss Rotwein, beigegeben sind. Damit auch die Fleischeslust befriedigt wird, gibt es dazu Saitenwürstchen.

»Mit der Gabel isch's a Ehr, mit ›em Löffel kriegt mr mehr«, heißt es bei solch rustikalen Delikatessen. Die werden meist nur noch in traditionsbewussten Haushalten aufgefahren. Dort wird seit eh und je kalorienhaltige Vorsorge betrieben. Wie sagte Jungfer Christine in Ottilie Wildermuths Pfarrhausgeschichten? »Man hat was im Rauch, man hat was im Salz, man hat was eingemacht, man hat was im Keller, man hat was in der Speiskammer.« Das wäre heute mit Kühl- und Gefrierschrank zu übersetzen.

Nun wird der gestrenge Essideologe bei den bisher erwähnten Gerichten einwenden, die Schwaben hätten doch eigentlich gar kein rechtes Verhältnis zur Kartoffel. Ätschegäbele, falsch geraten. Die Erdbirne hat durchaus ihren Platz in der rustikalen Küche, aber eben am rechten Ort. Nehmen wir nur einmal die viel belachten »Buabaschbitzle«, also die Bubenspitzle, die einfach nur Schupfnudeln sind und so wunderbar zum Kraut passen. Früher einmal fabrizierte man sie aus Mehl, und weil der »Mehlpapp« sie sehr fest machte, hießen sie auch Ranzenstecher. Längst aber nimmt die aufgeklärte Köchin als Rohmaterial lieber abgekochte, durchgepresste Kartoffeln, fügt ihnen ein Fünftel bis ein Viertel Mehl bei, dazu Eier, Butter, Salz und Muskat, macht einen Teig daraus – und schupft dann die Nudeln. Das heißt, sie »wärgelt« kleine Portionen davon zwischen den angefeuchteten Handflächen, sodass ein in der Mitte dickeres, an den Enden schlankeres »Spitzle« herauskommt. Fünf Minuten lang ein siedendes Bad in Salzwasser, danach in der Pfanne goldgelb angeröstet – fertig ist der Schmaus.

Leider gibt es diese Delikatesse, die man mit Gemüse und Kräutern auch grün färben kann, inzwischen vorwiegend als Industrieprodukt. Seltsamerweise schmecken diese 08/15-Spitzle genau wie die fabrikmäßig gefertigten, angeblich original-italienischen Gnocchi: ein anonymer Mehlzement, der eher an Kaugummi als an köstliche Teigwaren erinnert.

Wenn wir schon bei den Kartoffeln sind: Aus ihnen macht die Schwäbin eine Delikatesse, die der Dichter Friedrich Schiller am liebsten zur Knackwurst gegessen hat, den Kartoffelsalat. Aber nicht irgendeinen dieser inzwischen mannigfach in Plastikcontainer abgefüllten Magenstopfer, sondern den echten, der aus feinen Scheiben vorher abgekochter Erdäpfel besteht. Die Scheiben werden dann mit einer Mischung aus warmer Fleischbrühe und Essig »angemacht«, mit Salz, Pfeffer, klein geschnittenen Zwiebeln gewürzt und, wie es so schön heißt, »pikant« abgeschmeckt. Dabei darf der Salat weder »furztrocken« schmecken noch »seichnass«. Er muss, dank eines feinen Öls, feucht sein, »schwätzen«; dann ist er der ideale Begleiter zu allen Teigwaren, zu Spätzla, zu Maultaschen, auch zum »gemischten Braten«, halb Rind, halb Schwein, und notfalls auch zu einem gebackenen Leberkäse.

Ein Spätzle fürs Schätzle

Haben wir erneut die Spätzle erwähnt? Ja, um die kommen wir natürlich nicht herum – um diese südwestdeutsche Erfindung, diese landesexklusive Errungenschaft. Aber halt, was heißt da Erfindung? Polyglotte Menschen behaupten doch tatsächlich, das Wort »Spätzle«, Plural Spätzla, bedeute keine Miniausgabe des Sperlings (lat. Passer domesticus), sondern stamme vom italienischen *spezzare* ab, genauer von *spezzato* und *spezzatino*: dem Gestückelten, dem Geschnetzelten, dem Ragout. Hätten sie recht, und einiges spricht dafür, dann hätten wir die weißen Teig-Engerlinge von den Römern geerbt. Und deren bekannte Lust auf Teigwaren gleich mit, die sie womöglich von den alten Chinesen übernommen haben.

Wie dem auch sei, die Spätzle, die handgemachten natürlich, sind tatsächlich die »Säulen der schwäbischen Küche«. Ob sie nun natur, als Leber- oder als Kässpätzle präsentiert werden, es ist immer eine Augenfreude, der Hausfrau zuzuschauen: wie sie resolut den Teig aus Mehl, Eiern, Salz und Wasser mit einem Kochlöffel »schlägt«, bis er Blasen wirft. Wie sie den Teig auf das Spätzlesbrett legt, wie sie mithilfe eines Schabers oder Messers ein Teigwürstchen nach dem anderen ins kochende Wasser schleudert – und das mit einer Lockerheit im Handgelenk, die jedem Rockgitarristen zur Ehre gereichte.

Diese Spätzle sind unverzichtbare Beilagen für viele Speisen: für den Zwiebelrostbraten, für das Linsengericht, zu dem zwecks Komplettierung auch noch Saitenwürstchen und ein Stück Speck gehören, zum bereits erwähnten gemischten Braten. Und als Käs- bzw. Schinkenspätzle können sie auch eine Solistenrolle übernehmen. Sättigungsbeilage? Nie und nimmer, sonst hätten sie keinen Platz in der Literatur gefunden – oder zumindest in einem »Lumpenliedle«: »Mei Mutter, des Luder, / macht d'Spatze so klein, / mei Vatter, der Donder, / frisst sie alle allein.« Luder brauchen wir nicht zu übersetzen, der »Donder« aber hat seinen Ursprung im Donner. Er ist eben ein donderschlächtiger, verfressener Kerl.

»Zum Donder« ist auch der richtige Ausdruck des Staunens angesichts des Einfallsreichtums, mit dem Schwaben Spätzlesmaschinen erfunden haben. Die Allgäuer bedürfen dieser Hilfe nicht. Sie löffeln den Teig oder drücken ihn einfach durch ein Sieb. So bekommen sie automatisch ihre Knöpfle. Doch da immer weniger Köchinnen Lust oder Zeit haben, den Teig von Hand zu bearbeiten, haben findige Köpfe Abhilfe geschaffen. Groß ist die Zahl der Pressen und Hobel, die den Teig in seine Wurmform bringen; sogar ein leibhaftiger Stuttgarter Regierungspräsident hat einen solchen mechanischen »Spätzlesschwab« konstruiert. Auf den ist er mindestens so stolz wie auf seine Verwaltungsakte. Immerhin produzieren diese Kleinmaschinen essbare Produkte, die den Fabrikteigwaren überlegen sind. Doch der kundige Spätzlesesser erkennt sie auf zehn Meter gegen den Wind. Immerhin, besser als Hunger zu haben »wie ein Krabb«. Und »besser als a Gosch voll Glufa«, oder auf Hochdeutsch: Besser als ein Mund voller Stecknadeln.

So könnten wir jetzt immer weiterschwelgen in den Essgenüssen und all die Feinheiten beim Namen nennen: die Pfannenkuchen, die sauren Nierle, das Leberle, die Kutteln, die es traditionell mit »gröschte Kartoffel« gibt. Das heißt nun nicht, dass sie von den allergrößten Erdäpfeln stammen müssten, sondern einfach, dass sie in einer stabilen Pfanne in Fett »geröstet« wurden. Aber irgendwann ist auch der geräumigste Bauch so gefüllt, dass der Esser – wie man es den Kindern erklärt – nicht mehr »Pfaff« sagen kann.

Und sonntags einen Hefenkranz

Auf die Gefahr hin, dass der geneigte Leser platzen könnte, seien noch drei weitere schwäbische Spezialitäten erwähnt. Erstens der Hefenkranz, ein aus süßem Hefeteig mit Rosinen gefertigtes, in Zopfform geflochtenes Backwerk, das am besten Sonntagmorgens schmeckt – nur mit Butter bestrichen oder mit selbst gekochtem Xälz, wie man hier die Marmelade nennt. Für einen bekannten Stuttgarter Bankdirektor war der Tag des Herrn erst dann komplett, wenn ihm seine Frau einen liebevoll selbst gebackenen Kranz servierte. Dann vergaß er selbst den Lombardsatz für ein Stündchen.

Zweitens: die Brezel natürlich, die weltweit imitiert, aber geschmacklich und in ihrer knusprigen Konsistenz nie erreicht wurde und wird. Dieser schlangengleich geschwungene und geschlungene Teig soll seinem Erfinder das Leben gerettet haben – weil ihm die Hinrichtung drohte, wenn er seinem despotischen Fürsten kein Backwerk präsentiert hätte, durch das dreimal die Sonne scheint. Seither vespern die Schwaben dieses Salzgebäck mit Vorliebe zur Wurst oder auch zum Trollinger. Bürgermeister präsentieren es gern bei Empfängen, wobei man die Kassenlage der jeweiligen Stadt daran erkennen kann, ob die Brezel dick oder dünn mit Butter bestrichen ist – oder, wie lange Zeit in Stuttgart, auch gar nicht. Der Kenner aber verlustiert sich am liebsten an den »Ärmchen« der Brezel. Je knackiger die sind, desto besser war der Bäcker.

Die Namen solcher Backkünstler werden selbst in der einstigen »Beckenstadt« Stuttgart inzwischen wie Geheimtips gehandelt. Denn die Globalisierung hat längst auch die Brezel erfasst. Nein, damit sind nicht jene harten, gummiartigen Teiglinge gemeint, die der Bayer als »Brezn« arglos zu seinen Weißwürsten verspeist. Auch nicht jene harten »Pretzels«, mit denen die Amerikaner die Stabilität ihres Gebisses testen, und auch nicht die süßen Russenbrezeln. Die Backkonzerne und Tankstellenshops haben längst herausgefunden, dass sich die Brezelrohlinge viel billiger aus Polen und der Ukraine importieren lassen. Nichts gegen die dortigen Fließbandarbeiter. Aber schwäbische Brezeln, dieser gebackene Traum aus zartem Innenleben und knackiger, in Lauge gebadeter, mit Salzkörnern dekorierter Kruste, entstehen eben nicht dadurch, dass ein lieblos gefertigtes Rohprodukt in einem im Neckartal stehenden Industrieofen »aufgebäht«, also erhitzt wird.

Und dann noch drittens: der warme Zwiebelkuchen – ein Vetter des elsässischen Salzkuchens. Auf einem ausgewellten Hefeteig platziert die Bäckerin glasig gedünstete, gehackte Zwiebeln, die mit Speckwürfelchen, Eiern, Rahm, Salz und Kümmel vermischt wurden. Heiß wird diese Delikatesse serviert, warm wird sie zu neuem Wein oder zu Most gegessen. Was danach kommt, dafür trägt jeder Esser, jede Esserin selbst die Verantwortung. Der Name »Orchestertorte«, die dieser blähende Kuchen trägt, spricht Bände. Wem die akustischen wie geruchlichen Folgen zu undelikat erscheinen, der kann sich ja mit einem Käsekuchen oder einem schwäbischen »Epflkucha«, einem Apfelkuchen, begnügen. Da halten sich die Auswirkungen in schicklichen Grenzen.

So weit ein kleiner Ausschnitt aus den Herrlichkeiten der schwäbischen Küche, die noch heute nach Rezepten der altehrwürdigen Kochautoritäten Luise Löffier, Friederike Fellger, Luise Hainlen und Hermine Kiehnle hergestellt werden – in glücklichen schwäbischen Haushalten. Was aber, wenn kein kundiger Privatkoch, keine routinierte Hausfrau aufzutreiben sind? Dann bleibt nur der Gang ins nächstgelegene Lokal. Aber da gibt es große Unterschiede.

Beginnen wir mit den kulinarischen Stätten, die sich Restaurant nennen. Hier schwäbische Hausmannskost zu suchen, ist oft vergebliche Liebesmüh. Klar: Schnitzel, Filets, Carrés gibt es dort genügend, von weltmännisch bis lieblos. Aber ein Ripple mit Kraut sollte man nicht erwarten. Das findet sich, wenn man Glück hat, in Etablissements, die sich als »Wirtschaft« bezeichnen. Ihr Hauptzweck ist die Verpflegung der Gäste, also die Versorgung mit Essen und Trinken – in dieser Reihenfolge. Wirtschaften gibt es im Schwäbischen, wie überall in der Welt, mehr schlechte als rechte. Man sollte die Einheimischen um Rat fragen. Wenn die brummen, da esse man »net schlecht«, könnte ein Versuch lohnen. Vor allem dann, wenn die ausgehängte Speisenkarte liebevoll von Hand geschrieben ist und hin und wieder wechselt.

Eine andere Kategorie des schwäbischen Einkehrvergnügens stellen die Weinstuben dar. Hier steht das Getränk im Vordergrund, das Speisenangebot ist oft eingeschränkt – aber durchaus landestypisch. Wir kommen beim Kapitel Wein noch darauf zu sprechen. Ob Wirtschaft oder Weinstube – die Vertrauenswürdigkeit steigt, wenn Einheimische (und nicht nur der Wirt) solche Einrichtungen mit einem schwäbischen »le« adeln. Ein Wirtschäftle ist gemeinhin enger, kuscheliger, gemütlicher als eine prosaische Wirtschaft, und das Mädle, das darin bedient, meist netter und lieber als die Serviermamsell.

Genauso verhält es sich mit dem Weinstüble. Allerdings hat die Kleinheit der Stätte einen gravierenden Nachteil: Wenn der Neuling erwartungsfroh eintritt, sind alle Plätze meist schon belegt. Und wenn der Schwabe einmal hockt, dann hockt er. Mit dem Kunstwort »Hocketse« hat das übrigens nichts zu tun, das ist eigens für neumodische Straßenfeste erfunden worden. Die Hoffnung jedenfalls, eines der zahlreichen, meist ausladenden Hinterteile könne sich erheben und einem Nachfolger Platz machen, wird meist enttäuscht. Also: rechtzeitig kommen, selber hocken.

Schließlich der oder die Besen. Aber davon sprechen wir lieber beim Thema Trinken. Denn hier wird nicht vorwiegend gekaut. Sondern geschlürft, geschluckt, geschlotzt. Und auch gebissen, wenn es um Trollinger geht.

Flachnudel als Fastenspeise: die Maultasche

Nach der Aufzählung der schwäbisch-kulinarischen Spezialitäten im letzten Kapitel kann den Reingeschmeckten – hier trifft der Begriff einmal ins Schwarze – nichts mehr überraschen oder gar erschrecken. Fehlt nur noch eine Delikatesse, die am Neckar gern als »Botschafterin der schwäbischen Küche« bezeichnet wird. Das deshalb, weil sie inzwischen längst alle Grenzen hinter sich gelassen und eine Art Globalisierung erlebt hat. Richtig, wir sprechen von der Maultasche. Sie hat bereits weltweit Aufmerksamkeit erregt: Im Englischen heißt sie *Swabian pockets*, im Französischen *les Maultaschen de la Souabe*, und wer die Maultasche über Google sucht, braucht schätzungsweise ein, zwei Jährle, um alle Seiten zu sichten.

Zunächst bedarf jedoch der Name einer Erklärung. Eine Tasche ist auch im Ländle eine Tasche, nur ist sie manchmal besser gefüllt – siehe Bruttosozialprodukt – und dementsprechend ausgebeult. Leere Taschen haben angeblich nur die Stadtkämmerer im Südwesten, weshalb sie lustvoll und lauthals jammern. Mit dem Maul, die Maulhelden.

Unter eingeborenen Schwaben ist das Wort Maul eine durchaus salonfähige Bezeichnung für jene Öffnung im Gesicht, die anderswo mit »Mund« umschrieben wird. Was empfahl einst Bundestagspräsident Eugen Gerstenmaier – jener Schwabe aus Kirchheim / Teck, der in Bonn den »Langen Eugen«, das Abgeordnetenhaus und jetzige Uno-Quartier, bauen ließ – der damals jugendlichen CDU-Abgeordneten und späteren baden-württembergischen Sozialministerin Annemarie Griesinger zum Einstand im Bundestag? »Neisitze, zuhöra, Maul halta.« Auch eine traute Unterhaltung im Familienkreis zeigt, wie salonfähig der Ausdruck ist. Sagt der erste Sohn: »Vatter, dir hängt a Haar am Riassel!« (der Knabe meint: am Rüssel, was ein anderes Synonym für Mund ist). Kontert der zweite Sohn: »Vatter, dem tät i oine an d'Gosch naschlage, wenn der zu deim Maul Riassel sagt.«

Damit hätten wir die Übersetzung geschafft. Eine Maultasche ist nicht einfach eine »schwäbische Flachnudel«, wie es in einem Gastrolexikon heißt. Eine Maultasche ist ein mit Liebe und edlen Zutaten gefülltes Teigtäschchen, das die Mundhöhle des Essers aufs Lieblichste füllt und seine Geschmacksknospen liebkost. Nebenbei: Die Theorie, dass der Name von einer tirolerischen Gräfin von Maultasch stamme, wird vor allem in Bad Urach am Albtrauf gepflegt. Aber die Logik spricht gegen sie. Der Landmann hat seine Speisen noch nie nach Frauen benannt, und die Köchinnen selbst waren viel zu bescheiden dazu. Wobei eine Gräfin, halten zu Gnaden, sowieso nicht selbst gekocht hätte.

Die Frage ist nur: Wann und wo wurde die Maultasche erfunden – und zu welchem Zweck? Eine schnöde Erklärung besagt, sie sei einfach eines der zahlreichen schwäbischen Beispiele für eine sinnvolle Resteverwertung, frei nach dem Motto »Bei uns verkommt nix«. Tatsächlich könnte es damit zu tun haben, wenn auch in einem geistlichen Zusammenhang.

Eine im Land verbreitete Geschichte besagt nämlich, dass die Maultasche zu den »grünen« Mahlzeiten, also zu den Fastenspeisen gehört, die einst am Gründonnerstag zubereitet und am Karfreitag verspeist wurden – eine Vorläuferin der vegetarischen Ernährung also. Nun sollen, irgendwann in Zeiten des Dreißigjährigen Krieges, Mönche auf eine undurchsichtige Weise zu einem Stück Fleisch gekommen sein. Nicht irgendwelche Mönche, sondern Zisterzienser aus dem 1147 gegründeten Kloster Maulbronn.

Diese Mönche waren zwar gottesfürchtig, aber auch immer hungrig – und schwäbische Schlitzohren dazu. Also hackten sie das Fleisch zu Brei, mischten diese Gabe des Himmels unter allerlei Grünzeug und verpackten das Ganze schließlich in einen Teigbeutel. Dass sie damit den lieben Gott bescheißen, also hintergehen wollten, was der Name »Herrgotts-Bscheißerle« für Maultaschen unterstellt, ist unsinnig. Denn wenn der Herr in die Seelen seiner Diener sieht, weshalb dann nicht auch in die Maultäschle?

Nein, es reichte völlig, dass der Prior glaubte, seine geistlichen Untertanen hielten sich streng an die Fastengebote. Er jedenfalls tat es – denn für ihn hatten die Klosterköche vorsichtshalber ein paar rein pflanzliche Exemplare reserviert.

Ein kerngesundes Essen

Eines konnten die Mönche, die damals ihre Maultaschen mit Kartoffelsalat aßen und mit ein, zwei Gläsern Maulbronner Eilfingerberg hinunterspülten, nicht wissen: Maultaschen sind, richtig gemacht, ein kerngesundes Essen. Das erkennt man nicht nur an der gut gepolsterten Silhouette mancher Esser, das belegt sogar eine Nährwertanalyse. So enthalten 100 Gramm Maultaschen – also ein hausgemachtes Exemplar – nur 180 Kilokalorien oder 754 Kilojoule, was etwa 0,7 Broteinheiten entspricht. Sie enthalten rund zehn Gramm Kohlehydrate, ebenso viel Eiweiß und Fett, nur 101 Milligramm Cholesterin, dafür aber viele Mineralstoffe und Vitamine. Ist es da ein Wunder, dass Maultaschenesser immer so proper aus der Wäsche schauen?

Allerdings sind die Analysewerte nicht immer konstant. Das hängt mit einem uralten Streit unter schwäbischen Hausfrauen zusammen, der wohl noch bis zum Jüngsten Tag andauern wird. Der Konflikt entzündet sich an der Frage: Darf Spinat in die Maultaschen – oder soll er nicht? Die einen sind des Wohlgeschmacks wegen dafür, die anderen aus puristischen Gründen dagegen: Petersilie und Schnittlauch seien grün genug. Das ist zwar nicht parteipolitisch zu verstehen, doch die Fronten dieses Kulturkampfs gehen mitten durch Familien, entzweien Schwiegermutter und Schwiegertochter, falls Zweitere überhaupt noch des Kochens mächtig ist. Es ist ein Glaubenskrieg, der erst dann ein Ende finden könnte, wenn dereinst alle Maultaschen fabrikmäßig gefertigt werden. Dann sind sie alle mit jener maschinell hergestellten, anonymgraubraunen Füllung gestopft, deren Zutaten nicht einmal mehr ein Gerichtsmediziner identifizieren kann.

Wahrscheinlich hätte ein bürokratisches Fallbeil der Maultasche längst ein unseliges Ende bereitet, wenn da nicht die bereits erwähnte schwäbische Sozialministerin Annemarie Griesinger aus der alten Reichs- und Schäferlaufstadt Markgröningen gewesen wäre.

Die Ministerin wurde eines Tages von einem ihrer Referenten mit dem Alarmruf aufgeschreckt: »Brüssel bedroht unsere Maultaschen.« Die Eurokraten wollten mit einer neuen Hackfleischverordnung der Gesundheit des Kontinents einen Gefallen tun und verbieten, dass Wurstbrät – eine unverzichtbare Zutat der klassischen Maultasche – weiterhin in rohem Zustand verkauft werde. Die Ministerin, eine lustvolle Esserin, erkannte die drohende Katastrophe und sprach auf gut

Schwäbisch: »Noi, net mit mir.« Und dann schwor sie die Sozial- und Gesundheitsminister der damaligen Bundesländer – ob CDU, ob SPD oder FDP – darauf ein, dass die neue Brüsseler Brätregel liberaler formuliert werden müsse. Zur Nachhilfe ließ sie die Damen und Herren in einem renommierten Ludwigsburger Hotel, das ausgerechnet dem Herzog von Württemberg gehört, so lange mit Maultaschen traktieren, bis alle ihren Segen erteilt hatten. Zur Belohnung bekamen sie dann noch ein Rezeptbuch geschenkt, damit ihre Frauen sie auch zu Hause mit der Köstlichkeit verwöhnen könnten. Seither gilt Annemarie Griesinger landauf, landab als »Retterin der Maultasche«, und die Narrengesellschaft von Ditzingen bei Stuttgart hat ihr dafür ihren höchsten Orden verliehen. Zu Recht.

Am Gründonnerstag in der Brühe

So dürfen also die schwäbischen Hausfrauen weiterhin und straflos am Gründonnerstag ihre Maultaschen fabrizieren. Die einen walzen den Nudelteig selbst aus, die anderen kaufen ihn fertig beim Bäcker, und dann wird die Fülle geknetet: aus Milchwecken, Hackfleisch, Brät, Spinat oder auch nicht, Eiern und Gewürzen. Zur Sicherheit wird gleich ein Riesenvorrat angefertigt und Teile davon eingefroren, damit der Hausherr auch noch Monate später seine sinnlichen Gelüste stillen kann: »Schätzle, könntescht du net amol wieder Maultaschen machen?« Liebe geht halt durch den Magen.

Für den zeitnahen Verzehr gelten allerdings klare Regeln. Am Gründonnerstag gibt es die ersten frischen Exemplare »en dr Briah«, also in der Brühe. Am Karfreitag werden die Schwabentaschen mit Zwiebeln geschmälzt serviert. Und am Karsamstag gibt es sie in Streifen geschnitten und in Ei geröstet. Natürlich immer mit Kartoffelsalat, der frisch angemacht sein muss, weil sonst die Gesundheit der Esser in Gefahr wäre.

Nun hat jeder Schwabe seine Lieblingsform dieser Delikatesse. Von den Taschen in der Brühe lassen sich, rein stückzahlmäßig, mehr verzehren, die in Ei gewälzten sind würziger, abwechslungsreicher, schon farblich. Denn die Maultasche an sich ist, rein optisch, kein Feuerwerk. Der Schriftsteller Thaddäus Troll hat einen makaberen Vergleich gezogen: »Diese Maultaschen schwimmen wie Wasserleichen in der Brühe«; sie entbehrten in ihrer »leichenfarbenen Hülle aus Nudelteig« jedes optischen Reizes und wirkten deshalb »appetitzügelnd«. Das hat Troll, der fröhliche Esser und Trinker, nur deshalb so drastisch ausgedrückt, um zu verhindern, dass immer mehr heimische Maultaschen von Auswärtigen verzehrt werden und der hungrige Schwabe bald seine Zuflucht zu Döner & Co. nehmen muss.

Was Troll aber nicht ahnen konnte: Ausgerechnet der Stuttgarter Gastronom Jörg Mink belädt täglich den Germanwings-Flieger »Mhhhh, Baden-Württemberg« mit frischen Maultaschen für die Hauptstadt. Sein Restaurant Mink's auf dem Kurfürstendamm ist ein Renner, seine Kundschaft stabil: Rund 200 000 Schwaben leben in Berlin und ernähren beim Kosten gleichzeitig den Wirt. Vermutlich einträglicher als in der »Linde« in Stuttgart-Möhringen oder in seinem Restaurant im Schloss Solitude.

Natürlich wird die Maultasche, eigentlich eine ganz individuelle Komposition, immer mehr zum Opfer der allgemeinen Inflationierung aller Werte. Da dienen Schnecken, Hasen, Hummer und Krabben als Füllung. Da gibt es dann, bei Stadtfesten und Benefizauftrieben, sogenannte Maultaschen-Wettessen. Bei denen siegt, wer sich in kürzester Zeit ein Maximum von Schwaben-Ravioli durch den Schlund drücken kann. Außerdem finden sich im Schwäbischen gleich mehrere sogenannter Maultaschen-Weltmeister. Diesen Titel haben sich die Herren erworben, weil sie im Schweiße ihres Angesichtes mal die meisten, mal die längsten, mal die größten Exemplare geformt, gefüllt, gerädelt und portioniert haben. Die Rekorde liegen bei 2000 gebastelten Maultaschen in der Stunde oder einem Riesenexemplar von über einem Kilometer Länge. Was immer man von solchen übermenschlichen Leistungen halten mag – es ist tröstlich, dass der Titel, so oder so, im Land geblieben ist. Einem Preußen oder einem Sachsen hätten die Württemberger eine solche Rekordsucht im Umgang mit ihrer Lieblingsspeise nie verziehen.

Haben wir gerade »Schwaben-Ravioli« gesagt? Ja, und das nicht ohne Bedacht. Denn auch wenn feststeht, dass die Schwaben die Erfinder der Maultasche sind – und das steht so fest wie der Stuttgarter Fernsehturm –, dann ist nicht zu leugnen, dass andere Völkerschaften auf ähnliche Ideen gekommen sind. Zum Beispiel die Chinesen, mit denen die Schwaben die Lust zu allerlei Teigwaren (*dumplings!*) verbindet, und unsere italienischen Freunde. Unbestreitbar ist, dass es auch südlich des Großglockners eine alte Teigtaschentradition gibt – ein Grund dafür, dass die italienische Gastronomie im Württembergischen besonders viele Anhänger und damit auch besonders viel Erfolg hat.

Wer aber ganz genau hinschaut, entdeckt sogar im eisigen Sibirien Teigtäschchen, und auch in Japan und in Argentinien. Die einen heißen *pelmeni*, die anderen *gyoza* oder *empanadas*.

Egal, wie viele Taschenerfinder es auf der Welt gegeben haben mag: Die Maultaschen lässt sich zwischen Ulm und Freudenstadt niemand nehmen. Zum einen, weil sie so gut schmecken. Zum anderen aber auch, weil sie ein überzeugendes Symbol für die am Neckar und seinen Seitentälern weitverbreitete Verpackungskunst sind, frei nach dem Motto »Mehr sein als scheinen«. Oder: »Nicht auf die Hülle kommt es an, sondern auf die inneren Werte.« Daran orientieren sich noch heute viele im Schlabberlook herumflanierende schwäbische Jungdamen, also Mädla, daran orientiert sich auch der Fabrikant, der sich zu Kundenbesuchen und für die Visite im Finanzamt in seinen ältesten Anzug, Marke Mittelstandshilfe, wirft – es könnte ja sonst jemand meinen, er gehöre zu den Besserverdienenden und wähle FDP.

Insofern sind die Maultaschen nicht nur ein landestypisches Sinnbild, nein: Jeder rechte Schwabe ist sozusagen ein personifiziertes Maultäschle – oder er singt das Lied »I möchte so gern a Maultasch sei, ond du, du wickelsch me dann ei …« Doch ehe wir jetzt ins Transzendente abgleiten, seien lieber reizvolle Rezepte vorgestellt.

Maultaschen in der Praxis

Schwäbische Maultaschen (für sechs bis acht Portionen)

500 Gramm Nudelteig, gekauft oder gefertigt aus 400 Gramm Weizenmehl, eventuell mit Hartweizengrieß gemischt, vier Eier, acht Esslöffel Wasser, eine Prise Salz.

Für die Füllung: 250 Gramm gemischtes Hackfleisch, 200 Gramm Kalbsbrät, 250 Gramm Spinat, zwei alte, eingeweichte Brötchen, ein Bund Petersilie, zwei Eier, Pfeffer, Muskat. Je nach Geschmack noch ein wenig geräuchten Speck.

Dazu: ein Eiweiß, vier Zwiebeln, 50 Gramm Butter, Fleischbrühe.

Den Nudelteig kneten und dünn ausrollen. Hackfleisch, Brät, Brötchen blanchieren, grob gehackten Spinat, gehackte Petersilie und Eier zu einem Teig verarbeiten, mit Salz, Pfeffer und Muskat abschmecken.

Den auf einem bemehlten Brett ausgerollten Teig in etwa zehn Zentimeter große Quadrate schneiden. In die Mitte einen Esslöffel Farce platzieren, die Ränder mit Eiweiß bestreichen, ein gleich großes Stück Teig obenauf legen, die Ränder gut andrücken. In leicht kochendem Salzwasser zehn Minuten ziehen lassen. Man kann den Teig auch in etwa 25 Zentimeter breite Bahnen schneiden, die Fülle in der Mitte auftragen, den oberen und unteren Rand mit Eiweiß bestreichen und dann die Ränder über die Fülle klappen und andrücken. Mit einem Messer beliebig große Stücke abtrennen, die Ränder andrücken und ins mild kochende Wasser legen.

Die geschälten Zwiebel in Ringe oder Würfelchen schneiden, in der Butter goldbraun braten. Die Maultaschen in Suppentellern in etwas heißer Fleischbrühe servieren, die Zwiebeln darüber dekorieren.

Abwandlungen des Grundrezepts:

Möglich ist auch eine Schinken-Mangold-Füllung: 250 Gramm gekochten Schinken, 300 Gramm Mangold, eine Schalotte, eine Knoblauchzehe, zwei Brötchen, Salz, Muskat.

Oder eine Hackfleisch-Chinakohl-Füllung: 250 Gramm Schweinehack, 200 Gramm Chinakohl, 100 Gramm Champignons, zwei Frühlingszwiebeln, ein Teelöffel geriebener Ingwer. Hackfleisch mit einem Esslöffel Öl anbraten, mit dem jeweils fein gehackten Kohl und den Zwiebeln vermengen, etwas Wasser zugießen und unter Rühren garen, bis das Wasser verkocht und das Gemüse gar ist. Mit Salz, Pfeffer und Ingwer abschmecken, erkalten lassen.

Geröstete Maultaschen: Die Maultaschen werden in Streifen geschnitten und in einer Pfanne mit Butter angeröstet. Acht

Eier verquirlen, mit Salz und Pfeffer würzen, über die Maultaschen gießen und stocken lassen. Bei Bedarf wenden. Mit gehacktem Schnittlauch oder Petersilie dekorieren. Dazu gibt es grünen Salat und/oder Kartoffelsalat.

Die Maultaschen-Connection

Es war eine jener Nichtigkeiten, die ganze Erdbeben auslösen, einer jener winzigen Risse im Fels, die fragile Strukturen offenlegen und Einsichten in das bisher verborgene Innere gewähren. Es war wie bei einer Geheimloge: Wenn ein Konfident plaudert, ist nichts mehr, wie es vorher war. Die Kugel ist aus dem Lauf, der Vorgang unumkehrbar. Das kunstvoll errichtete Gebilde ist nur noch Schrott.

Ausgerechnet in einem Container seiner Firma fand der frühere Leiter der baden-württembergischen Staatskanzlei und ehemalige Vorsitzende des CDU-Bezirks Nordwürttemberg, Gerhard Mahler, alte Protokolle, aus denen hervorging, dass sich das CDU-Präsidium in einer turbulenten Sitzung mit den nicht ganz feinen Methoden der Parteienfinanzierung befasst hatte. Dieser Fund barg schon deshalb Sprengstoff, weil der damalige Ministerpräsident des Landes, das »Cleverle« Lothar Späth, sich bei seinen Kommentaren zum Parteispendengebaren auffallend zurückhielt und zumindest den Eindruck erweckte, von der Praxis nichts gewusst zu haben.

Die Geldgeber in den achtziger Jahren waren aber nicht irgendwer, sondern die wirtschaftlichen Stützen der schwäbischen Gesellschaft – hoch angesehen, integer, fleißig, gut untereinander verdrahtet und mit einem ordentlichen Pfund Ehrgefühl ausgestattet. Es waren Männer wie der damalige Bosch-Chef Hans L. Merkle, den die politischen Akteure ob seiner Machtfülle »Gottvater« nannten, und sein Kollege, der Auspuff-Unternehmer Helmut Eberspächer, um nur die prominentesten Protagonisten in diesem Drama Schiller'schen Ausmaßes zu nennen. Als sich diese Herrschaften noch mit den Repräsentanten der Politik zum Austausch von Meinung und Interessen trafen, pflegten sie zum Trollinger gewöhnlich Maultaschen zu verspeisen.

Ignorante Begünstigte

Merkle und Eberspächer standen Ende der achtziger und Anfang der neunziger Jahre vor Gericht, weil sie sich weigerten, stillschweigend und gegen ihre Überzeugung eine Strafe für ihre Parteispenden anzunehmen. Anders als die meisten anderen Geber beteuerten sie ihre Unschuld, gaben an, die Spenden nach Formulierung der Finanzbehörden erteilt zu haben, und verlangten nach einer rechtskräftigen Verurteilung, um die Spitzen der Politik bloßzustellen. Denn noch mehr als über die juristische und damit öffentliche Anklage ärgerten sich Merkle und Eberspächer über die Ignoranz der Begünstigten. Keiner der Parteioberen stand den Spendern bei, keiner fand ein Wort des Verständnisses für die Angeklagten, keiner mühte sich um Milde für die im juristischen Gestrüpp gestrauchelten Allmächtigen – auch nicht das »Cleverle«. Das haben ihm die Streiter in Sachen persönlicher Ehre niemals verziehen. Und niemals hieß bei ihnen niemals. Es kam einem Todesurteil gleich.

Eberspächer schrieb in einem offenen Brief an den »sehr geehrten Herrn Ministerpräsidenten, lieber Lothar«, dass es ihm unendlich leid tue, ihm in all den Jahren ständig Geld zugeschoben zu haben, das er, wie es jetzt scheine, gar nicht haben wollte. Und an anderer Stelle klagte er, Späth habe seit Beginn des Prozesses, also seit mehr als anderthalb Jahren, nicht einmal ein Wort des Bedauerns für ihn gehabt. Merkle, ohnehin ein Freund leiser und bedächtiger Worte, schwieg zu allem. Das hatte nichts Gutes zu bedeuten.

Brisanter Aktenfund

Ausgerechnet in diese spannungsgeladene Atmosphäre hinein platzte der brisante Aktenfund. Späth und sein ganzes Präsidium waren enttarnt. Ganz offensichtlich war der Ministerpräsident über die Parteispenden nicht ganz so uninformiert, wie er es immer dargestellt hatte. Das hatte Konsequenzen. Von nun an justierte das Schicksal die Stellhebel an Späths politischer Karriere neu.

Sein Waterloo kam schneller, als ihm lieb sein konnte. Bei der Präsidiumswahl am Abend des 11. September 1989 auf dem legendären 37. Bundesparteitag der CDU in Bremen verfehlte Späth die für einen erneuten Einzug in das Gremium erforderliche Stimmenzahl der Delegierten – ein glatter Blattschuss. Vor dem Parteitag hatte der quirlige Schwabenhauptmann noch zum Angriff auf den damaligen Bundeskanzler Helmut Kohl geblasen, sich selbst als möglichen Kandidaten für den Parteivorsitz ins Spiel gebracht. Dann aber trat er, zur Überraschung seiner Entourage, die von Heiner Geißler und Rita Süssmuth unter Dampf gehalten wurde, nicht zur Gegenkandidatur an.

Das war eine Schlappe, die das »Cleverle« nicht mehr weggesteckt hat; sein Nimbus war angekratzt. Er, der Fröhliche,

Pfiffige, um eine Erklärung nie Verlegene, der bei politischen Debatten immer obenauf Schwimmende und beim Kirschkernwettspucken stets Siegreiche, war plötzlich verwundbar. Seine »Parteifreunde« hatten seine weiche Stelle identifiziert. Nicht mehr er war der Spielführer, er wurde zum Spielball anderer – und nun auch mächtigerer. Das Gesetz des Handelns war nicht mehr auf seiner Seite.

Wiederum war es eine CDU-Präsidiumssitzung, die das Datum für seine Niederlage – allerdings die entscheidende – setzte. Am 13. Januar 1991 veranstaltete der CDU-Landesverband in Isny im württembergischen Allgäu ein Stelldichein, und danach gab Lothar Späth seinen Rücktritt als Ministerpräsident bekannt. Die sogenannte »Traumschiffaffäre« beendete seine zwölfjährige Cheftätigkeit im Unternehmen Baden-Württemberg. Es blieb den Medien vorbehalten zu spekulieren, ob Lothar Späth ohne den Parteispendenprozess gegen honorige Wirtschaftsführer des Landes und sein beharrliches Schweigen gegenüber den Betroffenen, »möglicherweise die Segeltörn-Affäre unbeschadet überstanden hätte« (»Frankfurter Allgemeine Zeitung«).

Das ist der Stoff, aus dem Politkrimis gestrickt werden. Das Gerücht ist bis zum heutigen Tag nicht verstummt, dass »Gottvater« Merkle hinter den Kulissen die Strippen zog, um Späth zu stürzen. Hatte er Dossiers, die Informationen über die vom schwäbischen Reiseunternehmen Hetzel organisierten und bezahlten Reisen – angeblich sogar »Lustreisen« – enthielten? Wusste Merkle, wer »Lothar Schwab« war, wie sich Späth in den Hetzel-Hotels und auf Kreuzfahrtschiffen anmeldete? Und hat Merkle diese »heiße Ware« tatsächlich über Mittelsmänner der Presse zugespielt?

Nie wurde das aufgeklärt, aber zugetraut hat man es Merkle schon. Klar war nur, die Verbindung Späth-Merkle-Eberspächer war gekappt. Maultaschen pflegten die Herrschaften ab sofort nur noch mit anderen zu essen.

Die Maultaschen-Connection war keine mediale Erfindung. Es ging dabei um kurze Drähte innerhalb der Politik, also zwischen Späth, dem Stuttgarter Oberbürgermeister Manfred Rommel (»dem Wüstenfuchs sei Kloiner«) und Regierungspräsident Manfred Bulling; es ging um Verbindungen in der Wirtschaft, wie zwischen Arbeitgeberpräsident Heinz Dürr und IG-Metall-Chef Franz Steinkühler, oder um Kontakte zwischen Wirtschaft und Politik. Daran teil hatten Sägenhersteller und DIHT-Präsident Hans Peter Stihl und die Späth-Nachfolger Erwin Teufel, Günther Oettinger und Stefan Mappus, der SEL-Chef (und danach in Konstanz einsitzende) Helmut Lohr, Finanz- und Kultusminister sowie VfB-Präsident Gerhard Mayer-Vorfelder und auch die Daimler-Chefs Werner Breitschwerdt, Jürgen Schrempp und Dieter Zetzsche.

Alle hatten oder haben immer viel miteinander zu besprechen. Es ging um finanzielle Unterstützung von Prestigeobjekten und Sozialprojekten, um politische Unterstützung bei Wahlen von Oberbürgermeistern, Landräten und Landtagsabgeordneten. Selbst der zeitweilige Daimler-Regent Edzard Reuter, Sohn des ersten Regierenden Bürgermeisters von Berlin, Ernst Reuter, hatte seine »Connection«: Er pflegte Kontakte in die SPD hinein, vor allem ganz nach oben, weniger nach unten wie zum damaligen Wirtschaftsminister der großen Koalition im Land, Dieter Spöri.

Dabei ging es selbstredend um die Grundzüge der Politik, aber so nebenbei auch um Posten und Pöstchen, es wurde geschachert, gegeben und genommen. Diese Rituale sind bis heute nicht ausgestorben: Treffen in einem typisch schwäbischen Restaurant mit Maultaschen in der Brühe, geschmälzt oder mit Ei gebraten, immer mit Kartoffelsalat. Es waren gutbürgerliche Lokale, in denen schwäbische Wirte zuweilen mit großem Ernst darum baten, nichts Gutes über sie zu sagen, sonst kämen nur noch mehr Leute. Da fühlte man sich wohl und gut aufgehoben. Da gab man sich bescheiden, pflegte das Netzwerk, tat sich im Prinzip nicht weh, wenn nicht gerade so ein Mißgeschick wie die Parteispendenaffäre dazwischenkam.

Im Prinzip hat sich daran wenig geändert, nur dass Erwin Teufel und seine von ihm mehr oder weniger geschätzten Nachfolger Günther Oettinger und Stefan Mappus dezenter und geschickter das Strippenspiel hinter den Kulissen betrieben haben. Gewarnt waren sie vor allem durch Manfred Zachs Bestseller »Monrepos oder Die Kälte der Macht«. Da hat sich doch Späths einstiger Regierungssprecher darangemacht, den Umgang in der Staatskanzlei Villa Reitzenstein (»Monrepos«) zu beschreiben, die Affären lückenlos zu schildern und die Ignoranz der Mächtigen bloßzustellen. Zitat: »Ausgerechnet jetzt, da knallhartes Politikmanagement gefordert war, wich Oskar Specht (so hieß Späth in dem Schlüsselroman) in die wärmende Gemütlichkeit eines familiären Sonntagskaffees aus.«

Das literarische Werk barg Zündstoff. Es war klar, dass alle Späth-Nachfolger besser aufzupassen hatten. Die verschiedenen Maultaschen-Connections funktionierten trotzdem. Vor allem überlebte eines: die Netzwerkpflege beim Maultaschen-Essen. Sollte diese Delikatesse aus Gehacktem mit Geheimgewürzen, eingerollt in Nudelteig, einmal nicht zur Verfügung stehen, dann taten es auch Spätzle mit Rostbraten oder Schupfnudeln mit Kraut und Geschmortem. Denn der Schwabe isst nicht unbedingt exotisch, aber auf jeden Fall gut und am liebsten heimisch. Auch für die Mächtigen in Politik und Wirtschaft gilt das Prinzip, dass der Bauer und Metzger nicht isst, was er nicht kennt.

Der Schwabe jedenfalls liebt den Ausgleich. Mag seine Schwertgosch auch anderes vermuten lassen – Konflikte scheut er wie der Teufel das Weihwasser. Der Konsens ist das Erfolgsrezept in einem Milieu volksstämmigen Patriotismus, den Eingeborene von Geburt an mitbekommen und Zugezogene schnell, da gewinnbringend, übernehmen. »Sie erleben mich fast als glühenden Patrioten«, frohlockte Erwin Teufels Adlatus in Berlin, Hans-Peter Repnik, »aber das Land ist beim Ranking überall vorne, sogar in Europa, es ist einfach ein besonderer Menschenschlag.«

In der Tat sind mittelständische Familienunternehmen aus Ditzingen, Waiblingen, Heilbronn, Ravensburg, Friedrichshafen und Künzelsau Weltmarktführer. Auf eine von außen seltsam anmutende Weise trotzen sie der Globalisierung, unterlaufen sie beinahe mühelos und nisten sich in den größten Märkten der Welt gegen jede Billigkonkurrenz erfolgreich ein. Sie zahlen die höchsten Löhne und genießen einen angemessenen Lebensstandard, aber sie sind auch fleißiger, geschickter, erfindungsreicher und in der Regel schneller als die anderen. Und sie helfen sich über alle Gegensätze hinweg – so wie Franz Steinkühler sogar Lothar Späth. Ohne den IG-Metall-Freund, wurde gemunkelt, wäre Späth als ehemaliger Neue-Heimat-Manager im Skandal des gewerkschaftseigenen Wohnungsbaukonzerns wohl untergegangen.

Gutes Essen als Schmiermittel

Selbst die Grünen haben ihren Frieden mit der korporativen Denkstruktur gemacht. Die erste schwarz-grüne Koalitionsidee tauchte ausgerechnet im Südwesten auf, im Land von Rezzo Schlauch, der 1996 beinahe Stuttgarts Oberbürgermeister wurde, und Fritz Kuhn, der es 2012 tatsächlich schaffte. Galt die schwarz-grüne Idee zunächst im Rest der Republik als geradezu unanständige Verirrung, so stieß sie im Schwabenland durchaus auf Wohlwollen. Exministerpräsident

Oettinger wurde nach den vorletzten Wahlen von seiner CDU-Landtagsfraktion an einer solchen Verbindung gerade noch gehindert, doch er selbst hätte das Experiment wohl gewagt. Heute müssen sich zum Entsetzen der Schwarzen die Schwaben mit dem ersten grünen Ministerpräsidenten Deutschlands und dem ersten grünen Oberbürgermeister einer Landeshauptstadt abfinden. Schlauch unterlag damals seinem CDU-Widerpart Wolfgang Schuster mit 39 Prozent der Stimmen nur knapp, Kuhn siegte in der Stadt von Daimler, Porsche und Bosch haushoch mit 53 Prozent gegen den von der CDU aufgestellten parteilosen Sebastian Turner. Der Pfarrerssohn Schlauch verkörpert den kulinarischen Bonvivant und schätzt Maultaschen, Spätzle und Rostbraten mit Zwiebeln noch mehr als manche CDU-Granden. Wohlgesonnene Schwarze werden – neben Grünen und Roten – alljährlich zu seinem traditionellen »Kuhessen« in den »Hirschen« nach Blaufelden in seine hohenlohische Heimat geladen. Und Kuhn neigt, was gutes Essen anbelangt, auch nicht unbedingt zur Askese, wenngleich seine Körperfülle bei weitem nicht an die seines Freundes Schlauch heranreicht.

Der Drang nach Ausgleich, eingebettet in eine Politik ständiger Allparteiengespräche, gefördert mit dem Schmiermittel bodenständiger Esskultur, scheint die Grundlage zu sein für den wirtschaftlichen Erfolg der Schwaben, der weit über die Republik hinaus konkurrenzlos ist. Auch in diesem Land gibt es Aufsteiger und Absteiger, Gewinner und Verlierer, Prominente und Randfiguren. Der Schwabe aber drängt sich grundsätzlich nicht ins Rampenlicht. Hat er Erfolg, dann steigt auch der Bekanntheitsgrad. Doch auf die Frage, was »prominent sein« bedeute, hat er eine Antwort, die eine potenzielle Niederlage schon einschließt: »Wer als Hauptfigur eines Skandals infrage kommt«. Jedenfalls, wer tun und lassen kann, was ihm passt, ohne dass sich daran jemand stößt, der ist nicht prominent. So einfach tickt die Schwabenlogik.

Alles aber wird zusammengehalten durch eine Politik des Korporativen und der gegenseitigen Unterstützung. Veteranen wurden in der Vergangenheit versorgt und werden heute versorgt. Ehemalige Politiker in Staatsbetrieben sind nicht die Ausnahme, sondern die Regel. Exminister Friedhelm Repnik avancierte zum Chef der landeseigenen Lotto-Gesellschaft. Sein Kollege Thomas Schäuble managt heute die staatliche Rothaus-Brauerei (ja, auch Baden-Württemberg braut sein eigenes Bier). Der frühere Staatsrat Gerhard Goll wurde von Erwin Teufel zum Badenwerk geschickt, um die Fusion mit der württembergischen Energieversorgung Schwaben (EVS) voranzutreiben – was dieser dann auch ohne Umschweife tat und den Energieversorger als EnBW (Energie Baden-Württemberg) aus der Taufe hob.

Die EnBW wurde gar zu einem regelrechten Auffangbecken für gestrauchelte oder ihres Jobs verlustig gegangene Politiker – wie die Exlandtagsabgeordnete Ingrid Blank oder der Exoberbürgermeister von Baden-Baden, Ulrich Wendt. CDU-Fraktionsvize Heinrich Haasis durfte als Chef beim Sparkassenverband anheuern. Und der frühere Freiburger Regierungspräsident Norbert Nothelfer konnte sich sogar, als er zur staatlichen Rothaus-Brauerei wechselte, als Beamter beurlauben lassen und damit seine vollen Pensionsansprüche behalten.

Das war noch nicht einmal ein Einzelfall.

Industriepolitik in Baden-Württemberg war und ist jedenfalls zunächst Personalpolitik. Hat man die richtigen Leute an der richtigen Stelle, dann kann man über Parteigrenzen hinweg alles steuern und regeln, wie es dem Allgemeinwohl, dem Parteiwohl oder dem Machterhalt dient. Industriepolitik wurde im Land betrieben, dass es jedem lupenreinen Marktwirtschaftler nur so grauste.

Direkte Innovationsförderung, massive Subventionierung vermeintlicher Zukunftsindustrien, staatliche Eingriffe bei wirtschaftlichen Veränderungsprozessen – Otto Graf Lambsdorff, der Vertreter der reinen Lehre, geißelte diesen Neomerkantilismus, der im Süden Deutschlands »mit Zielstrebigkeit und Elan praktiziert« werde.

Doch diese Ideologiekritik wischen sich die Mächtigen der Maultaschen-Verbindung mit der Serviette ab. Für solche Zurechtweisung haben sie eine Antwort: »Neid«. Je mehr gegiftet wird, umso enger werden die Reihen geschlossen. Die schwäbischen Konsenspolitiker haben ohnehin das überzeugendste Argument auf ihrer Seite – den gewaltigen wirtschaftlichen Erfolg, den hohen Lebensstandard, die stillschweigende Akzeptanz der Bürger. Und das gelassene Vergnügen, dieses Glück im angenehmen Dunst brutzelnder oder in der Brühe schwimmender Maultaschen zu genießen.

Trinken.
Wie ein Fisch auf trocknem Sand

Den vorangehenden Kapiteln ist leicht zu entnehmen: Der Schwabe ist eine Seele von Mensch. Allerdings eine durstige Seele. Das zeigt schon die Geschichte jenes Tübingers, der seine Angetraute vor dem Einschlafen im Ehebett um einen Gefallen bat: »Wenn i Durst han, weck'sch me.« Als sie ihn fragte, wann er denn wohl Durst haben werde, antwortete er kurz: »Wann du mi weck'sch.«

Diese kleine Historie, die noch heute spaßeshalber zum Abenddialog hiesiger Paare gehört, bezieht sich auf den Wein. Sie darf aber getrost auf andere trinkbare Flüssigkeiten ausgedehnt werden. Der hierzulande verbreitete Feuchtigkeitsbedarf hat einfach mit dem Umstand zu tun, dass das Schwabenländle auf einem Untergrund aus staubigem Muschelkalk, Gipskeuper und Knollenmergel ruht, von dem wasserschluckenden Jura der rauen Alb gar nicht zu reden. Das alles macht die Luft trocken und das schwäbische »Gürgele«, jenen empfindsamen, zwischen Mund und Speiseröhre installierten Körperteil, zur Wüste. Schon Dichter Ludwig Uhland hat erschreckt festgestellt: »Was ist das für ein durstig Jahr! /

Die Kehle lechzt mir immerdar, / Die Leber dorrt mir ein. / Ich bin ein Fisch auf trocknem Sand, / Ich bin ein dürres Ackerland; / O schafft mir, schafft mir Wein!« Verschiedene Innereien mussten und müssen also regelmäßig benetzt, gelegentlich auch regelrecht abgelöscht werden.

Fangen wir mit dem schlichtesten aller Löschmittel an: mit dem Gänsewein, dem Wasser. Aus zahlreichen Quellen sprudelt es aus dem Untergrund hervor, und die Brunnenorte reichen von Wildbad, Bad Teinach und Liebenzell im Schwarzwald bis nach Bad Urach und Bad Überkingen, von Ensingen im Stromberg über Ludwigsburg-Hoheneck und Bad Cannstatt bis nach Rietenau im Schwäbischen Wald. In manchen dieser Wässer badet man lieber, manche schluckt man auch – und egal ob eisenhaltig, magnesiumreich oder erdig-alkalischer Säuerling, die feuchte Materie dient angeblich dem Wohlergehen und der Gesundheit. Nur misstrauische Menschen meinen, davon bekomme man Läuse in den Bauch.

Nicht immer herrschte Überfluss an wässeriger Materie. Denn das Bemühen der Bauern, die Fruchtbarkeit ihrer Äcker und Wiesen durch den reichlichen Einsatz von Gülle und Mist zu fördern, machte mancherorts das Grundwasser zur Keimbombe. Kein Wunder, dass die Sterblichkeit bei Kindern und Alten früher im Sommer explodierte. Aber das ist vorbei. Grundwasserschutzgebiete, die Landes- und die Bodensee-Wasserversorgung bescheren inzwischen reines Wasser en masse.

Das ist wichtig – nicht nur für die Brunnquellfreunde, für Babys und Sportler, sondern auch für die Weinliebhaber. Wie sollten sie sonst ihr Schorle mischen, diese Synthese aus Rebensaft und H2O? Dieses für Schwaben heilige Getränk, das auch Spötter mit einem legendären Reim aufwerteten: »Wir Schwaben sind Pfundskerle, die Welt isch onser Ziel. Mir trinket onser Schorle, am Amazonas ond am

Nil«. Nebenbei: Das Schorle ist seit ewigen Zeiten ein Neutrum – das Schorle also, und nicht »die Schoalä« oder, im verwegenen Plural, gar »die Schorlen«, wie uns Gelegenheitstrinker aus dem Norden glauben machen wollen. Das Wort ist von Schorle-Morle abgeleitet; so karikierten die Menschen den Trinkspruch ihrer früheren französischen Okkupanten: »Toujours l'amour«. Aber Obacht: dass in manchen Lokalitäten das »Schorle weiß« oder »Schorle rot« mit süßer Limonade hergestellt werden, ist eine Geschmacksverirrung. Das Schorle, jenes althergebrachte Rentnerviertele, muss sauer sein. Nur so wirkt es gegen die Hitze, gegen den Durst – und gegen den Rausch.

Wein – räs, aber ehrlich

So, jetzt sind wir doch, schneller als gedacht, beim Wein gelandet. Aber das ist im Württembergischen mit zehntausend Hektar Weinbergen ganz unvermeidlich. Ob Kenner immer und ausschließlich Württemberger trinken, ist noch die Frage. Aber seit römische Besatzer, frühe Missionare und die Zisterziensermönche den Rebensaft hof- und abendmahlsfähig gemacht haben, sind die Schwaben Weintrinker mit einem beachtlichen Jahreskonsum, der die Schluckspechte anderer Regionen erblassen lässt. Das Motto ist schlicht, aber treffend: »Wer bei uns keinen Wein trinkt, ist zu faul zum schlucken.« Und der zumindest in seiner Jugend recht trinkfreudige Friedrich Schiller fragte besorgt: »Ein Wirtemberger ohne Wein, kann der ein Wirtemberger sein?« Darauf reimt sich nur eine Antwort: nein.

Die Rebensaftdiät hatte vor allem hygienische Vorteile. Der Alkohol hielt den Wein keimfrei, weshalb er, wenn im Sommer das Quellwasser trüb wurde, auch Kindern, natürlich verdünnt, als Durstlöscher und Beruhigungsmittel eingeflößt wurde. Ein kleines Räuschlein war allemal gesünder als Ruhr und Cholera. Außerdem bedeckten die Reben bergauf, bergab alle Hänge, wie schon Friedrich Hölderlin festgestellt hat: »Seliges Land! Kein Hügel in dir wächst ohne Weinstock.« Manchmal waren die Mengen des Rebensaftes beängstigend. Altfranzösische Gäste waren von den Stuttgarter Weinhängen so beeindruckt, dass sie schrieben: »Si on ne cueilloit à Stutgard les raisins, la ville iroit se noyer dans le vin.« Das wurde einst so übersetzt: »Wenn man zu Stuttgardt nicht einsamlete den Wein, so würde bald die Stadt im Wein ersäufet seyn.« In wasserarmen Jahren benutzten die Maurer Wein sogar, um ihren »Speis«, also den Mörtel, anzumachen. Der Rest musste einfach getrunken werden, möglichst im Schoppenmaß, also halbliterweise. Pro Kopf wurden bei Festen sechs Liter pro Mann und Tag gerechnet. Trotzdem fragten manche Schluckspechte hernach vorwurfsvoll, ob es hier eigentlich nichts zu trinken gebe.

Dass der vergorene Rebensaft manchmal ein Rachenputzer, ja ein »Simsenkrebsler« war, ist einem alten Schwank zu entnehmen, den der aus Leutkirch stammende Arzt und Schriftsteller Dr. Owlglass alias Hans Erich Blaich einst erzählt hat. Da pilgerte ein Schwabe nach Italien und bekam den berühmten, molligen Lacrimae Christi vorgesetzt. Weil er den Wein nicht kannte, fragte er den Wirt, welchen Wundersaft er ihm eingeschenkt habe. Es seien »Gottes Tränen«, sagte der. Worauf der Schwabe seine Augen zum Himmel erhob und sprach: »O Gott, warum hast du nicht auch in unserem Ländle geweinet?« Trotz solcher Stoßgebete stimmt, was Manfred Rommel, der Philosoph auf dem Bürgermeisterstuhl, feststellte: »Der Weingenuß gehört neben der Freude an geistlicher Musik zu den wenigen sinnlichen Vergnügungen, die der schwäbische Protestant sich genehmigen darf.«

Der Schwabenwein, wie er in den Tälern des Neckars, der Rems und der Bottwar, der Murr, der Enz und des Unterlands reift, war nie ein Prestigeprodukt wie die Gewächse von der Mosel, aus Bordeaux oder dem Burgund. Er war eher ein Gegenstand des festen Glaubens und der dokumentierten Heimattreue. Wer ihn trank, nein, schlotzte oder kaute, setzte ein Zeichen der Identifikation: »Der isch wie mir«, hieß es. Sebastian Blau, der hintersinnige Dichter, schrieb dazu: »Man könnte viele unserem Wein und unserem Volkscharakter gemeinsame Züge anführen: Er ist nicht leichtsinnig, kein Blender, sondern hat es mehr in sich; er wirft sich nicht jedem Hergelaufenen aufdringlich an den Hals, sondern will verstanden sein.« Er steige nicht so sehr in den Kopf, brenne höchstens im Gemüt. Also ein natürliches Getränk, manchmal herb, ja räs, manchmal sauer, aber reell und ehrlich. Ganz wie seine Produzenten eben.

Ein Schiller im Glas

Friedrich Theodor Vischer, der Ästhetikprofessor, hat es einst als große Errungenschaft gefeiert: »Unser Klima ist günstig, unser Boden fruchtbar, wir erzeugen Wein und trinken ihn.« Nach einem Besuch in Berlin lobte er Theater und Ballett, rügte aber ein Manko: »... und doch haben sie keinen Wein.« Dabei hat es lange gedauert, bis Württembergs Wengerter dazu zu bewegen waren, keine minderwertigen Sorten wie Elbling und Putzschere mehr anzupflanzen, sondern halbwegs edle Reben. Es fehlte ihnen weniger am guten Willen als vielmehr am milden Klima. Während der kleinen Eiszeit zwischen 1600 und 1900 pflegten die Weinbauern den »gemischten Satz«. Sie pflanzten verschiedene rote und weiße Reben bunt durcheinander und hofften, dass wenigstens die eine oder andere Sorte reifen möge. Das Ergebnis nannten sie ausgerechnet »Schiller«. Allerdings nicht, um den Nationalpoeten zu ehren, sondern um auszudrücken, dass die

Flüssigkeit »schillert«, also je nach Jahr zwischen weiß und rötlich changiert. Theodor Heuss, der den kraftvollen Brackenheimer Zweifelberg Lemberger bevorzugte, nannte solche Gewächse »ziemlich brav«, manchmal sogar »unfroh«.

Ein dreifaches Prosit deshalb auf König Wilhelm I., den Landwirt unter den Monarchen, auf die lernfähigen Agronomen und auf die Pioniere der bald entstehenden Genossenschaften, die im 19. Jahrhundert Ordnung und Qualitätsansätze in den Rebenurwald brachten. Der Trollinger, dieser eher leichte, kupferfarbene Vesperbegleiter, wanderte aus Südtirol ein, der Lemberger kam aus Österreich-Ungarn, wo er noch heute Blaufränkisch oder Kékfrankos heißt; der Spätburgunder hatte, wie der Schwarzriesling, seine Wurzeln in Frankreich. Bei den Weißen errang bald der Riesling die Führungsposition. Und der schwäbische Weinadel machte sich einen Namen weit über die Grenzen des Landes hinaus. Die Erben des Königshauses mit ihrer württembergischen Hofkammer in Ludwigsburg (heute heißt sie »Weingut Herzog von Württemberg«), die Grafen und Fürsten Neipperg, Adelmann, Bentzel-Sturmfeder, Hohenlohe-Öhringen und andere mehr erfreuen sich großer Zuneigung, zumindest was ihre Kreszenzen angeht.

Die verbesserte Qualität ließ manchen Wengerter und die dazugehörigen Rebensaftfunktionäre allerdings ein wenig übermütig werden. Der Trollinger aus dem landestypischen Vierteles-Henkelglas? Das war plötzlich der beste Tropfen der Welt, mal trocken, mal süffig, mit Rasse und Bodeng'fährtle, jenem Anklang an das jeweilige Terroir. Als er auswärts nicht mehr genügend getrunken wurde, gab es schnellzüngige Ausreden: den gebe man gar nicht her, den trinke man nämlich am liebsten selber.

Erst als Weinkritiker wie der Brite Hugh Johnson Jahr für Jahr monierten, die Württemberger Weinmacher schöpften ihr Potenzial nicht aus, löste ein Prozess des Nachdenkens die bisherige Eindünstpraxis im Keller, auch Kurzzeit-Ultrahocherhitzung genannt, ab. Inzwischen keltern nicht nur adelige, sondern auch gutbürgerliche Weinmacher Gewächse von hoher Qualität. Produzenten wie Gert Aldinger in Fellbach, Ernst Dautel in Bönnigheim, Vater und Sohn Ellwanger in Winterbach, Hans Haidle in Stetten, Hans-Peter Wöhrwag in Stuttgart-Untertürkheim und Aufsteiger wie Jochen Beurer, Rainer Schnaitmann, Albrecht Schwegler holen sich reihenweise Preise und Auszeichnungen – und die Hochachtung mancher jener »Vaterlandsverräter«, die bisher eher französische oder italienische Flaschen zu öffnen pflegten. Sogar die Klimaerwärmung zeigt hier positive Seiten; höhere Durchschnittstemperaturen erlauben es neuerdings sogar, Cabernet-Sauvignon, Merlot, Chardonnay und Pinot Gris zu ernten. Das Problem dabei: Die besten Weine tauchen im offiziellen Handel kaum auf, und schon gar nicht auf den Karten der Weinbeizle. Man muss dem Wengerter persönlich seine Referenz erweisen und ihn notfalls auf Knien um ein paar Fläschlein anflehen. Vielleicht gewährt er dann gnädig die Gunst – zu satten Preisen.

Acht Viertel pro Hinterbacken

In den genannten Beizle geht es, rein getränkemäßig, eher rau, aber herzlich zu. Wobei man aufpassen muss: Eine Weinstube eine »Beiz« zu nennen, grenzt an Rufmord, ein Beizle oder auch Boizle dagegen ist fast so heimelig wie eine familiäre Besenwirtschaft, in der selbst geernteter Wein so lange ausgeschenkt wird, bis er ratzeputz getrunken ist. Da wird von der Mutter, vom Vater oder der Tochter des Hauses in der Wohnstube Fasswein offeriert – Trollinger meist oder Riesling, und die Späße, die über die blanken Holztische hin- und herfliegen, sind so kernig wie der Inhalt der bauchigen Henkelgläser. Es geht hier weniger um kulinarischen Spitzengenuss, sondern um das Gemeinschaftserlebnis. Diese Tische, an denen auch Schinkenwurst, Schwartenmagen und Presssack in großen Portionen verzehrt werden, hat ein Kenner einmal »die Feierabendfestungen der Schwaben« genannt, Bastionen der ungeschminkten Rede, wenn sich die Zungen erst einmal gelockert haben.

Der Dichter Ludwig Uhland hat seinen Landsleuten eine Verhaltensmaßregel für solche Orte mit auf den Weg gegeben: »Wo je, bei gutem altem Wein / der Württemberger zecht, / da soll der erste Trinkspruch sein: / Das gute alte Recht.« Damit erinnerte er an den Tübinger Vertrag von 1514, der nach der britischen Magna Charta die erste europäische Verfassung darstellte. Seither durften die Herzöge keinen Krieg mehr ohne Zustimmung der Landstände erklären. Seither sind die Stammtische Orte der Meinungsfreiheit. Beim dabei eingeschenkten Wein zählen weniger Eleganz und Aromenfülle, als vielmehr Inspiration und Verlässlichkeit. Jeder der Hocker kennt sein persönliches Quantum, seien es vier oder sechs Viertele, die er nach Landesbrauch »auf einem Arschbacken« wegtrinkt. Er weiß: mehr wäre vom Übel. Würde er den durchscheinenden Trollinger durch schwarzrote Alkoholbomben aus Piemont oder dem Rioja-Tal ersetzen, dann drohte schnell ein schwerer »Balla«, ein Granatenrausch. Man ist eben geeicht auf sein »Gewohntes« – auch wenn man sich nachts im Bett mehrfach umdrehen muss, damit einem die kernige Säure kein Loch in die Magenwand brennt.

Niemand muss fließend Schwäbisch sprechen, um in solchen rustikalen Stätten der Gastlichkeit willkommen zu sein. Aber ein paar Voraussetzungen sind wichtig. Erstens: Man sollte nicht ungefragt den heiligen Stammtisch besetzen, das wäre ein Sakrileg. Zweitens: Man sollte zuhören können und von der Küche nichts Unmögliches verlangen – zum Beispiel Gänseleber oder Sushi. Und drittens: Man sollte die Namen der Weinlagen mit Respekt und nicht mit Spott bedenken, ob es nun um das Meimsheimer Katzenöhrle geht oder um den Stettener Pulvermächer, um den Heuholzer Dachsteiger, den Mundelsheimer Rozenberg oder um das Cannstatter Zuckerle, das seinem Namen zum Trotz oft herb daherkommt. Andernfalls wird aus dem Gast rasch ein »rechter Bachel«. Das ist jemand, der dem Weingott Bacchus nicht die nötige Achtung erweist und sich durch unkontrolliertes Schlucken und unziemliches Reden zum Narren macht, zum Depp. Oder zum »Zertierer«, was aus dem Lateinischen stammt und Streithammel bedeutet. In diese Falle tappten, einem Biografen zufolge, die beiden französischen Dichter Paul Verlaine und Arthur Rimbaud, die ihre wechselnden Liebes- und Hassgefühle 1875 ausgerechnet in einer hiesigen Gaststube ertränken wollten. Beim Rotspon gerieten sie angeblich so in Hader, dass sie sich am Neckarufer prügelten. Schließlich soll Verlaine bewusstlos auf der Strecke geblieben sein. Ob vom Suff oder den Prügeln, ist unbekannt.

Bescheidene Erwartungen setzte der Dichter und »Vortragskünstler« Joachim Ringelnatz auf die schwäbische Weinseligkeit. Als er Ende der zwanziger Jahre des vergangenen Jahrhunderts im Stuttgarter Friedrichsbautheater gastierte, äußerte er sich eher abschätzig: »Ich kam von Düsseldorf, dort sah ich Radschläger, / ich kam nach Stuttgart, dort trank ich Steinhäger, / denn mit dem schwäbischen Wein / scheint mir nicht allzu viel los zu sein.« Doch bald fand er Gefallen an den lokalen Wein- und Bäckerstübchen, aber das dortige Publikum nicht gleich an ihm: »Setzte mich so ganz bescheiden hin / und vergaß auch nicht, sehr laut zu grüßen. / Dennoch ließen Blicke mich leicht büßen, / dass ich kein Stuttgarter bin.« Mit der Zeit gewöhnte man sich aneinander. Später trank Ringelnatz auf der Bühne immer erst ein Gläschen Württemberger, ehe er loslegte – und nahm später sogar als Souvenir ein paar Flaschen mit nach Hause.

Bier und Mooost? Prooost!

Klar, zwischen Ulm und dem Schwarzwald wird nicht nur Wein getrunken, sondern auch Gerstensaft. Das hat seit den alten Germanenzeiten eine gewisse Tradition, auch wenn das Bierbrauen viele Jahre lang von der Obrigkeit verboten war, zum Schutz der Weinproduzenten. Doch dann schossen die Brauereien wie Pilze aus dem Boden. Selbst Stuttgart verfügte einst über vier große, eigenständige Marken: Dinkelacker, Hofbräu, Schwabenbräu und Wulle, dazu kam noch die kleine Spezialbrauerei Sanwald. Heute wird das Stuttgarter Bier meist von internationalen Konzernen gebraut. Auch viele kleine Brauereien draußen im Land haben sich, wie die Schaumkronen im Glas, verflüchtigt. Doch beim alljährlichen Cannstatter Volksfest und beim Stuttgarter Frühlingsfest fließt der Gerstensaft auf dem Neckarwasen in Strömen – auch wenn die Bayern behaupten, das Schwabenbier schmecke eher wie Eselsseich. Diese Überheblichkeit musste mancher Münchener im Ländle schon bitter büßen. Das hiesige Gebräu hat nämlich einen höheren Alkoholgehalt als die durchschnittliche weiß-blaue Konkurrenz und fährt damit schneller in Knochen und Beine.

Bier war hierzulande immer ein proletarisches Gut, immer die Nummer zwei auf der Getränkeliste, und manchmal sogar die Nummer drei hinter dem Wein – und dem Most. Der vergorene Apfel- und Birnensaft erfreute sich vor allem in solchen Regionen großer Beliebtheit, in denen das Wetter keine Trauben reifen lässt – im Strohgäu, im Heckengäu, im Filstal, auf der Schwäbischen Alb. »Maagscht Mooschd?«, war weniger eine Frage als eine Gewissenprüfung, und der Saft diente als Alltagsgetränk, vom frühen Morgen über das Mittagsvesper draußen in Feld und Wald bis zum Abendessen. Ein Krug, ob aus Stein oder Zinn, war immer dabei. Selbst die Kinder bekamen, falls sie nicht von selbst einschliefen, ihren in Most getränkten Schnuller. Das war sogar die gesündere Alternative zum Mohnsäckchen, das ebenfalls gebräuchlich war. Allerdings: zu Mohnköpfen kam es selten, zu Mostköpfen häufiger – zu Leuten, deren Hirnkasten unter den Fuseldämpfen ein wenig gelitten hatte. Angeblich war dieser Defekt sogar erblich, was die Mostköpfe aller Provenienzen energisch bestritten. Einig sind sich Fachleute nur in einem: ein richtiger Mostrausch ist gefährlich und braucht drei Tage, bis er »versurrt« ist. Einzige Möglichkeit, diesen Prozess zu beschleunigen, war das Eingraben des Beduselten in einen Misthaufen, bis zum Hals. Das half – und belastete den Etat der Krankenkassen nicht.

Heute spielt der Most nur noch eine bescheidene Rolle im Getränkespektrum des Landes. Man sollte ihn jedenfalls dort, wo man ihn angeboten bekommt, unbedingt in Maßen probieren. Es gibt Qualitäten, die durchaus mit Sekt verglichen werden. Ein bekannter Mosterzeuger vom Rande der Schwäbischen Alb bekam Ärger, als er sein Produkt aus feinen Champagner-Bratbirnen genau so nannte wie die Spratzelwasserbarone aus Reims ihren Edelsprudel. Sogar die europäische Gerichtsbarkeit wurde bemüht – und natürlich obsiegten die Franzmänner. Doch der Nichtchampagner ist inzwischen dank der ausführlichen Prozessberichterstattung so berühmt, dass man sich um den Absatz keine Sorgen machen muss.

Sekt aus vaterländischen Trauben

Apropos Champagner: Was dem Landmann sein Most war, war dem städtischen Bürger sein Sekt. Wie? Sekt aus dem Schwäbischen? Aber ja. Das ist das Verdienst von Georg Christian von Kessler, einem gebürtigen Heilbronner, der im Jahr 1826 die erste deutsche Sektkellerei gründete – in der ehemaligen Freien Reichsstadt Esslingen. Schon als Jüngling hatte er Französisch gelernt und im Jahr 1807 seine kaufmännischen Fähigkeiten der berühmten Witwe Cliquot-Ponsardin in Reims angedient. Was er, der ausgebildete Textilfachmann, dort sah und lernte, setzte er später am Neckar um. Nein, er nannte seine prickelnden Getränke nicht Champagner oder Sekt, sondern bescheiden »moussierende Weine«. Deren Wohlgeschmack war nach Ansicht von Experten so überzeugend, »dass, wenn Herr Kessler fernerhin sich bemühet, solche Schaumweine aus den edlen vaterländischen Trauben zu bereiten, man der Auslandserzeugnisse wird füglich entrathen können«. Seither gehören die Marke Kessler und Esslingen für Sektfreunde zusammen wie Wein und Kohlensäureperlen, genauso wie die Konkurrenz von Rilling und Bad Cannstatt.

So, jetzt noch ein Digestif gefällig? Der kommt direkt aus dem schwäbischen Teil des Schwarzwaldes und aus jenen Gegenden, wo Kirschen, Zwetschgen, Mirabellen, Birnen, Quitten und anderes Obst zu feinen Schnäpsen gebrannt werden. Sogar die Universität in Stuttgart-Hohenheim hat ihre eigene Brennerei – sorgfältig kontrolliert von Vater Staat, der eifersüchtig über das Brennmonopol wacht. Dass der eine oder andere Landsmann sogar einen lupenreinen Whisky brennt, ist in Ordnung. Die Schotten haben jedenfalls noch nicht mit dem Kadi gedroht. Dazu ist den sparsamen Single-Malt-Spezialisten vom River Spey das Risiko der Gerichtskosten viel zu hoch.

Falls jetzt jemand wähnt, die Schwaben seien, ob genetisch oder durch Gewohnheit bedingt, allesamt Suchttrinker, dann muss diesem Verdacht mit allem Ernst entgegengetreten werden. Das hat vorsorglich schon jener Wengerter geleistet, der sich die Warnungen vor dem Alkoholgenuss angehört und dann erwidert hatte: »Recht hend Se, was brauchet mir Alkohol, wo mir doch onsern Wei hend!«

Jedenfalls, ob Trauben, Braugerste, Mostobst oder Schnapsfrüchte – das alles sind Gottesgaben, die man nicht »versaubeuteln« darf. Und als Menschen, die dem Alten wie dem Neuen Testament vertrauen, hielten sich die Nachkommen der Alemannen und Franken an Psalm 104, Vers 15: »… dass der Wein erfreue des Menschen Herz.« Außerdem half ein kleines Quantum Alkohol, die oft rabiate Willkür des Schreiber- und Beamtenstaates zu ertragen.

Das gilt übrigens, angesichts mancher Regierungsverordnungen, Behördenerlasse und Steuerbescheide, bis zum heutigen Tag.

Schwäbischer Fleiß: Schaffa, Schaffa, Häusle baue

Die Tüchtigkeit der Schwaben ist legendär. Eine Arbeitslosenquote, die – im Vergleich zu allen anderen Bundesländern – immer am niedrigsten ist. Eine Sparquote, die zu den höchsten zählt. Und Arbeitszeiten, die trotz aller Bemühungen, diese einzuschränken, Spitze sind.

Überhaupt, den Kampf der Gewerkschaften um kürzere Arbeitszeiten hat man im Württembergischen nie verstanden. Das gilt selbst für die, die als Arbeiter bei Daimler, bei Bosch oder bei Porsche stramm gewerkschaftlich organisiert sind. Man hat den unsinnigen Kampf eben mitgemacht, die Idee aber muss anderswo hergekommen sein. Wenn schon eine Logik für die Arbeitszeitverkürzung herhalten musste, dann die, dass weniger Zeit im Betrieb nichts anderes bedeuten könne als mehr Zeit im Garten, in der Heimwerkstatt, auf dem Feld, im Verein oder – ganz edel – im eigenen Weinberg. Weniger Arbeitszeit um zusätzlicher Freizeit willen, das entspräche nicht der Seelenlage des Schwaben. Schaffen ist für ihn ein konstitutives Element seines irdischen Daseins. Nichtstun aber ist Sünde, wenn es nicht gerade auf einen Sonntag fällt. Außerhalb der Landesgrenzen hat man für dieses Verhalten längst eine eigene Kategorie angelegt: Der schwäbische Facharbeiter gilt als »volkswirtschaftlicher Idealtyp«.

Will ein junger Schwabe werktags mit seiner neuen Freundin, die möglicherweise ihre Herkunft einem anderen Volksstamm verdankt, flanieren, so sollte er dies tunlichst in einer anderen Stadt tun oder im bayerischen oder hessischen Ausland. Händchen haltend spazierengehen, Gänseblümchen pflücken oder heimlich Kirschen »mundrauben« bringt Schande über die ganze Sippschaft. Es kann durchaus sein, dass der junge Bursche von einem auf seinem Feld oder seiner Wiese arbeitenden Bauern provozierend gefragt wird, ob er denn nichts zu tun habe. Man gehe doch nicht einfach in der freien Natur spazieren und lasse den Herrgott einen guten Mann sein! Verständlich, dass in einem solchen Fall jede Verteidigung ins Leere läuft. Auch die vermeintlich korrekte Antwort, man habe sein Tagwerk schon verrichtet, stößt auf totale Ablehnung. Seine Arbeit hat man nie verrichtet. Wenn die eine fertig ist, bemüht man sich um die andere. Arbeit gibt es immer, man muss nur die Augen öffnen. Wer also defensiv argumentiert, bestätigt nur, dass er bestenfalls »das Geschäft« nicht sieht und schlimmstenfalls halt doch faul ist.

Zum Schaffen geboren

Schwabe zu sein heißt also zunächst, zu arbeiten um des Arbeitens willen. Das muss nicht weiter erklärt werden, weil vielleicht nicht der Durchschnittsmensch, wohl aber der Schwabe und die Schwäbin zum Schaffen geboren wurden. Aus dem göttlichen Gebot »Füllet die Erde und machet sie euch untertan« (Erstes Buch Mose, Kap. 1, Vers 28) mögen andere Kinderreichtum, koloniale und kriegerische Handlungen oder sonstige Torheiten herleiten, der Schwabe interpretiert diesen Auftrag als Aufforderung zur Arbeit. Allein daraus resultiert seine Tüchtigkeit, die längst weltberühmt ist wie die Kochkunst der Italiener, die Mode der Franzosen, die Uhrmacherkunst der Schweizer oder das Bierbrauen der Bayern. Die Tüchtigkeit der Schwaben ist klassenlos. Ob Unternehmer oder Facharbeiter, ob Handwerker oder Landwirt, ob Angestellter oder Tagelöhner – sie alle mehren die Erkenntnis, dass Wohlstand nur mit Fleiß zu erreichen sei, egal wie, aber eben mit Fleiß. Das hat manchmal groteske Folgen.

Als Mitte der achtziger Jahre des letzten Jahrhunderts die IG Metall in Stuttgart eine große Demonstration für die 35-Stunden-Woche auf dem Schlossplatz organisierte, hatte sie mit Widerstand von unerwarteter Seite zu kämpfen. Ausgerechnet der mächtige Volksstamm der »Berber«, umgangssprachlich auch »Penner« genannt, mokierte sich, als die Ordner der Gewerkschaften die Passanten um Verständnis für ihre Demonstration baten und auch die vom Trollingergenuss angeheiterte Gesellschaft der Vaganten ermahnten, ihren angestammten Versammlungsort für einige Zeit zu räumen. Doch die Herrschaften, die ihre Lebensarbeitszeit mit dem Ende der Schulzeit beschlossen hatten, waren über die Demonstration empört. Einer ihrer Sprecher, angetan mit noch tragbarem, aber abgegriffenem Zwirn, maßregelte die Gewerkschaftsordner mit umwerfender Logik: »Die sollet schaffe ond net für die 35-Stunden-Woch' demonstriere, die Faulenzer.« Wo käme man auch hin, wenn alle das Arbeiten aufgeben würden? Faulenzen können immer nur wenige, der Rest muss schaffen. Das haben im Schwäbischen die »Berber« und der übergroße Rest dieses Volksstammes nicht nur begriffen, sondern regelrecht verinnerlicht.

Aus diesem Grundverständnis heraus passt es durchaus ins Weltbild, am Wahltag die CDU zu wählen und bei der Betriebsratswahl die IG Metall. Wer sich darauf keinen Reim machen kann, dem sei die Dreiteilung des Lebens erläutert. Grundsätzlich arbeitet der Schwabe, und wenn er nicht arbeitet, schläft er. Die Arbeitszeit aber gliedert sich in eine betriebliche (dafür braucht er die IG Metall) und in eine außerbetriebliche (die wurde 53 Jahre lang von der konservativen Regierungspartei ordnungspolitisch geregelt). Im Klartext heißt das für den Schwaben: Gewerkschafter wie Steinkühler, Huber, Hofmann, Klemm und Hück sorgen dafür, dass sein Einkommen steigt. Ministerpräsidenten wie Späth, Teufel, Oettinger und Mappus – und auch Winfried Kretschmann wird daran nichts ändern – schaffen die Voraussetzungen, dass er sein Häusle bauen, den Schrebergarten bestellen, die Stallhasen großziehen oder – wer redet da von Schwarzarbeit? – dem Nachbarn beim Errichten des neuen Bungalows helfen kann. Braucht er dafür Zeit, so regelt das wieder die Gewerkschaft, auch wenn es die »Penner« stört. Doch sogar die »Berber« wissen, dass ihnen nur betriebliche – und damit steuerlich relevante – Arbeitszeit zugutekommt, während das private Kartoffelpflanzen und -ernten dem individuellen Wohlstand des »Nebenerwerbslandwirts« dient. Und von Kartoffeln halten die Jungs vom Stadtbrunnen ohnehin nicht viel.

Max Weber und die Folgen

Überhaupt glaubt der Schwabe fest daran, dass Arbeit nicht schändet. Die Spuren dafür reichen zurück bis zum Calvinismus, der sich, volksnäher ausgeprägt und auf die Region bezogen, im Pietismus verkörpert. Dieser fundamentalistische Einschlag der Protestanten – weit von Martin Luthers Lebensfreude entfernt – feiert nördlich der Schwäbischen Alb bis in den Vorschwarzwald und in die Weinbaugebiete Heilbronns hinein fröhliche Urständ. Kein Geringerer als der Philosoph Max Weber, der im kurpfälzisch-badischen Heidelberg lehrte, setzte dieser »Religion« ein geniales wissenschaftliches Denkmal: »Die protestantische Ethik und der Geist des Kapitalismus« betitelte er sein Standardwerk und erläuterte darin, warum es gerade die pietistischen Schwaben wirtschaftlich zu Weltruhm gebracht hätten: Daimler, Bosch, Leibinger, Würth, Stihl, Eberspächer, Plattner, Voith, Freudenberg, Dürr, Merckle, Kärcher und wie sie alle heißen (selbst die Porsches und Piëchs, die zwar allesamt Österreicher sind, zum Teil aber in Stuttgart geboren wurden und wie Schwaben denken. Schließlich reichte Vorderösterreich einmal bis vor die Stadttore Tübingens).

Auch heute noch, im Zeitalter der Globalisierung, gilt die protestantische Ethik als Treibsatz für den wirtschaftlichen Erfolg des Landes. Ja, es sieht gerade so aus, als ob diese Ethik wie geschaffen sei für eine grenzenlose Welt: Fleiß, Flexibilität, Anpassungsfähigkeit, all diese Tugenden werden heute den Chinesen und den Thailändern nachgesagt, nicht aber den Deutschen – mit Ausnahme der Schwaben. Der Schwabe, so scheint es, fürchtet sich vor nichts und schon gar nicht vor der Globalisierung. Wie ein Fels in der Brandung steht er da, liefert pünktlich gute Qualität zu gutem Preis und schert sich sonst um nichts.

Fleißig, gründlich, zuverlässig, demütig-bescheiden – ein Bündel aus geradezu vorbildlichen Tugenden, gleichzeitig eingebettet in eine Kultur, die solche Tugenden fördert: Es scheint, als ob den Schwaben nicht nur eigenartige, sondern auch einzigartige Merkmale auszeichnen. Der »volkswirtschaftliche Idealtyp« beschränkt sich jedenfalls nicht nur auf den Arbeiter. Als »idealtypisch« gilt auch der schwäbische Unternehmer, der schon zu Zeiten über seinen Tellerrand hinausgeschaut hat, als der Begriff »Globalisierung« noch nicht erfunden war.

Der Schwabe ist, ohne Frage, auch weltoffen. Das zeigt sich nicht nur daran, dass der schwäbische Sprachsound in fast jeder Hotelbar zwischen São Paulo über Hongkong bis Singapur deutlich vernehmbar ist. Aber das ist nicht alles. Beherbergte nicht schon der Fabrikherr Robert Bosch (1861 bis 1942) die streitbare Sozialistin Clara Zetkin? Ließ er nicht vom Liberalen Theodor Heuss seine Biografie schreiben? Hatte er nicht schon den Achtstundentag eingeführt, als seine Unternehmerkollegen noch der »Entfremdung« und »Ausbeutung« huldigten? Und dennoch: Für Bosch, Daimler und die industriellen Aufsteiger hat der württembergische Landtag sogar Bauern enteignet, weil sie ihren Acker nicht für Fabriken und Arbeiterwohnheime hergeben wollten. Sagen durfte man trotz der Weltoffenheit auch nicht alles. Legendär ist das Bonmot aus Arbeitermund: »Hätt'sch dei Gosch g'halte, dann hätt' de dr Bosch b'halte.«

Shopping am Albtrauf

Ob es nun Unternehmungslust oder schierer Zufall war, lässt sich nicht mehr zweifelsfrei feststellen. Für die Marketingstrategen ist sie jedenfalls auch ein Beispiel von Weltoffenheit – die Shopping-Stadt Metzingen am Fuße der Schwäbischen Alb. Idyllisch liegt sie zwischen der altehrwürdigen Universitätsstadt Tübingen und dem einstigen württembergischen Grafensitz Bad Urach. Von den letztgenannten Städten künden Landeshistorie und Geschichtsbücher zuhauf, von Metzingen – ohne der Stadt nahetreten zu wollen – wenig. Der Weinbau hat sie bekannt gemacht, aber nur in der Region. Die Vulkanberge am Albrand waren nicht nur fruchtbar, sondern hatten auch den richtigen Neigungswinkel, sodass die Sonne die Öchslegrade nach oben treiben konnte.

300 Hektar Weinberge waren es zu Zeiten des Dreißigjährigen Krieges, heute ist gerade mal ein gutes Zehntel davon übrig geblieben. Aus jener Zeit zu Beginn des 17. Jahrhun-

derts stammen die sieben Keltern, durchaus eine Rarität und eine touristische Sehenswürdigkeit. Nur: Deswegen kommt heute niemand mehr nach Metzingen. Die Codeworte des 20 000-Seelen-Städtchen lauten heute Boss, Lacoste, Escada, Puma, Nike, Joop, Reusch, Hilfiger und andere Markenlabels, die allesamt aufzuzählen keinen zusätzlichen Erkenntnisgewinn bringt. Angeblich liegt Metzingen bereits an vierter Stelle der attraktivsten Orte für asiatische Touristen in Deutschland und hat damit die Hauptstadt an der Spree hinter sich gelassen. Wenn Chinesen aus Peking oder Shanghai in München landen, sitzen sie meist kurz darauf in einem Charterbus, um nach »Bosstown« zu kommen – je schneller, desto besser.

Soll der Schwabe darüber glücklich sein? Vielleicht der Metzinger. Inzwischen. Aber nur, weil eine Idee urplötzlich Geld in die Stadt brachte, wenn auch verbunden mit neuen Problemen. Die Stadt ist inzwischen nicht nur zweigeteilt, sie wird zum Wochenende geradezu überschwemmt von Schnäppchenjägern. Wurden früher nur fehlerhafte oder modisch ausgemusterte Boss-Textilien wohlfeil angeboten, so sind die »Outlets« heute ein nicht mehr wegzudenkender Vertriebsweg vieler Firmen. Metzingen sei Dank!

Auch wenn es einem schwer über die Lippen gehen mag: Metzingen ist ein Produkt der Globalisierung. Alle modischen Markenartikel, die in der einst verschlafenen Weinbaugemeinde günstig angeboten werden, haben ihren Siegeszug um die Welt bereits hinter sich. Gefertigt werden diese Produkte nicht in Metzingen, auch Boss hat den Großteil seiner Produktion längst in Niedriglohnecken der Europäischen Gemeinschaft oder noch weiter weg verlagert. Aber Boss hat sie alle angezogen – im doppelten Wortsinn: die Kunden aus der ganzen Welt und die sich zugehörig fühlenden verwandten Marken. Man kann es auch anders formulieren: Metzingen hat sich die globalisierte Kaufkraft heimgeholt.

Noch wirkt sich die Geldschwemme nicht wirklich positiv aus. Selbst die Gastronomie spürt kaum etwas von den Parallelkonjunkturen jenseits des Markenbooms. Der betuchte Auswärtige – ob Chinese oder Stuttgarter – kommt, kauft und fährt wieder heim, bestenfalls noch nach München. Insofern spiegelt Metzingen nicht nur die komparativen Kostenvorteile der internationalen Arbeitsteilung wider, sondern bildet auch den Flucht- und Ausgangspunkt einer mobilen Kundschaft. Bodenständigkeit ist jedenfalls nicht gefragt und wird auch nicht nachgefragt.

Bietigheim-Bissingen zum Beispiel

Doch überall dort, wo Globalisierungsgewinner im Schwäbischen expandieren und mehr oder weniger ordentlich Steuern zahlen, treffen die Urtugenden der Einheimischen auf einen unbändigen Willen, am weltweiten Verteilungskampf teilzuhaben. Ob es nun das westlich von Stuttgart gelegene Ditzingen ist, in dem der weltbekannte Maschinenbauer Trumpf seine Heimat hat, oder Künzelsau mit seinem Schrauben-Würth, oder – ganz spektakulär – das badische Walldorf, dem Sitz des der Globalisierung am weitesten gefolgten Softwarespezialisten SAP – sie alle wurden, wie auch Waiblingen mit Stihl oder Winnenden mit Kärcher, durch die Tatkraft und den Erfindungsreichtum ihrer Unternehmer und deren Mitarbeiter weltbekannt. Gleiches gilt für den Stuttgarter Stadtbezirk Zuffenhausen, in dem der Sportwagenbauer Porsche sitzt und produziert. Oder etwa Bietigheim-Bissingen, wo Porsche allein sechs Tochterfirmen ansiedelte. Natürlich steht Stuttgart zunächst für Daimler oder Bosch, schon wegen deren gewaltigem Beschäftigungspotenzial. Aber während in den siebziger Jahren die Mercedes-Stadt Sindelfingen dank des damaligen Gewerbesteuerregens ganz unschwäbisch-protzig Marmor-Zebrastreifen anlegte, zeichnen sich die neureichen Kommunen von heute durch hohe Solidität aus. So haben Walldorf, Künzelsau oder Bietigheim-Bissingen keine oder so gut wie keine Schulden. Sie ordnen ihre Finanzen, vermitteln ihren schwäbischen und zugereisten Einwohnern ein wieder in Mode gekommenes Kuschelgefühl – und erreichen damit höchste Aufmerksamkeit über die Landesgrenzen hinaus. »Beverly Bietigheim« titelte beispielsweise das Nachrichtenmagazin »Focus« vor einigen Jahren, als es nicht mehr umhinkam, seinen Lesern die 42 000-Seelen-Stadt am »Rande des Stuttgarter Speckgürtels« vorzustellen. Das Erfolgsgeheimnis dieser nahe Ludwigsburg am Enzufer gelegenen Stadt liege »im unaufdringlichen Charme ihrer Lebensart«. Sie sei vom Größenwahn so weit entfernt, wie ihr Zweitliga-Eishockeyteam vom Gewinn der deutschen Meisterschaft.

In Bietigheim war Lothar Späth in den sechziger Jahren Bürgermeister, bevor es ihn in die Landespolitik zog. Bundesbildungsministerin Annette Schavan hatte hier ihren Wahlkreis, in Bietigheims mittelalterlichen Mauern lebt Pur-Sänger Hartmut Engler genauso wie Hemdenfabrikant Eberhard Bezner (»Olymp«). Porscheexchef Wendelin Wiedeking ist von Bietigheim-Bissingen in zwanzig Minuten zu seinem Arbeitsplatz nach Zuffenhausen gefahren, und sein damaliger Finanzchef Holger P. Härter folgte seinen Spuren. Da überrascht es wenig, dass Porsche auch der Hauptsponsor des Eishockey-Zweitligisten »Steelers« war und heute wenigstens noch dabei ist. Dessen damaliger Verwaltungsratspräsident Norbert Lehmann, ein ehemaliger Manager von IBM und Exvorstand des Bietigheimer Bodenbelagherstellers DLW, hat die Budapester Edelschuhmanufaktur Heinrich Dinkelacker vor dem »Aus« gerettet und den Firmensitz nach Bietigheim verlagert. Fast überflüssig zu sagen, dass auch Wendelin Wiedeking als Gesellschafter mit von der Partie ist. Im Übrigen aber steckt und erntet er auf seinem Bietigheimer Acker Kartoffeln und fährt die Knollen mit seinem historischen Porschetraktor nach Hause.

Kein Wunder, dass in dieser Stadt Legenden entstehen. Zum Beispiel: Die wichtigsten Entscheidungen hätten die Porsche-Strategen nicht im Zuffenhausener Hauptquartier, sondern bei Burkhard Schork und dessen am Marktplatz gelegener Edelkneipe Friedrich von Schiller getroffen. Ja wo denn sonst, wenn nicht unter dem Dach eines nach dem schwäbischen Dichterfürsten benannten Lokals?

Was im 19. und bis Mitte des 20. Jahrhunderts also Heidelberg und Tübingen, Pfalzgrafenweiler und Todtnau, Reutlingen (bis in die sechziger Jahre die Stadt der Millionäre) und Heidenheim, Sindelfingen und Friedrichshafen waren, sind heute Metzingen und Bietigheim-Bissingen, Schorndorf und Künzelsau, Zuffenhausen und Ditzingen. Nicht, dass die früheren Vorzeigestädte ihren Reiz verloren hätten – Heidelberg ist noch immer für jeden Amerikaner das Mekka seines Deutschlandbesuches. Nein, die veränderte Weltlage hat andere Namen nach oben gespült, und nicht nur die wenigen genannten, weil sich über den ganzen württembergischen Landstrich hinweg neue Ideen breitgemacht haben und auf Fleiß und Entschlossenheit gestoßen sind.

Ein gut gepflegtes Vorurteil? Mag sein. Aber der Schwabe liebt solche Vorurteile. Er kokettiert nun einmal gerne mit den sinnstiftenden Attributen des Schaffens und Sparens. Unterstellt man ihm, dass er nur schaffe und spare, um sich ein Häusle zu bauen, dann begreift er sogar diese Unterstellung als indirekte Anerkennung.

So richtig wahr ist das aber nicht. Nur 47 Prozent der Gebäude aus der Zeit vor 1870 waren in Württemberg Ein- oder Zweifamilienhäuser, der Rest bestand aus Bürgervillen oder Bauernhäusern. Zwischen 1870 und 1918 ging der Häuslesanteil auf 38 Prozent zurück, weil zunehmend Mietwohnungsblocks für die Arbeiter der aufstrebenden Industrie gebaut wurden.

Selbst bis in die jüngste Zeit hinein, als der Eigenheimbau staatlich gefördert wurde, fällt Baden-Württemberg nicht aus dem Rahmen des Üblichen. Sowohl das Verhältnis von Haushalten und Häusle wie auch das von Häusle und Mehrfamiliengebäuden liegen im Bundesdurchschnitt. In Bayern oder in Niedersachsen beispielsweise werden weitaus mehr Ein- und Zweifamilienhäuser gebaut als in Baden-Württemberg.

Der zentrale Unterschied zu den anderen Bundesländern liegt an anderer Stelle. Jeder fünfte Bausparvertrag in Deutschland wird im Schwäbischen und Badischen unterschrieben. Damit hat das »Ländle« die höchste Bauspardichte bundesweit. Da jedoch der überdurchschnittlichen Bausparsumme keine überdurchschnittliche Bautätigkeit gegenübersteht, reduziert sich das Klischee vom Schwaben als Vorzeige-Häuslesbauer auf das Thema der Finanzierung. Nirgendwo sonst wird, wie in Baden-Württemberg, mit Bausparverträgen gebaut. Man baut also risikoärmer, vorsichtiger. So sind die Schwaben seit jeher, so haben sie sich seit Jahrhunderten verhalten.

Noch nicht einmal die Idee des Bausparens hat schwäbische Väter. Die urschwäbische Einrichtung »Gemeinschaft der Freunde Wüstenrot« wurde von Georg Kropp in den zwanziger Jahren gegründet – dem Sohn eines Segelschiffkapitäns aus Pommern. Sein Erfolg brauchte allerdings schwäbischen Nährboden, brauchte Menschen, die traditionell »verhockt«

und allen modernen Risiken abhold waren. Sicherlich lieferte die Realteilung und damit die Parzellierung des Ländles in kleinste Baugrundstücke die reale Grundlage dafür, ebenso wie der schwäbische Pietismus mit seiner gottgegebenen Lehre »Trachtet nach dem, was droben ist, nicht nach dem, was auf Erden ist« (Kolosser 3, Vers 2).

Das, was drunten auf Erden ist, betrachtet der Schwabe als »seins«. Ob es nun Holz oder Mörtel, Beton oder Stahl, Glas oder Klinker ist – Tatkraft und Motivation sind vonnöten, um daraus schöne Häuser zu formen. Mehr nicht. Selbst der »Stuttgarter Zeitung« blieb es nicht verborgen, dass der »schwäbische Häuslesbauer nichts anderes ist als die Erfindung von konservativen Politikern, die ihren Wählern aus durchsichtigen Gründen ein Stück braven Lebensgefühls vermitteln wollen«. Exakt. Aber genau dieses Lebensgefühl braucht der Schwabe.

»Monet, den möget mir«

Was aber macht der Schwabe mit dem übrigen Geld, wenn er sein Häusle ordentlich finanziert hat? Er legt es natürlich an, vorzugsweise bei der Sparkasse – und in Öl. Zwischen Friedrichshafen und Friedrichsruhe hängen in konkurrenzloser Dichte die hochkarätigsten Kollektionen bemalter, gerahmter Leinwände des 19. und 20. Jahrhunderts. Wenige zeigen ihre Schätze oder reden darüber wie Trumpf-Chef Leibinger, Schokoladenerbin Marli Hoppe-Ritter (»Quadratisch. Praktisch. Gut.«) oder Schraubenchef Würth. Die meisten verstecken ihre künstlerisch wertvollen Objekte in ihren Häusern, hängen sie in ihre Wohnzimmer: Picasso (»Mir hent halt a Antenne fürs Moderne«), Monet (»Den möget mir«), Kirchner (»Seine Farben stechet ins Aug«), Jan Peter Tripp (»Mei Mann g'fällt sich da gar net«). Angeblich hängen im Ländle mehr Meisterstücke der Moderne als in der Münchner Pinakothek und dem Guggenheim-Museum in Bilbao zusammen. Internationale Spitzenmuseen beziehen ihre Ausstellungsleihgaben oft zu großen Teilen aus den schwer zugänglichen Asservatenkammern der schwäbischen Sammler. Für diese Schätze braucht der kunstliebhabende Schwabe zwar Geld, aber keinen Bausparvertrag.

Manche, aber längst nicht alle Klischees rund um die Schwaben sind von der Wirklichkeit gedeckt. Doch sie werden nicht nur von Politikern gepflegt, die anderes im Schilde führen, oder von Auswärtigen, die die Schablonen zur eigenen Positionierung benötigen. Nein, auch die Schwaben selbst hüten sorgsam diesen Hort an Selbststilisierung. Andererseits weisen sie – dialektisch – darauf hin, dass nichts von dem stimme, was man über sie sage. Dafür liefert sogar Martin Walser als Kronzeuge vom Schwäbischen Meer den Beleg: »Nichts ist ohne sein Gegenteil wahr.« Für diese Erkenntnis braucht es keinen Hegel. Der Fremde aber muss den Widerspruch bei einer Visite im Ländle selbst auflösen.

Der Schwabe und die Mobilität

Typisch. Zunächst sind sie nicht so richtig in Fahrt gekommen, die als etwas »verhockt« geltenden Schwaben. Nachdem sie aber Gefallen an der Geschwindigkeit gefunden hatten, setzten sich die schwäbischen Tüftler schnell an die Spitze der technischen Entwicklung und fuhren allen anderen mit hohem Tempo davon.

Am Anfang war die Eisenbahn – und ein Ziegenbock. Den hatte ein schwäbischer Bauer auf dem Markt erworben. Für die Rückfahrt in sein Heimatdorf, das irgendwo zwischen Biberach und Meckenbeuren gelegen haben muss, wählte der Landwirt den Zug. Den Bock band er mit einem Strick an den letzten Waggon, setzte sich zu seinem »Weible« ins Abteil und zündete »sei stinkichs Pfeifle« an. Doch als er bei der nächsten Haltestation nach seinem »Böckle« schaute, fand er nur noch das Seil und den abgetrennten Kopf vor. Der Rest des Tieres war unterwegs abhanden gekommen – ein Opfer der Geschwindigkeit.

Diese makabre Geschichte vom grausamen Tod eines Ziegenbocks erzählt das volkstümliche und später sehr populär gewordene Lied »Auf de schwäb'sche Eisebahne« – komponiert und getextet von einer Gruppe Studenten, die sich damit über die Unbeholfenheit lustig machten, mit der die ländliche Bevölkerung dem Fortschritt moderner Verkehrstechnik begegnete. Angeblich soll das Lied erstmals am 1. Juni 1850 angestimmt worden sein, doch historisch verbürgt ist das nicht. Nur so viel steht fest: Von dieser Zeit an ist die Hauptstrecke der »Königlich Württembergischen Staats-Eisenbahnen«, die von Heilbronn über Stuttgart und Ulm nach Friedrichshafen am Bodensee führte, durchgängig befahrbar gewesen.

Dabei hatte die Eisenbahn im Ländle erst relativ spät Einzug gehalten. Die erste, von einer Dampflokomotive befahrene und für den öffentlichen Personenverkehr genutzte Bahnstrecke überhaupt war bereits im Jahr 1825 in Betrieb gegangen. Das war allerdings im fernen England, also weit außerhalb des Gesichtskreises der Schwaben. Die hatten zu dieser Zeit auch ganz andere Probleme – etwa den schwelenden Konflikt zwischen dem württembergischen König und den freiheitlichen Burschenschaften oder die schlechte Wirtschaftslage. Außerdem standen in Württemberg viele Konservative der neuen Technik ablehnend gegenüber: Informationen, nach denen das Bahnfahren der menschlichen Gesundheit äußerst abträglich sei, da die hohen Geschwindigkeiten unweigerlich zum Atemstillstand und schließlich zum Tode führten, galten im Schwabenvolk als gesicherte Erkenntnis.

Eisenbahn – leicht verspätet

Erst als die Nachbarländer, das Königreich Bayern und das Großherzogtum Baden, von Mitte der dreißiger Jahre des 19. Jahrhunderts an ihre ersten längeren Bahnstrecken fertigstellten, begann man sich auch in Württemberg für die neue

Transporttechnik zu interessieren und – auf Initiative von König Wilhelm I. – Pläne für ein staatliches Streckennetz zu schmieden. Schließlich wollte man hinter den ehrgeizigen Nachbarn nicht zurückstehen.

Im April 1843 wurde das württembergische Eisenbahngesetz verabschiedet. Ziel des Gesetzes war, mit insgesamt vier staatlichen Bahnstrecken den Neckar mit der Donau und dem Bodensee zu verbinden sowie das eigene Netz mit den Hauptlinien der Nachbarländer zu verknüpfen. Dahinter standen vor allem finanzielle Interessen. Die Regierung hoffte auf einen regen Transitverkehr, der der künftigen Staatsbahn hohe Einnahmen bescheren und damit Geld in den Staatssäckel bringen würde.

Doch zunächst einmal standen erhebliche Investitionen an. Die in weiten Teilen bergige Landschaft, insbesondere aber die raue Alb, die sich quer durch Württemberg zieht und den südlichen Teil des Landes vom Norden trennt, stellte für die Trassenbauer eine große Herausforderung dar. Erschwert wurde die Streckenplanung auch dadurch, dass Hohenzollern damals weit in das südliche württembergische Kernland mit den oberen Flusstälern von Neckar und Donau hineinragte. Trotzdem ging der Ausbau des Schienennetzes zügig voran: 1845 wurde die erste Teilstrecke Cannstatt – Untertürkheim der sogenannten »Zentralbahn« zwischen Ludwigsburg, Stuttgart und Esslingen feierlich eröffnet. Wenige Jahre später waren auch die Nordbahn nach Heilbronn, die Ostbahn über Plochingen und Göppingen nach Ulm sowie die Südbahn zwischen Ulm und Friedrichshafen fertiggestellt. Als »Schwäbische Eisenbahn« bezeichnete man aber nur die Strecke von Stuttgart über Ulm nach Friedrichshafen.

Der Aufwand, den das Land Württemberg zur Verwirklichung seiner ehrgeizigen Eisenbahnpläne betreiben musste, war enorm: Allein für den Bau des schwierigen Streckenabschnitts am Albaufstieg, der Geislinger Steige, wurden gut

4000 Arbeiter beschäftigt. Am Ende hatte das Königreich rund 27 Millionen Gulden in seine Bahninfrastruktur investiert – was etwa dem Dreifachen des jährlichen Staatshaushalts entsprach. Doch das Geld war gut angelegt, denn mit der Eisenbahn setzte in Schwaben auch die Industrialisierung ein.

Als einer der ersten größeren Industriebetriebe wurde 1846 in Esslingen die Maschinenfabrik Kessler gegründet, die Urzelle der späteren Maschinenfabrik Esslingen. In den folgenden Jahren baute Kessler den Großteil der Dampflokomotiven, die bei der Württembergischen Staatsbahn zum Einsatz kamen. Entlang der Schienentrassen entstanden nach und nach eine ganze Reihe von Fabriken, die per Eisenbahn mit Kohle und Rohstoffen beliefert wurden und im Gegenzug ihre fertigen Güter in alle Teile des Landes und sogar über die Grenzen Württembergs hinaus transportieren konnten. 1853 wurde beispielsweise in Geislingen die Württembergische Metallwarenfabrik (WMF) gegründet oder 1859 in Göppingen die Spielwarenfabrik Märklin. Auch für den Arbeitsmarkt hatte die Eisenbahn eine entscheidende Bedeutung, versetzte sie doch die Menschen in den durch Agrarkrisen verarmten ländlichen Gebieten in die Lage, in den aufstrebenden Industriestädten neue Arbeits- und Verdienstmöglichkeit zu finden. Kurzum, die Schwaben waren mobil geworden.

Während der Zug in Württemberg zum bevorzugten Transportmittel für Waren und Personen wurde, wichen auch die einst weitverbreiteten Vorbehalte gegenüber den neuen technischen Entwicklungen. Im gleichen Maße, wie seine Angst vor den fauchenden, Feuer und Rauch spuckenden Lokomotiven verflog, entdeckte der Schwabe seine Affinität zur Wunderwelt der Maschinen. Das beflügelte.

Erst Benz, dann Daimler

Ist es vielleicht ein Wunder, dass einer der jungen Technikbegeisterten, Carl Friedrich Benz nämlich – wenngleich kein Schwabe, sondern ein Badener –, Sohn eines Lokomotivführers war? 1844 in Karlsruhe geboren, studierte er nach dem Besuch eines naturwissenschaftlich orientierten Lyzeums Maschinenbau und widmete sich bereits ab 1864 der Konstruktion von Fahrzeugen. Er träumte von einem Vehikel, das sich aus eigener Kraft bewegen konnte und dabei nicht auf Schienen angewiesen war – vom Automobil. Bis dahin war es aber noch ein langer Weg.

Erst 1885 sollte es Benz gelingen, auf der Basis des von Nikolaus August Otto entwickelten Viertaktmotors ein leichtes und kompaktes Antriebsaggregat mit elektrischer Zündung und Wasserkühlung zu entwickeln, das er in einen neu konstruierten Stahlrohrwagen mit drei Rädern und Kurbellenkung einbaute. Der Einzylindermotor leistete weniger als eine Pferdestärke, was allerdings ausreichte, um das 265 Kilogramm leichte Gefährt auf eine Geschwindigkeit von bis zu 16 Stundenkilometer zu bringen.

Am 29. Januar 1886 schrieb Benz Technikgeschichte, als er das erste Automobil der Welt zum Patent anmeldete. Fünf Monate später unternahm er mit seinem »Patentwagen« die erste öffentliche Ausfahrt auf der Mannheimer Ringstraße. Die örtliche Tageszeitung berichtete, dass sein Sohn Eugen mit einer Flasche Benzin neben dem Wagen hergelaufen sei, um nachschütten zu können, sobald der Kraftstoff zur Neige ging. Immerhin verbrauchte der Motor rund zehn Liter auf 100 Kilometer – der geringe Benzinvorrat im Vergaser reichte nicht lange.

Die Öffentlichkeit zeigte sich gegenüber diesem »Wagen ohne Pferde« anfänglich genauso skeptisch wie gegenüber der Eisenbahn. Es fanden sich so gut wie keine Käufer, und auf den Straßen wurde Benz in seinem laut knatternden Automobil mitunter offen ausgelacht. Begeisterung entfachte Benz mit seiner Erfindung dagegen bei Fachleuten: Das Messekomitee der Münchner »Kraft- und Arbeitsmaschinenausstellung« prämierte seinen Patentwagen im Jahr 1888 mit einer Goldmedaille.

Rund 140 Kilometer von Mannheim entfernt, wo das Unternehmen von Carl Benz seinen Sitz hatte, arbeiteten unterdessen auch zwei schwäbische Tüftler an der Weiterentwicklung des Ottomotors. In einem Gartenhaus in Cannstatt bei Stuttgart bauten Gottlieb Daimler und sein Freund Wilhelm Maybach 1883 den ersten schnell laufenden Motor, bei dem Benzin als Brennstoff eingesetzt wurde.

Daimler, Sohn eines Bäckermeisters aus Schorndorf, startete seine Karriere nach dem Besuch der Polytechnischen Schule in Stuttgart als Leiter einer Reutlinger Maschinenfabrik. Dort lernte er 1865 den 19-jährigen Lehrling Wilhelm Maybach kennen und entdeckte dessen technisches Talent. Das war der Beginn einer lebenslangen Freundschaft. Sieben Jahre später wurden die beiden Schwaben von Nikolaus August Otto nach Köln geholt. In der von Otto gegründeten Gasmotorenfabrik Deutz brachten sie den Viertaktmotor zur Serienreife. Nach Differenzen mit Otto verließen Daimler und Maybach 1882 Köln, um ihre eigenen Visionen Realität werden zu lassen. Von Otto mit einer finanziellen Abfindung ausgestattet, begannen sie in Cannstatt, einen völlig neuen Verbrennungsmotor zu konstruieren, mit dem ein Wagen angetrieben werden konnte.

1885 war es dann endlich so weit: Der neu entwickelte Motor, der auf sagenhafte 900 Umdrehungen pro Minute kam, bestand auf den Straßen von Cannstatt seine erste Probefahrt. Wenn auch nicht in einem Automobil: Daimler und Maybach hatten das leichte, kompakte Aggregat zunächst in ein sogenanntes Reitrad aus Holz integriert – und damit den ersten Motorradprototypen der Welt gebaut. Ein Jahr später folgte dann eine Motorkutsche. Aber auch die war nur eine Zwischenstation auf dem Weg zum Ziel. Das erste echte Automobil aus der Ideenschmiede Daimler-Maybach – ein Stahlradwagen mit innovativem Vierganggetriebe – war erst 1889 fertig.

Die rasende Berta in ihrer Kiste

Am Ende ist es dann aber eine Frau gewesen, die dem Automobil zum Durchbruch verhalf: Berta Benz, geborene Ringer, aus Pforzheim. Erst einmal rettete sie Carl Benz vor dem wirtschaftlichen Ruin. 1871, noch vor ihrer Hochzeit mit dem späteren Erfinder des Personenkraftwagens, ließ sie sich von ihren Eltern die Mitgift auszahlen und investierte das Geld in die finanziell angeschlagene Eisengießerei, die ihr Verlobter in Mannheim mitgegründet hatte.

Dann, gut eineinhalb Jahrzehnte später, landete Berta Benz einen für die allgemeine Akzeptanz des Automobils ganz entscheidenden Coup: Im Sommer 1888 unternahm sie, gemeinsam mit ihren beiden Söhnen – angeblich ohne Wissen ihres Gatten –, die weltweit erste Überlandfahrt in einem Vehikel, das von einem Verbrennungsmotor angetrieben wurde. Die spektakuläre Tour im dreirädrigen Patent-Motorwagen »Modell 3« führte von Mannheim über Heidelberg und Bruchsal nach Pforzheim und wieder zurück. Dabei legte Bertha Benz eine Wegstrecke von mehr als 200 Kilometern Länge zurück. Getankt wurde, in Ermangelung von Zapfsäulen, bei einem Apotheker in Wiesloch, der ihr drei Liter Ligroin – ein leichtes Petroleumbenzin, das damals als Fleckenlöser Verwendung fand – in Flaschen verkaufte. Mit Haarnadel und Strumpfband erledigte sie unterwegs kleinere Reparaturen.

Schnell sprach sich dieses Ausflugsereignis herum. Berta Benz hatte eindrucksvoll bewiesen, dass die Erfindung ihres Mannes mehr als nur ein Spielzeug für technikbegeisterte Zeitgenossen war, sondern tatsächlich ein gebrauchstüchtiger Ersatz für die zu dieser Zeit üblichen Pferdekutschen. Das beweist: Hinter jedem berühmten Baden-Württemberger steht eine resolute Frau. »Tapfer und mutig hisste sie neue Segel der Hoffnung«, schrieb Carl Benz später über Berta in seinen Erinnerungen.

Die Namen der legendären Automobilpioniere aus Baden und Württemberg sind heute immer noch weltweit bekannt. Die von Gottlieb Daimler gegründete Daimler-Motoren Aktiengesellschaft fusionierte 1926 mit der von Carl Benz gegründeten Firma Benz & Cie. zur Daimler-Benz AG mit Sitz in Stuttgart. Nachdem das Unternehmen Ende der neunziger Jahre mit dem amerikanischen Automobilkonzern Chrysler zur DaimlerChrysler AG verschmolzen wurde, tauchte Benz zwar nicht mehr im Firmennamen auf – nach Auflösung der einst angeblich im Himmel geschlossenen Firmenehe blieb es schlicht beim Namen Daimler. Doch mit der Marke Mercedes-Benz wird die Erinnerung an ihn weiterhin lebendig gehalten. Und Maybach? An ihn erinnert nur die gleichnamige Luxusmarke unter dem Dach des heutigen Daimler-Konzerns, die allerdings nicht mehr gebaut wird.

Am 25. April 1931 gesellte sich ein vierter Name dem Dreigestirn der schwäbisch-badischen Automobilpioniere hinzu: Professor Ferdinand Porsche, ein gebürtiger Böhme, machte sich an diesem Tag mit einem unabhängigen Konstruktionsbüro in Stuttgart selbstständig. Zuvor hatte er unter anderem als Technischer Direktor bei Austro-Daimler in Wien und als Chefkonstrukteur bei der Daimler-Motoren-Gesellschaft in Untertürkheim viele bahnbrechende technische Innovationen entwickelt und damit dem Fahrzeugbau entscheidende Impulse gegeben. Das Wissen des genialen Konstrukteurs war in der deutschen Automobilindustrie sehr gefragt. Im Auftrag von Herstellern wie Wanderer, Zündapp, Auto Union, NSU und natürlich auch Daimler-Benz entwickelte das Büro Motoren, Karosserien, Getriebe, Fahrwerke und komplette Fahrzeugkonzepte. Einige der damals entstandenen Konstruktionen – wie etwa die am 10. August 1931 zum Patent angemeldete Drehstabfederung – werden noch heute im internationalen Automobilbau verwendet.

Ein Wagen für das Volk

Am 22. Juni 1934 erhielt Porsche vom »Reichsverband der deutschen Automobilindustrie« schließlich den Auftrag, in seinem Stuttgarter Ingenieurbüro einen robusten, familientauglichen und zugleich preiswerten Kleinwagen zu konstruieren – heraus kam der Volkswagen, später »Käfer« genannt. Zwei Jahre später wurde ihm auch die Planung des künftigen Volkswagenwerks in Wolfsburg übertragen. Doch dann brach der Zweite Weltkrieg aus, und die Pläne wurden zunächst einmal auf Eis gelegt.

Unmittelbar nach dem Zusammenbruch des Deutschen Reichs nahm das französische Militär Ferdinand Porsche in Untersuchungshaft. Obwohl nie formell Anklage gegen ihn erhoben wurde, blieb er bis August 1948 inhaftiert. Unterdessen liefen die Geschäfte seiner während des Krieges nach Gmünd in Kärnten verlegten Firma weiter. Ferry Porsche, der Sohn des Professors, entwickelte gemeinsam mit den im Büro verbliebenen Ingenieuren und Technikern einen Mittelmotor-Roadster, der im Juni 1948 von den österreichischen Behörden offiziell zugelassen wurde – den ersten Sportwagen unter dem Namen Porsche. Ein zweisitziger offener Sportwagen – hatten die Menschen so kurz nach dem Krieg denn nicht andere Bedürfnisse? Die Idee von Ferry Porsche stieß damals auf große Skepsis, und das nicht nur bei den Schwaben. Es wurde bezweifelt, ob ein solches Fahrzeug am Markt tatsächlich eine Chance hätte. Doch der Querdenker ließ sich nicht beirren. – Im März 1950 begann im Stuttgarter Vorort Zuffenhausen die Serienfertigung des Sportwagens, der unter der Typenbezeichnung 356 in mehreren Varianten bis 1966 produziert wurde. Innerhalb von 16 Jahren liefen in Zuffenhausen von diesem Modell insgesamt 77 766 Einheiten vom Band. Daneben hatte sich Porsche mit Rennwagen einen Namen im Motorsport gemacht. Siege auf nahezu allen Rennstrecken der Welt brachten der Marke einen Kultstatus ein, der sich äußerst positiv auf das Geschäft mit Seriensportwagen auswirkte. Im Schatten des großen Nachbarn mit dem Stern hatte sich die kleine Sportwagenschmiede, die das Stuttgarter »Rössle« in ihrem Markenwappen führte, bald als zweiter erfolgreicher Automobilhersteller in der baden-württembergischen Landeshauptstadt fest etabliert. So wurde auch der Nachfolger des 356, die bis heute produzierte Baureihe 911, ein großer wirtschaftlicher Erfolg – und Porsche, der kleinste unabhängige Hersteller von Serienfahrzeugen der Welt, zum mit Abstand profitabelsten Unternehmen seiner Branche. Im Jahr 2005 stieg die Firma sogar als größter Einzelaktionär beim Wolfsburger Volkswagenkonzern ein und kontrolliert heute 51 Prozent von Europas größtem Automobilhersteller.

Mit Bosch zündet's

Doch was wären die beiden schwäbischen Automarken ohne die vielen mittelständischen Zulieferbetriebe, die sich im Laufe der Zeit in ihrem Umfeld angesiedelt haben und die sie termingerecht mit Bauteilen, Systemkomponenten und Ausstattungen versorgen?

Zu den wichtigsten Lieferanten von Mercedes-Benz und Porsche zählte von Beginn an die Firma Bosch. Am 15. November 1886 vom 25-jährigen Mechaniker Robert Bosch mit 10 000 Mark Startkapital als »Werkstätte für Feinmechanik und Elektrotechnik« in der Stuttgarter Innenstadt gegründet, profitierte das Unternehmen vom Siegeszug des Automobils wie kein anderes, obwohl es selber keine Fahrzeuge herstellte. Es begann 1887 mit einem Magnetzünder für Verbrennungsmotoren, der bereits um die Jahrhundertwende bis nach Amerika geliefert wurde. Daraus entstand die millionenfach verwendete Zündkerze, die noch heute in Benzinmotoren den Kraftstoff zur Explosion bringt. Längst ist aus der Robert Bosch GmbH ein global agierender Konzern geworden, der in mehr als 50 Ländern produziert und weltweit rund 250 000 Mitarbeiter beschäftigt. Neben typischen Zulieferprodukten für den Automobilbau wie Brems- und Navigationssystemen, Scheinwerfern, Einspritzpumpen und elektronischen Motorsteuerungen stellt Bosch seit 1927 auch Elektrowerkzeuge und seit 1933 Kühlschränke her. Neben den Sparten Gebrauchsgüter, Industrie- und Gebäudetechnik sowie Verpackungstechnik ist die Entwicklung und Produktion von Systemkomponenten für die internationale Automobilindustrie aber nach wie vor das Kerngeschäft von Bosch.

Robert Bosch (1861 bis 1942) wurde nicht nur als erfolgreicher Unternehmer, sondern auch als Sozialreformer bekannt. Er verkörperte einen patriarchalischen Unternehmertypus, der wirtschaftlichen Erfolg mit sozialer Verantwortung und politischem Engagement verband. 1906 führte er als erster deutscher Arbeitgeber den Achtstundentag in seinem Unternehmen ein, stellte aber gleichzeitig auf Zweischichtbetrieb um, was zu deutlich längeren Maschinenlaufzeiten führte. Weiterhin gab es bei Bosch schon früh vorbildliche soziale Leistungen, wie etwa ein betriebliches Gesundheitswesen und eine Altersvorsorge. Da Robert Bosch moralische

Skrupel hatte, die Einnahmen aus Rüstungsaufträgen während der Weltkriege für sich zu behalten, spendete er einen Großteil des Geldes für soziale Zwecke. So ließ er etwa in Stuttgart auf eigene Kosten ein Krankenhaus errichten, das er 1940 der Stadt schenkte. Als er starb, hinterließ er ein Testament, in dem festgeschrieben war, dass auch künftig die Gewinnausschüttungen des Unternehmens über die Robert-Bosch-Stiftung sozialen Zwecken zugeführt werden sollten.

Neben dem »Riesen« Bosch entstanden im Großraum Stuttgart aber auch viele kleinere Unternehmen, die erst in den Wirtschaftswunderjahren nach dem Zweiten Weltkrieg zu großen Zulieferspezialisten – und teilweise sogar zu Weltmarktführern in ihrem Segment – wurden.

Ein Beispiel ist die Esslinger Firma Eberspächer. Der von Jakob Eberspächer im Jahr 1865 gegründete Handwerksbetrieb, der zunächst metallgefasste Dachverglasungen herstellte, begann 1932 damit, Heizgeräte und Schalldämpfer für Fahrzeuge zu produzieren. 1954 lief in Esslingen der millionste Schalldämpfer vom Band. In den siebziger Jahren entwickelte Eberspächer gemeinsam mit Porsche einen Turbolader. Heute gilt die innovative Firma als einer der international bedeutendsten Hersteller von Abgassystemen.

Ein weiteres Beispiel ist die Firma Behr mit Sitz in Stuttgart-Feuerbach. 1905 war Julius Behr in eine bereits bestehende Werkstatt eingestiegen, die sich auf den Bau von Autokühlern spezialisiert hatte. Zwei Jahre später übernahm er das Unternehmen und firmierte es zur »Süddeutschen Kühlerfabrik Julius Fr. Behr« (SKF) um. Nach dem Zweiten Weltkrieg erschloss sich der erfolgreiche Kühlerhersteller mit Autoheizungen ein neues Geschäftsfeld und rundete es von 1957 an mit der ersten, in Europa gebauten Pkw-Klimaanlage ab – der Bereich Fahrzeugklimatisierung war geboren. Heute ist die einstige Werkstatt auf dem Gebiet des Fahrzeugthermomanagements europäischer Marktführer.

Der Aufstieg von der Garagenfirma zum international bedeutenden Konzern – dieses Erfolgsphänomen ist offensichtlich kein ausschließlich amerikanisches, sondern auch ein typisch schwäbisches, das man vor allem in der baden-württembergischen Automobilindustrie findet. Technische Begabung und Erfindungsreichtum, gepaart mit einer großen Portion Geschäftssinn und dem untrüglichen Gespür dafür, dass Mobilität zu den menschlichen Grundbedürfnissen gehört – all das hat dazu geführt, dass der weltweite Siegeszug des Automobils in Baden-Württemberg seinen Ausgang nahm und heimische Unternehmen davon in ganz besonderem Maße profitieren konnten.

Benzin in den Adern

In der baden-württembergischen Landeshauptstadt und ihrer Umgebung schaffen die Menschen mittlerweile seit Generationen in Autofabriken oder Zulieferbetrieben. Wer heute in diesem Landstrich geboren wird, ist also genetisch schon vorgeprägt, sodass ihm eigentlich gar nichts anderes übrig bleibt, als sein künftiges Leben dem Automobil zu widmen. Und was die Gene nicht schaffen, das besorgt die Muttermilch. Über die nehmen die Kinder die ersten Benzinmoleküle auf, die fortan in ihren Adern kreisen.

Die typische berufliche Karriere eines in der Region Stuttgart aufgewachsenen Schwaben führt nicht selten von der Schulbank aus direkt durch das Werkstor in die Produktionshallen eines der ortsansässigen Unternehmen der Automobilbranche. Andere wählen den etwas längeren Weg über eine technische Universität; einige Jahre später arbeiten sie dann in der Fahrzeugentwicklung oder ziehen in ein Büro in der oberen Etage eines Automobilkonzerns oder Zulieferunternehmens ein.

Geschichte und Gegenwart des Automobils sind untrennbar mit dem Standort Stuttgart verbunden – was sich heute nicht zuletzt auch in zwei architektonisch spektakulären Automobilmuseen am Standort widerspiegelt: in dem Mercedes-Benz-Museum in Bad Cannstatt und dem neuen Porsche-Museum in Zuffenhausen. Hier wird das, was der Schwabe gemeinhin als »heilig's Blechle« bezeichnet, auf eine fast schon sakral anmutende Art und Weise in Szene gesetzt.

Längst ist das Automobil mehr als nur ein Vehikel auf vier Rädern, das sich mittels des zur Explosion gebrachten Benzins selbstständig fortbewegt und Personen von A nach B befördern kann. Denn neben seiner rationalen Funktion als Transportmittel dient das moderne Auto auch der Befriedigung emotionaler Bedürfnisse: Es weckt Zuneigung und Leidenschaft, drückt unterschiedliche Lebensstile, Individualität und sozialen Status aus, und dazu macht das Fahren auch noch Spaß – wenn man nicht gerade vor dem Autobahnkreuz Leonberg oder am Stuttgarter Pragsattel in einem Stau steht. Außerdem: Wie viele Freundschaften wurden im Auto schon geschlossen, wie viele Ehen angebahnt und Kinder gezeugt? Kein Wunder also, dass die Schwaben das Auto heiliggesprochen haben.

Heutige Automobile sind – anders als die historischen Vorgänger – in der Regel äußerst komfortabel. Der Motor summt selbst bei höheren Geschwindigkeiten leise vor sich hin, die Federung steckt souverän jede Unebenheit der Fahrbahn weg, der Fahrer wie die Mitfahrer sitzen bequem in gut gepolsterten Fauteuils und lassen sich mit Musik beschallen, während die Landschaft an ihnen vorbeizieht. Bei einer Autofahrt lässt es sich mitunter so famos entspannen, dass man alles um sich herum vergisst – sogar seinen Ehepartner.

So erging es jedenfalls Baden-Württembergs Staatsminister Willi Stächele mitten im hektischen Landtagswahlkampf 2006. Gemeinsam mit seiner Frau Sabine hatte der Minister in Brüssel an einem Empfang teilgenommen. Während der Rückfahrt ins heimische Oberkirch bat Stächele den Chauffeur seines Dienstwagens, an einer Raststätte haltzumachen, da er einem menschlichen Bedürfnis nachkommen musste. Nachdem ihr Mann auf dem stillen Örtchen verschwunden war, verspürte die Ministergattin ihrerseits den Wunsch, sich mal eben kurz frisch zu machen, und begab sich auf die Damentoilette. Unterdessen kam Stächele schnellen Schrittes zum Auto zurück, stieg wieder ein und wies den Fahrer an weiterzufahren. Frau Sabine sah gerade noch die Rücklichter des davonbrausenden Dienst-Audi A8. Später wurde eifrig dementiert, dass der Staatsminister erst nach 200 Kilometern bemerkt habe, dass der Platz neben ihm leer war. Ein »Späßle«, wie man es nur im Automobilzeitalter erleben kann.

Eine dicke fliegende Zigarre

Die Eisenbahn und das Automobil brachten den Menschen ein Höchstmaß an Mobilität und vergrößerten ihren individuellen Aktionsradius erheblich – allerdings nur zweidimensional. Auch noch in die dritte Dimension vorzustoßen, war das Ziel von Graf Ferdinand von Zeppelin (1838 bis 1917). Der in Konstanz geborene Sohn eines württembergischen Ministers startete nach dem Besuch der Kriegsschule Ludwigsburg eine militärische Karriere, die er 1906 als General beendete. Bereits als Mittvierziger, noch während seiner Militärzeit, begann Zeppelin, sich mit lenkbaren Ballonen zu beschäftigen. Zur Jahrhundertwende stieg er dann mit dem weltweit ersten lenkbaren Starrluftschiff, das er selber konstruiert hatte, über dem Bodensee zu Versuchsflügen auf. Die Bevölkerung war begeistert und beteiligte sich mit privaten Geldspenden an der Weiterentwicklung dieser Luftschiffe. Hinzu kamen Einnahmen aus einer Lotterie. Als im Jahr 1908 der Zeppelin LZ 4 bei Echterdingen nahe Stuttgart verunglückte, erlebte Deutschland die bis dahin größte Spendenaktion der Geschichte, die im Echterdinger Wirtshaus Hirsch ihren Anfang nahm. Noch heute weisen in der Gaststube Fotos vom Luftschiffunglück und vom Grafen Zeppelin auf die einmalige Solidaritätsaktion hin.

Insgesamt rund sechs Millionen Reichsmark kamen zusammen, die der Graf in die Gründung der Luftschiffbau Zeppelin GmbH in Friedrichshafen investierte. Ein Jahr später gründete er gemeinsam mit Karl Maybach, einem Sohn des Automobilpioniers Wilhelm Maybach, in Bissingen an der Enz eine Motorenbaufirma, die sämtliche Zeppelinmotoren entwickelte und produzierte. Die bemannten Zeppeline wurden sowohl vom Militär als auch in der zivilen Luftfahrt eingesetzt. Von 1909 bis zum Kriegsausbruch im Jahr 1914 beförderte die Deutsche Luftschiffahrts-AG, die erste Fluggesellschaft der Welt, rund 35 000 Passagiere unfallfrei durch die Lüfte.

Während des Ersten Weltkriegs wurden Zeppeline nur noch für militärische Zwecke gebaut. Parallel dazu begann man in Friedrichshafen mit dem Bau von Flugzeugen: 1912 gründete der zuvor bei Zeppelin beschäftigte Konstrukteur Theodor Kober die Flugzeugwerke Friedrichshafen. Claude Dornier, ein weiterer Zeppelin-Mitstreiter, gründete 1914 die Firma Dornier Metallbauten, die im Auftrag von Zeppelin Metallflugboote baute.

1917, kurz vor Kriegsende, starb der Graf. Die neue Blütezeit des Luftschiffbaus zwischen den beiden Weltkriegen erlebte er nicht mehr. Große Aufträge kamen von der US-Marine, aber auch von der Deutschen Luftschiffahrts-AG, die Zeppeline sogar für Transatlantikflüge einsetzte. Doch mit der Katastrophe von Lakehurst bei New York am 6. Mai 1937, bei der das vollbesetzte Luftschiff »Hindenburg« während der Landung in Flammen aufging und 35 Menschen getötet wurden, war die Ära des Zeppelins zu Ende. Später wurden Zeppeline nur noch zu Werbezwecken und für Touristenrundflüge eingesetzt. Doch viele der Tochterfirmen und Ausgründungen, die in der ersten Hälfte des 20. Jahrhunderts rund um die Luftschiffbau Zeppelin GmbH entstanden, sind noch heute wirtschaftlich erfolgreich.

So ist die 1915 gegründete Zahnradfabrik heute unter dem Namen ZF Friedrichshafen einer der bedeutendsten Hersteller der Welt von Fahrzeuggetrieben. Aus der Motorenbau GmbH Friedrichshafen ging die Motoren- und Turbinen-Union (MTU) hervor, die später unter dem Dach der damaligen Daimler-Benz AG mit Dornier und Teilen der Firma AEG zur Dasa verschmolzen wurde. Die Dasa wiederum ging im Juni 2000 im europäischen Luft- und Raumfahrtkonzern EADS auf.

Der Mensch als Vogel

In Baden-Württemberg wurde die Welt also nicht nur auf Räder mit Motorantrieb gesetzt. Schwaben und Badener haben den Menschen auch Flügel verliehen, mit denen sie heute bis in den Weltraum fliegen. Zu den ersten Männern, die sich in die Lüfte wagten, zählte übrigens ebenfalls ein Schwabe: Albrecht Ludwig Berblinger, besser bekannt als »Schneider von Ulm«. Anfang des 19. Jahrhunderts entwickelte der Schneidermeister einen Hängegleiter. Die Ulmer Schneiderzunft war empört und drohte ihm den Rauswurf an, wenn er seine zunftfremde Tätigkeit nicht unverzüglich einstelle. Das hinderte Berblinger allerdings nicht daran, weiter an der Verbesserung seines Flugapparats zu arbeiten. Davon hörte im fernen Stuttgart sogar König Friedrich I. von Württemberg, der dem Schneider spontan 20 Goldmünzen spendete. Doch als der König im Mai 1811 mit seinen Söhnen nach Ulm reiste, um die erste öffentliche Flugvorführung auf der Adlerbastei mit anzusehen, musste Berblinger wegen technischer Probleme einen Rückzieher machen. Der zweite Versuch am nächsten Tag scheiterte dann an Hektik und an ungünstiger Thermik. Unter dem Gejohle der Menge stürzte der Schneider in die Donau. Vergessen und verarmt starb er 1829 in einem Ulmer Hospiz.

Gut ein Jahrhundert später dichtete Bertolt Brecht: »Die Glocken sollen läuten, es waren nichts als Lügen. Der Mensch ist kein Vogel, es wird nie ein Mensch fliegen, sagte der Bischof den Leuten.« Mit seinem hintersinnigen Gedicht über den »Schneider von Ulm« brachte Brecht die Lebens- und Arbeitsphilosophie der schwäbischen Automobil- und Luftfahrtpioniere auf den Punkt: niemals aufgeben, sondern beharrlich das eigene Ziel verfolgen – seien die Widerstände auch noch so groß. Dann wird es schon gelingen. Danach haben sie alle gehandelt: der Benz und seine Frau Berta, der Daimler und der Maybach, der Professor Porsche und sein Sohn, der Graf Zeppelin, der Bosch, der Eberspächer und der Behr. Und am Ende haben sie alle recht behalten – auch der Schneider von Ulm.

Der in Stuttgart geborene Philosoph Georg Wilhelm Friedrich Hegel schrieb Anfang des 19. Jahrhunderts in der Einleitung zu seinem Hauptwerk, der »Phänomenologie des Geistes«, dass »diese Furcht zu irren schon der Irrtum selbst ist«. Der amerikanische Konzeptkünstler Joseph Kosuth hat diesen berühmten Halbsatz Anfang der neunziger Jahre als Leuchtschrift an der Front des Stuttgarter Hauptbahnhofs angebracht. Auch darin spiegelt sich das Selbstverständnis der Technikpioniere aus Württemberg und Baden wider. Denn »Furcht zu irren« hatte keiner von ihnen. Sie haben sich durch nichts beirren lassen. Das machte ihren Erfolg aus.

Sich regen bringt Segen. Die schwäbische Industrie und ihre religiösen Quellen

Mancher nennt sie heute noch »Fundamentalisten« und denkt dabei an die islamistischen Ayatollahs. Die Rede ist von den schwäbischen Puritanern, den Pietisten, früher einmal »die Stillen im Lande« genannt. Gemeint ist bei diesem Fundamentalistenvergleich, der wie jeder Vergleich hinkt, weniger die militante, menschenverachtende Rigorosität als vielmehr die Ernsthaftigkeit, mit der nach der biblischen Heilsbotschaft gelebt, mit der sie verkündet wird. Aber während der strenge Islamist sein Leben, seine Existenz und die anderer am Koran ausrichtet, strebt der Pietist – und diese Gattung evangelischer Gläubiger ist noch lange nicht ausgestorben – nach einem »aus selbst erfahrener Frömmigkeit gestalteten, tätigen Leben«. Wohlgemerkt: kein beschauliches, frömmelndes Leben, das sich nur in der »Gemeinschaft«, in den Betstunden, also »en dr Schtond« verwirklicht, sondern ein tätiges Leben. Ein bisschen schwingt da immer das alttestamentliche Wort aus Prediger 3, Vers 22 mit: »So sah ich denn, dass nichts Besseres ist, als dass ein Mensch fröhlich sei in seiner Arbeit; denn das ist sein Teil.« Aber auch das strenge Verdikt des Apostels Paulus: »… so jemand nicht will arbeiten, der soll auch nicht essen.«

Je nach Herkunft, Alter, Sozialstruktur und Vermögenslage fühlt sich jeder dieser Menschen von Gott an seinen Platz gestellt, ob in der Industrie, dem Handel, der Landwirtschaft oder draußen in der alten Pietistengemeinde Korntal, die sich immer als »Wartestation auf das Kommen des Herrn« verstand. Der Schwabendichter Ludwig Finckh aus Reutlingen fasste das so zusammen: »So ist es uns von Gott gegeben, Frau und Mann, / Unsereiner kann nur leben, wenn er schaffen kann. / Auf Erden seine Kraft erproben – ausruhen dann im Himmel droben.« Klar, die Zehn Gebote gelten für den Pietisten genauso wie für den klassischen Protestanten oder den Katholiken. Was ihn unterscheidet, ist auch nicht unbedingt die fromme Überzeugung – die findet man auch unter anderen Glaubensbekenntnissen. Nein, es ist die Lebensführung, die das eigene weltliche Tun wie das der anderen an der religiösen Messlatte misst. Das gilt für das Leben und Lieben, für Lernen und Arbeiten, auch für die Beurteilung von Staatskunst und Regierungsarbeit. Also doch eine innere Verwandtschaft mit den Islamisten? Zumindest insoweit, als dass im Zweifel allein das Wort gilt – das der Heiligen Schrift. Deshalb gab es – trotz all der Dichter und Poeten rundum – in vielen schwäbischen Haushalten früher nur die Bibel und das Stark'sche Gebetbuch. Das Buchstabieren und Lesen lernten die Schwabenkinder noch im vorletzten Jahrhundert hauptsächlich anhand religiöser Texte aus dem Spruchbuch oder dem Gesangbuch. Oder auch mithilfe des ABC-Büchleins, einer »Sammlung von auserlesenen Wörtern, Namen, Biblischen Sprüch- und Gebettlein, samt dem Brenzischen Catechismo«. Johannes Brenz aus Weil der Stadt (1499 bis 1570) war der württembergische Reformator gewesen.

Gegen Luxus und Fleischeslust

Ein fester Glaube und religiöse Tugenden waren, vor allem in ländlichen Gegenden, das Rüstzeug für das Leben. Bei den Pietisten kamen ein paar weitere Ziele dazu: das Priestertum aller Gläubigen – weshalb der Pfarrer im Kreise seiner »Brüder« keinen Talar trug – und die »lebendige Verkündigung«, die auch erzieherischen und missionarischen Eifer mit einschloss. Misstrauisch beäugt, ja schroff abgelehnt wurden und werden zum Teil noch heute jeder lebenslustige, weltliche Frohsinn, der Luxus, die Unmäßigkeit, die Fleischeslust sowieso. Während für den Katholiken der Fasching zum Kirchenjahr zählt wie Ostern und Weihnachten, ist für den Pietisten diese lustbetonte Ausgelassenheit vor der Fastenzeit schlicht Sünde. Noch heute kommt es in pietistischen Landstrichen vor, dass Erzieherinnen am Faschingsdienstag maskierte, bemalte oder verkleidete Kinder wieder nach Hause schicken. Äußerliche Reizmittel sind jedenfalls verpönt, gleichgültig aus welchem gesellschaftlichen Anlass. Fleiß, Sparsamkeit, Gottgefälligkeit, das waren die Gebote.

Es ist ein Teil jenes Mutterbodens, auf dem der »schwäbische Tüftler« gedieh. Moderne Psychologen würden diese Tugend heute als Sublimierung beschreiben. Weil er auf viele Lustbarkeiten des Lebens verzichten musste, experimentierte der Tüftler so lange in seinem Kämmerlein, bis er die Lösung eines Problems gefunden hatte: für sich zur Befriedigung, für die Welt zum Gewinn, und ansonsten Gott zur Ehre.

Als Prototyp dieser kongenialen Verbindung von Frömmigkeit, Lustverzicht und Erfindergeist galt der pietistische Pfarrer Philipp Matthäus Hahn (1739 bis 1790), geboren in Scharnhausen auf den Fildern. Er machte sich nicht nur einen Namen als »Schwabenvater« durch seinen geistlichen Dienst in den Pfarreien von Onstmettingen, Kornwestheim und Echterdingen. Durch seine feinmechanischen Erfindungen (unter anderem Fernrohr, Rechenmaschine, Neigungswaage) stieg er zu einem der ersten Start-up-Pioniere auf und gab durch seine Waagenproduktion in Onstmettingen der späteren Zollern-Alb-Region entscheidende industrielle Impulse. Nach seinem Tod vermeldete sein Dekan dem kirchlichen Konsistorium in Stuttgart: Der Magister sei ein »tiefer Selbstdenker« gewesen, der sich nicht nur bemüht habe, »das Reich Christi auszubreiten«, sondern der auch »privatim die Wissenschaften« befördert habe – »besonders in mathematischen und astronomischen Sachen«. So habe er sich und seinem erfinderischen Geist »hienieden« ein rühmliches Denkmal schon dadurch gesetzt, dass er die »von dem berühmten Leibniz zwar etwas angefangene« Rechenmaschine vollendet habe.

Ingeniöse Pietistensöhne

Dieses Vorbild fand Nachahmer. Von da an blühte das Erfindertum im Land auf, wobei nicht gesagt sein soll, dass alle Erfinder auch Pietisten gewesen wären. Berthold Leibinger, der Seniorchef des Maschinenbauunternehmens Trumpf und frühere Korntaler Gymnasiast, vertritt eine andere These: Pietismus und Feinmechanik hätten »keine selbstverständliche Symbiose« entwickelt. Es seien oft die Söhne von Pietisten gewesen, die unternehmerisch tätig geworden seien: »Sie brachten Gedanken des Pietismus in ihre Arbeit ein, ohne selbst am pietistischen Leben teilzunehmen.«

Von den Neuerern seien stellvertretend genannt: Gottlieb Daimler und Wilhelm Maybach (Automobil), Ferdinand Graf von Zeppelin (lenkbares Luftschiff), Wilhelm Emil Fein (elektrische Bohrmaschine), Matthias Hohner (Mundharmonika), Margarete Steiff (Stofftiere), Friedrich Wilhelm Märklin (elektrische Modelleisenbahn), Robert Bosch

(Magnetzünder, Zündkerze), Ernst Heinkel (düsengetriebenes Flugzeug), Artur Fischer (Dübel), Louis Leitz (Ordner), Richard Hirschmann (Bananenstecker) und Waagenerfinder Wilhelm Kraut, über dessen Produkt der Volksmund spottete: »Es ist der Trost der toten Sau, Bizerba wiegt sie ganz genau«.

In der Tat weist die Statistik Baden-Württemberg eindeutig als Heimat der Tüftler, der sogenannten Brettlesbohrer, aus. Es gibt keinen Landstrich in Europa, wo so viele Patente pro Kopf der Bevölkerung angemeldet werden wie in Deutsch-Südwest. Was die Städte betrifft, so steht Stuttgart mit über 140 Patenten pro 100 000 Einwohner an erster Stelle auf dem alten Kontinent. Der Erfindungsreichtum steht in krassem Gegensatz zu den fehlenden natürlichen Rohstoffen. Außer Salz und Mineralwasser gibt es nichts zwischen Bodensee und Neckarmündung, was eine Industrialisierung begründen könnte; keine Erze, keinen Stahl (von einem Klacks längst abgebauten Brauneisens bei Aalen abgesehen), keine Kohle, kein Aluminium, kein Öl – nur geistige Kräfte und handwerkliche Geschicklichkeit. Es herrschte im vorindustriellen und vorkapitalistischen Zeitalter die blanke Not. Selbst die Äcker waren auf der Schwäbischen Alb nur Steinwüsten; Milch und Honig flossen anderswo.

Tüfteln und verzichten

Der Soziologe Max Weber entwickelte aus diesen Beobachtungen eine eigene Theorie (»Die protestantische Ethik und der Geist des Kapitalismus«), mit der er den Schwaben gleichsam ein Denkmal setzte: Rohstoffarmut plus Protestantismus gleich Leidenschaft für das Tüfteln und Kapitalakkumulation durch Verzicht. Die Grundlage für den Kapitalismus könnte nicht besser definiert sein. Tatsächlich klingt Max

Webers These plausibel, wonach die protestantische Lehre den Unternehmungsgeist des Menschen beflügelt. Weber stellte sich damit in Gegensatz zu Karl Marx, der die Sache gerade umgekehrt sieht: Erst der Unternehmungsgeist und die Tüftelei habe die protestantische Religion ermöglicht (»Das Sein bestimmt das Bewusstsein«).

Heute wird Weber wieder angezweifelt – und zwar von Wirtschaftshistorikern, die vergleichende statistische Analysen zu anderen Ländern und Regionen anstellten. Danach kommen etwa die zum Teil katholischen – jedenfalls selten pietistischen – Badener auf die annähernd gleiche Zahl von Unternehmensgründungen wie die Württemberger. In Mecklenburg-Vorpommern – ebenso rohstoffarm und ursprünglich einmal evangelisch – müsste es nach dieser Logik ebenso sein. Ist es aber nicht, Mecklenburg-Vorpommern schafft gerade mal ein Zehntel der Erfindungen Baden-Württembergs. Thomas Herzig vom Landesmuseum für Technik und Arbeit in Mannheim stellt deshalb resignierend fest: »Es gibt keine wirklich überzeugende Theorie, warum der deutsche Südwesten so viele Erfinder hervorbringt.«

Wenn die Begründung also wissenschaftlich nicht funktioniert, dann könnte doch der spezielle schwäbische Protestantismus und seine Sonderform, der Pietismus, eine Rolle gespielt haben. Jedenfalls haben auch spätere Erfinder wie Robert Bosch, Friedrich Voith oder Wilhelm Kraut ihre Wurzeln im Pietismus, also in einer strengen Innerlichkeit. Und in einer starken Moral. So hat Robert Bosch, der bei Weitem nicht so »rot« war, wie er später gern gemacht wurde, seinen leitenden Mitarbeitern ins Stammbuch geschrieben: »Jede Arbeit ist wichtig, auch die kleinste. Es soll keiner sich einbilden, seine Arbeit sei über die seiner Mitarbeiter erhaben.« Und seiner Firma gab er eine Art Grundgesetz mit auf den Weg: »Immer habe ich nach dem Grundsatz gehandelt: lieber Geld verlieren als Vertrauen. Die Unantastbarkeit meiner Versprechungen, der Glaube an den Wert meiner Ware und an mein Wort standen mir stets höher als ein vorübergehender Gewinn.« Da ist er wieder, der feste Glaube, von den Vätern übernommen – an seinem Geburtsort Albeck auf der Schwäbischen Alb, und in Ulm, wo er aufwuchs. Nebenbei: Der Vater des kleinen Robert war Land- und Gastwirt, und kehrte seiner Ortschaft 1869 den Rücken, weil sie und damit ihre Zukunft von der neuen Bahnlinie Ulm – Crailsheim links liegen gelassen wurde. Ein früher Beweis für die Mobilität der Schwaben.

Messbar und auf einer breiteren Basis sichtbar wird der Erfindergeist in Württemberg erst im 19. Jahrhundert, als auch in die technische Ausbildung investiert wurde, als Realgymnasien und polytechnische Hochschulen gegründet wurden, zum Beispiel die Vorläuferin der Universität Stuttgart. Gefördert wurde diese Entwicklung nicht nur durch König Wilhelm I., der sich mit vielerlei Reformen mühte, sein armes, kleines Reich zu einem musterhaften Gewerbeland umzuformen. Gefördert wurde das auch durch Köpfe wie Friedrich List, den aufmüpfigen Eisenbahn- und Freihandelspionier (1789 bis 1846), und Ferdinand Steinbeis (1807 bis 1893), dem Präsidenten der »Zentralstelle für Handel und Gewerbe« in Stuttgart. Er baute ein modernes Unterrichtssystem auf, präsentierte den Gewerbetreibenden die jeweils neuesten Maschinen, vermittelte Darlehen und Reisestipendien an bildungswillige Handwerker. Sie sollten sich im Ausland den Wind des Fortschritts um die Nase wehen lassen. Nebenbei: Steinbeis stammte aus Ölbronn, wo sein Vater evangelischer Pfarrer war.

Arbeit als großer Segen

Sein Gegenpart am anderen Ende der sozialen Leiter war der Dorfpfarrer Friedrich Wilhelm Köhler (1754 bis 1810) aus Birkach bei Stuttgart. Um zu verhindern, dass Jugendliche durch die Nähe der großen Stadt zu Untätigkeit und Bettelei verführt würden, gründete er eine Spinnanstalt – genau genommen die erste Industrieschule in Württemberg. Sein Programm ist repräsentativ für das damalige Schwabenland: »Paragraf 1: Der Mensch ist zur Arbeit erschaffen. Paragraf 2: Arbeit ist ein großer Segen für die Menschen. Regelmäßige Arbeit stärkt unsere Gesundheit, weckt und vermehrt die Kräfte des Leibes und der Seele, ordnet unsere Gedanken und Begierden, macht heitere und frohe Menschen [...]. Paragraf 3: Nur dies ist die wahre Ruhe, welche auf vollbrachte Arbeit folget [...]. Paragraf 4: Dem, der die Arbeit gewohnt ist, schmeckt ein erarbeitetes Brot süßer als ein geschenktes [...]. Paragraf 5: Wem Gott viele Kinder bescheret, dem bescheret er damit auch viele Hände, die zur Erwerbung der vermehrten Lebensbedürfnisse behilflich sein können [...].« Und er schließt mit dem Wunsch, »dass durch frühe Bildung der Jugend zu Gottesfurcht, Fleiß, Emsigkeit und Gewerbsamkeit die Nachkommenschaft gebessert und jeder Einwohner unseres guten Vaterlandes in jedem Stande unter dem Segen Gottes seines Daseins froh werden möge.« Köhler war Sohn des Mesners von Sankt Leonhard, einer der wichtigsten Stuttgarter Kirchen.

Zum Mythos von Fleiß und Erfindungsreichtum trägt bei, dass die Wiege der großen Tüftlergeister oft im Schatten der Kirchtürme stand: im schwäbischen Pfarrhaus. Diese Institution prägte die evangelische Welt wie der Jesuitenorden die Katholiken. Prägend war das Pfarrhaus vor allem für das, was man heute Wertesystem nennt. Wer in diesem Mikrokosmos groß oder alt geworden ist, weiß für alle Ewigkeit, was richtig und falsch ist, kann demnach die »reachte Leit« von »de Lompa«, dem Lumpengesindel, unterscheiden. Dabei war der Held des Pfarrhauses nicht immer der Pfarrer, sondern oft die Pfarrfrau. Sie hatte dem Herrn Magister zwar viele Kinder zu gebären und die hungrigen Mäuler zu stopfen. Gleichwohl war sie oft die Chefin im Kirchenchor oder in der Kinderkirche, war Anlaufstelle für die Gestrauchelten und Vorbild für alle anderen Frauen. Sie musste Küchenarbeit, Gartenarbeit und Sozialarbeit leisten und gleichzeitig auch ansprechbar sein für die gebildeteren Schichten – nicht nur in Fragen der Religionsauslegung. »Die Pfarrfrau musste regieren, ohne zu herrschen«, beschrieb der Volksmund ihre Rolle treffend.

Weltoffene Bildung galt im Pfarrhaus etwas, weshalb auch diejenigen Pfarrsöhne, die nicht in die Fußstapfen des Vaters treten wollten, den Geist des Protestantismus als Lehrer in die Schulen und Universitäten, in die öffentliche Verwaltung und in das Staatswesen trugen. Spätestens in Nazi-Deutschland wurde dieses tragfähige Gerüst positiv registriert. Die württembergische Landeskirche war eine der wenigen, die unter ihrem Bischof Theophil Wurm zusammenhielt und sogar gegen den Gauleiter Wilhelm Murr opponierte. Bonmot aus den braunen Jahren: »Den Murr wurmts, dass der Wurm murrt.« Das tat er oft und mit Erfolg. Auch das erste öffentliche Schuldbekenntnis evangelischer Kirchenführer, während der Nazi-Herrschaft gefehlt zu haben, wurde nach dem Krieg in Stuttgart formuliert.

Stiftler und der Pietcong

Geistiges Zentrum der Protestanten war das Tübinger Stift. Es bildete die Theologen aus, sorgte auch für dauernden Pfarrerzufluss in die Gemeinden. »Es gibt wohl keine Bildungsinstitution in Deutschland, die unsere Geistesgeschichte so bereichert hätte, wie das Tübinger Stift«, urteilte Erhard Eppler, schwäbischer Pfarrersohn und sozialdemokratischer Vordenker. »Pietcong« nannte ihn deswegen einst Herbert Wehner, eine nicht gerade freundliche Anspielung auf Epplers pietistischen Hintergrund und seinen Kampfgeist. Leicht spöttisch antwortet Eppler mit Bezug auf das Tübinger Stift: »Dass Hegel, Hölderlin und Schelling als Stiftler miteinander diskutierten, wissen die wenigsten der chinesischen und russischen Kommunisten, die sich auf jenen Karl Marx berufen, der Hegel vom Kopf auf die Füße stellen wollte.«

Nicht gerade im Tübinger Stift, aber spätestens in den Pfarrhäusern, in den Betstunden und im »organisierten« Gemeindeleben pflegte man zur Bildung der eigenen Identität auch Feindbilder. An erster Stelle der Widersacher standen die Katholiken, die man als »scheinheilig« einstufte. Darauf folgten später die »Sozen« und Freidenker, weil die an gar nichts glaubten, doch das war weniger schlimm als die Scheinheiligkeit. Schließlich ergänzten die Preußen das Spektrum der natürlichen Gegner. Anders als bei den Bayern trug das flüssigere, gepflegtere Deutsch der Nordlichter, also die »große Gosch«, zu der Abneigung der Schwaben bei. Schwäbisch galt nicht nur im privaten wie dienstlichen Umgang als salonfähig, insbesondere das höhere Pfarrhausschwäbisch – es galt vor allem als das ehrlichere Idiom. »Der Dialekt ist die Seele der Sprache«, hat der ehemalige, aus dem Südwesten stammende Dresdner-Bank-Vorstand Manfred Meier-Preschany herausgefunden.

Mit dieser klaren Frontstellung konnte man gleichermaßen in der Politik und der Staatsverwaltung etwas werden und den protestantisch-pietistischen Geist in das öffentliche Leben hineintragen. Der Pfarrer galt in der Gemeinde etwas, als Akademiker mehr jedenfalls als der Dorfschultheiß. Mit seinem Einfluss war er Teil der Obrigkeit. Schließlich war er Vorsitzender des Kirchenkonvents, in dem nicht nur liturgische Themen besprochen wurden, sondern auch anstößige Verhaltensweisen von Gemeindeschäflein. So musste sich ein so genialer Erfinder wie Philipp Matthäus Hahn pfarramtlich mit Faulpelzen, Almosenempfängern und illegitimen Beischläfern herumschlagen samt deren im fünften Monat schwangeren Bräuten. Der Einfluss dieser Konvente war oft stärker als jener der weit entfernten Stuttgarter Obrigkeit.

Keine Frage, Kirche war im Schwäbischen eine Macht mit großem Einfluss auf geistlichem, geistigem wie auf weltlichem Terrain. Dieser Einfluss wurde gepflegt und ausgeübt. Das galt auch, vor allem in ländlichen Gegenden, für die Aufsicht über kommunale Kindergärten. Erzieherinnen wurden vom Kirchengemeinderat auf ihre Glaubensfestigkeit gemustert und eingestellt oder – wenn nicht fromm genug – auch abgewiesen. Dies geschah und geschieht unter Duldung der weltlichen Gemeindemacht, die den Bau der Kindergärten finanziert und die Erzieherinnen bezahlt. Dass gegen eine solche Infiltration kein sozialdemokratischer Kandidat oder Amtsträger erfolgreich anrennen konnte, lag in der Verschmelzung von Pfarrhaus und Rathaus. Der Bürgermeister, selbst wenn er liberalerer Herkunft war, traute sich nicht gegen die kirchliche Autorität aufzutreten. Sie wäre in der Lage gewesen, dem Gemeindeoberhaupt jede politische Niederlage zuzufügen – spätestens bei der nächsten Wahl.

Schock für Betstundengänger

Das alte Württemberg war protestantisch. Erst Napoleon hat am Anfang des 19. Jahrhunderts aus dem Herzogtum Württemberg ein Königreich gemacht und Oberschwaben, Hohenlohe sowie Reichsstädte wie Ulm, Heilbronn, Reutlingen, Schwäbisch Hall oder Rottweil hinzugeschlagen. Mit diesem Wurf wurde aus dem protestantischen Württemberg ein Reich, das zum Unglück aller »Betstundengänger« auch ein Drittel Katholiken beherbergte.

Komplett harmonisiert hat sich dieser Kontrast trotz aller Ökumene bis heute nicht, auch wenn die Globalisierungsideologen und die modernen Multi-Kulti-Säusler dies geflissentlich übersehen. Aber wer am Faschingsdienstag vom evangelischen Tübingen ins fünf Kilometer entfernte katholische Rottenburg (dem Bischofssitz Rottenburg-Stuttgart) reist, kann die Konfessionsgrenze nicht mehr ignorieren. Während in Tübingen einfach weitergeschafft wird, als wäre nix, ist in Rottenburg der Bär los. In den Wirtshäusern und auf den Straßen wird gefeiert. Wenn es die Februar-Temperaturen zulassen, sind die Mädchen, wenn auch »narret« geschminkt, nur leicht bekleidet. An jeder Ecke, in jedem Gasthaus spielt eine Blaskapelle, und das Remmidemmi geht bis weit nach Mitternacht, bis eben die Fastenzeit anbricht. Dann müssen auch die Weiberei, die Wollust, die Völlerei und das Besäufnis ein Ende haben.

Überhaupt die Konfessionsgrenze. Wer sie sucht, braucht am Faschingsdienstag nur einige Ortschaften auf der südlichen Seite der Schwäbischen Alb abzuklappern. Dort, wo tagsüber schon gefeiert, geschunkelt und gesungen wird, ist man im katholischen Teil des Landes. Dort, wo aus Trotz, aber mit hohem Befriedigungsgrad, gearbeitet wird, im evangelischen Teil. Man arbeitet an diesem Tag bevorzugt im Freien, damit auch jeder sehen kann, dass man mit den scheinheiligen Katholiken nichts am Hut hat. Die haben es ja leicht: Die können ihre Fleischessünden hernach beichten …

Damit es aber nicht so aussieht, als gebe es Arbeitsethik nur auf protestantischer Seite, sei an den barocken Prediger und Schimpfer Johann Ulrich Megerle alias Abraham a Sancta Clara erinnert, der aus der Gegend von Meßkirch stammte und unter anderem gegen die Faulheit wetterte: »Der Müßiggang ist der Tugend Stiefvater, des Teufels Faulbeet, der Rost eines ehrlichen Gemüts, der Tugend Untergang, der Laster Anfang.« Katholische Autoritäten untersuchten 1772, weshalb der Wohlstand in evangelischen Gegenden stärker zunehme als in christkatholischen. Ergebnis: Weil die Protestanten keine Klöster hätten, sei Fleiß die einzige Quelle ihrer Nahrung. Außerdem versäumten sie keine Zeit mit langen Gottesdienstritualen und Wallfahrten und könnten, weil sie weniger Feiertage hätten, »an einem Stück fortarbeiten«.

Ordnung und Sauberkeit

Aus dieser viel zitierten Schaffwut, die es anderen gern zeigt, resultiert auch die berühmte Kehrwoche. Im evangelischen Württemberg kam ab dem 16. Jahrhundert eine Vielzahl von Erlassen heraus, wobei nicht wenige davon formuliert wurden, um die Menschen zu »Ordnung und Sauberkeit im häuslichen Umfeld« anzuhalten. Es muss den Schwaben wie eine göttliche Eingebung vorgekommen sein. Sie haben nicht gemault, sie haben nur noch geputzt. Für Zugezogene ist die Kehrwoche ein Gräuel, für manche gar ein Eingriff in die Privatsphäre, und für Radikale, also zugezogene Katholiken, Sozen oder Preußen, schlicht eine »Sauerei«. Er sei nach seiner Pensionierung von Stuttgart nach München gezogen, schrieb ein Journalist seinen Kollegen von der »Stuttgarter Zeitung«. Dort gebe es »keine Kehrwoche, nur eine Karwoche«. Und die sei leichter auszuhalten.

Ganz offensichtlich steht die Kehrwoche auch ein wenig für die Tugenden des Pietismus. »Das Schwäbische«, schreibt Theodor Heuss in seiner Biographie über Robert Bosch, »lebt aus einer Spannung zwischen spekulativer Phantasie und einer leicht pedantischen, rechenhaften Genauigkeit.«

So gesehen ist Baden-Württemberg beinahe ein geteiltes Land, das erst noch wirklich zusammenwachsen muss. Auf der einen Seite teilen sich Pietisten, Protestanten, Katholiken und inzwischen auch Muslime die Scholle, auf der anderen Seite ist das Land sprachlich in schwäbische, südbadisch-alemannische und fränkische Segmente aufgeteilt. Die Grenze zwischen Schwäbisch und Alemannisch – eigentlich derselben Sprachfamilie entstammend – verläuft in nordsüdlicher Richtung etwa in der Mitte des Schwarzwaldkamms und biegt dann südlich der Schwäbischen Alb ab in Richtung Bodensee nach Osten, wobei Alemannisch dann im westlichen Teil, also vorwiegend in Baden, gesprochen wird. Der Grenzverlauf der verschiedenen Dialekte ist schwerer auszumachen als der zwischen den Konfessionen. Lediglich in der künstlich zusammengeschmiedeten Stadt Villingen-Schwenningen ist der Bruch offenkundig: Die Sprachgrenze verläuft exakt durch die Zwillingsstadt – Villingen ist ursprünglich alemannisch, Schwenningen schwäbisch.

Immerhin, die alte württembergisch-badische Staatsgrenze verlief ebenfalls zwischen den beiden heutigen Teilstädten. Das ist auch heute noch sichtbar. Da die Identität von Schwaben und Badenern noch nicht komplett durch eine baden-württembergische ersetzt worden ist, hat sich zumindest an solchen Kristallisationspunkten der kulturelle Unterschied konserviert. Das ist jedoch keineswegs kontraproduktiv, sondern eher reizvoll und sorgt für Farbe.

Gewerbsmäßig ausgerichtete Kreativität

Zugezogene brauchen allerdings lange, bis sie die Unterschiede feststellen, erst recht, wenn sie nicht den Faschingsdienstagstest machen. Zwar soll der Wein im badischen, vor allem südbadischen Landesteil besser sein als in Württemberg, aber auch das wollen die Schwaben nicht mehr einfach hinnehmen. Gleiches tut sich auch beim Thema Küche. Die regionalen Besonderheiten werden heute durch die Internationalisierung des Restaurantangebots fast egalisiert. Man isst italienisch, spanisch, griechisch, türkisch, asiatisch, und die exotischen Zutaten der zugewanderten Köche finden wie selbstverständlich Eingang auch in die schwäbische Küche. Was die Schwaben dennoch von den Badenern unterscheidet, ist ihre gewerbsmäßig ausgerichtete Kreativität und ihre Schaffenskraft, die der schwäbische Autor Thaddäus Troll für jedermann nachvollziehbar auf den Punkt brachte. »Der schwäbische Erwerbssinn, verbunden mit beharrlichem Fleiß; der Hang zur Unabhängigkeit und die Fähigkeit, sich in ein Problem zu verbeißen, es von allen Seiten anzupacken; der Drang zum Sinnieren und Tüfteln, die gute Schulbildung; die Tradition feinmechanischer Genauigkeit, die pietistische Verpflichtung zur Zuverlässigkeit und Gediegenheit haben den Schwaben zum Erfinder und Unternehmer prädestiniert.«

Das ist es, was den Schwaben auszeichnet und ihn von den anderen Volksstämmen unterscheidet, ja zum erfolgreicheren Menschen macht – gerade in Zeiten der Globalisierung. Selbst die in München ansässige »Süddeutsche Zeitung« hat dies erkannt: »Das geistige Klima einer Gesellschaft ist für ihren wirtschaftlichen Erfolg entscheidend. Management-Beratungskonzepte kranken daran, dass sie Erfolgsrezepte narrentauglich standardisiert anbieten wollen. Von den Schwaben lernen, heißt zwar siegen lernen. Aber dazu gehört auch die entsprechend demütige Haltung, gehören Beharrlichkeit und Fleiß. Und das hat man eben, oder man hat es nicht.«

Der Schwabe hat es eben. Beweis: Es waren schwäbische Verleger, die vor Jahren der »Süddeutschen Zeitung« mit einer Millionenbeteiligung aus einer finanziellen Patsche halfen. Allerdings bestimmt nicht nur aus christlicher Nächstenliebe oder gar zum eigenen Nachteil. Denn die Schwaben können außer arbeiten und erfinden noch etwas: gut rechnen.

Schwaben verstehen. Von der Sääle und sonstigem Mäusleszeugs

JasabberloddkennedSiaihrnScheißkarraihrnversoichtanedda-naandersHausecknastella, SiaLellabäbblSiableedr?

»Verstandez-vous?«, pflegt da der Schwabe zu fragen. Oder genauer: »Haben Sie es begriffen?« Übersetzt und gereinigt und zudem nett formuliert heißt obige Bitte: »Könnten Sie bitte ihr Fahrzeug anderswo parken?«

Zugegeben, Schwäbisch ist als Mundart ein bissle schwierig. Oder auch nicht, weil nämlich viele Schwaben glauben, ihr Idiom sei gar keine Mundart, sondern eine eigenständige, alte und verehrungswürdige Sprache, geboren aus der keltisch-alemannisch-fränkischen Tradition und verwandt mit anderen Weltsprachen – dem Französischen, dem Portugiesischen und dem Chinesischen, zum Beispiel.

Ehe wir das näher untersuchen, sei eingeräumt, dass der Schwabe sich, wenn er erst einmal sein Maul aufmacht, schlecht verbergen kann hinter seiner Sprache. Das ist so ähnlich wie bei den für ihre individuelle Ausdrucksweise ebenfalls heiß geliebten Sachsen. Die hört jeder gleich aus tausend anderen heraus. Den Schwaben auch.

Da saß kürzlich ein schwäbischer Fabrikant in einem Hamburger Restaurant und hörte zu, wie sich am Nebentisch einige norddeutsche Jungmanager unterhielten: über Globalisierung, Rationalisierung und Hebung der Gewinnmargen durch Senkung der Personalkosten. Zum Schluss mischte er sich höflich ein: »Gellet'se, meine Herra, des ka'mr nadierlich au ganz anderschter seha.«

»Sie sind Württemberger, nicht wahr?«, fragte einer zurück.

»Noi, aber a Schwab – ond an was hend Sie des jetzt gmerkt?«, antwortete der Fabrikant, und lachte sich halb tot, weil diese alte Geschichte, das erste Mal von einem Tübinger Professor in Frankfurt am Main ausprobiert, noch immer funktioniert. Ja, Württemberger glaubt man schnell orten zu können. Nur versteht man sie so schlecht, und das hat Folgen.

Zum Beispiel in der Popmusik. In den siebziger und achtziger Jahren wurde es in deutschen Landen Mode, Rock'n' Roll mundartlich einzufärben und so für Bodenhaftung zu sorgen. Am Rhein sang Wolfgang Niedecken mit seiner Gruppe BAP »Dat däät joot« – und die Republik jubelte, obwohl sie Kölsch ausschließlich für eine Biersorte hielt. An der Isar machte sich die Spider-Murphy-Gang lustig über die Münchner Schickeria, und selbst in Hamburg war man amüsiert.

Preußen verstehen Bahnhof

Und in Stuttgart? Da sang Wolle Kriwanek, dieser Bluesbarde mit der schwarzen Stimme, von »dr Straßabah«, die er noch »kriaga« müsse: »Bloß dr Fenfr brengt mi hoim.« Und? Die Schwaben sangen das Lied von der damals noch nach Stammheim führenden Linie 5 lauthals mit, doch jenseits der Sprachgrenze verstanden alle Bahnhof. Oder bestenfalls Gefängnis, Vollzugsanstalt, Isolationshaft. Schade. Selbst der Heimatsender kniff, mit Rücksicht auf empfindsame preußische Gehörgänge.

Oder die Literatur. Obwohl die Schwaben einen erheblichen Teil der deutschen Bevölkerung stellen, bekommen sie kaum tragende Rollen in Romanen und Erzählungen. Und schon gar keine, in denen sie schwäbisch babbeln oder bäbbern dürften. Erstens, weil sich die Autoren im Umgang mit den trauten Lauten zu Recht unsicher sind. Und zweitens, weil sich Tragisches, Mafiöses und Mörderisches so schlecht in dieser heimelig klingenden Sprache ausdrücken lässt. Schließlich klingt die Drohung »I mach de he« (»Ich bring dich um«) nicht viel gefährlicher als die Ankündigung »I lach me dood«. So nahe liegen Mord und Heiterkeit.

Aus diesem Grund bleibt es, literarisch betrachtet, bei Frau Stöhr, jener Musikersgattin aus Bad Cannstatt, die Thomas Mann in seinem Zauberberg verewigt hat. Laut Hans Castorps lungenkrankem Vetter Joachim Ziemßen war sie »das Ungebildetste, was ihm jemals vorgekommen«. Und warum? Weil sie, die klatschsüchtige und allzeit schlaffe Schwäbin, den Assistenzarzt einen »Fomulus« nannte, von »Desinfiszieren« plapperte und »Sterilett« statt Stilett sagte. Und so weiter. Selbst Thomas Mann traute sich nicht, ihr ein schwäbisches Wort in den Mund zu legen. Er fürchtete wohl, sich zu blamieren.

Sääle und Straßenbahn

Die Frage ist, was denn so schwierig sei an dieser Sprache. Da fällt die Antwort der Sprachforscher ganz einfach aus. Erstens die Vokale, zweitens die Zwielaute; drittens die Konsonanten; viertens der eigene Wortschatz; fünftens das Geschlecht;

sechstens die Verkleinerungsformen; siebtens, vor allem im Bereich des Filstales und der Ostalb, ein gewisser Singsang, der schon etwas Ostasiatisches an sich habe. Aber das, bitte schön, ist schon alles.

Nein, wir werden jetzt kein Mundartseminar »Schwäbisch für Reingeschmeckte« auflegen. So etwas kann man in Buchhandlungen kaufen. Aber ein paar Erklärungen sind fällig.

Erstens: die Vokale. Bei e, i und u gibt es wenig Abweichungen von dem, was der Schwabe »Hochdeutsch« nennt. Oder doch? Zumindest früher konnte man die Protestanten und Katholiken im Ländle einfach dadurch unterscheiden, dass man sie das Wort »Seele« aussprechen ließ. Der evangelische Mund sprach, breit schwäbisch, von der »Sääle«, der katholische Gaumen artikulierte ein helles »Seehle«, das für den Protestanten klang wie ein kleiner See. Aber man wusste, woran man war, sogar bei Friedrich Schiller. Der reimte »vermählt« auf »entseelt« und lieferte damit den Beweis für seine evangelische Taufe.

Heute meidet die Jugend diese ätherische Materie und spricht lieber gleich von »soul«.

Differenzierter geht es bei den Vokalen a und o zu. Die gibt es nicht nur in einer klaren, offenen Version: wie im Monat April oder am Morgen. Sondern man schätzt, wie in der französischen Nachbarschaft, die nasale Version – und dies mit allen Zwischentönen.

Nehmen wir zum Spaß das A, zum Beispiel im Wort »Mann« oder »Gans«: Das kann, je nach Region, mal daherkommen wie das a im französischen *grand*, aber auch mal heller, wie in der zweiten Silbe von *parfum*. In einem Wort können gleich beide Nasale vorkommen – zum Beispiel in der Tram, der bereits erwähnten schwäbischen Straßabah'. Das erste a klingt nach *grand*, das zweite nach *parfum*, oder manchmal sogar noch heller, nach *vin* oder *bien*. Ganz einfach, gell? Wobei, bitte, weder »Parfüm« gilt noch »Wäng«.

Ähnlich verhält es sich mit dem Vokal o. Natürlich heißt auch rund um Stuttgart die Orgel Orgel. Aber in der schwäbischen Übersetzung der Frage »Wo gehst du hin?«, also »Mo gosch na?«, lernen wir, dass der Vokal in den ersten beiden Wörtern wieder wie *grand* gesprochen wird, das a im letzten wie *parfum* oder gar wie *vin*. Es kommt darauf an, wo sich der jeweilige Gaumen gebildet hat. Das gilt auch für Umlaute wie ö und ü: Sie werden zu e und i. Ein Kind ist eben manchmal bees, und das ischd vom Ibel.

Meisen, Tauben und Mäuse

So weit war alles ganz einfach. Schwieriger wird es mit den Zwielauten, den geliebten Diphthongen, die aus zwei Vokalen bestehen. Genauer: dem au, dem eu und dem ei. Ein Beispiel: Stuttgarts früherer Oberbürgermeister Manfred Rommel hat einmal einen Vorschlag der Rathaus-Opposition als »Mäusleszeugs« bezeichnet, also als kleinkarierten Quatsch, den man Neudeutsch »bullshit« nennen würde. Aber er hat das Wort natürlich nicht auf Hochdeutsch wie »Moesleszoegs« ausgesprochen, sondern als »Meijsleszeijgs« mit zwei ganz hellen eijs. Für ihn ist eine Maus keine Maos, sondern eine Mauuus, und das au klingt wie das englische *no* oder *go*. Und weil der Schwabe bei den mittelhochdeutschen Lautverschiebung genau aufgepasst hat, erkennt er sofort, was eine »taube Taube« ist, also ein gehörloser Vogel: taub spricht sich wie *cow*, der Zwielaut in Taube wieder wie *no*. Und der Einfachheit halber wird der Plural von Maus, also Mäuse, gleich mit dem altvertrauten hellen eij gesprochen: die Meijse. Oder lieber noch: die Meijsle.

Sollte sich jetzt jemand nördlich des Mains fragen, ob es denn dann noch einen Unterschied gebe zwischen den Meijsen, also den Mäusen, und den Meisen: o ja. Die Meise flattert schon immer mit dem Schriftdeutschen ai daher. Da sind sich Schwabe und Berliner einig: »Hast wohl ne Meise, wa?« An dem alten Zungenbrecher »S'leit a Klötzle Blei glei bei Blaubäura« aber scheitert der Normalpreuße. Das schaffen höchstens Ostpreußen, und die sterben gerade auch aus.

Man sieht, der Schwabe braucht empfindsame Gehörknöchelchen. Kommt jemand daher und sagt: »Laidr misset manche Leijd beim Leijda leidja«, dann meint er, schriftdeutsch ausgedrückt: »Leider müssen manche Leute beim Läuten (der Kirchenglocken zum Beispiel) leiden.« Oder »An dr Waide stoht a Weijde.« Alles klar? Aber ja: An der (Kuh)-Weide steht eine (Baum)-Weide. Oder: »Oi Oi isch z'wenig fir zwoi«. Auflösung: »Ein Ei ist zu wenig für zwei.« Jetzt wird vielleicht verständlich, weshalb die Poesie schwäbischer Dichter dem Norddeutschen manchmal fremd klingt. Zum Beispiel bei Friedrich Schiller, bei dem sich in der Braut von Messina »befehden« auf »töten« reimt und »Ende« auf »Hände«. Auf Schwäbisch liest sich das ebenso logisch wie sein Jugendgedicht »Leichenphantasie«, wo es heißt: »Mutig sprang er im Gewühle der Menschen, / Wie auf Gebirgen ein jugendlich Reh; / Himmel umflog er in schweifenden Wünschen / hoch, wie ein Adler in wolkiger Höh …« Da konnte sich der Sprachexperte August Wilhelm Schlegel aus Hannover den Spott nicht verkneifen: »Wenn jemand Schooße reimt auf Rose, / auf Menschen wünschen, und in Prose / und Versen schillert: Freunde wisst, / dass seine Heimat Schwaben ist.«

Die geschriebene Sprache reicht bei Weitem nicht aus, um den Nuancenreichtum des Schwäbischen zu erfassen. Im Südwesten bräuchte man mindestens 35 Buchstaben und einen Sack voller Zwielaute, um die Vielfalt ordentlich abzubilden. Und im Südbadischen noch mehr. Denn dort sind sogar die Auugen blauu – alemannisch à gogo.

Sparsam auch mit Buchstaben

Der Mehrverbrauch an Vokalen wird bei den Konsonanten kaum eingespart. Ob st oder sp, es wird zu schtimmlosen sch: Schduegerter Schbäzzla. Viele Pees wie bei Polizei und Pappa werden einfach zu Bees, also zu Bolezei oder Babba – oder gleich Babbe mit dem kurzen, nasalen *parfum*-Schlussvokal. Der Buchstabe t wird häufig, aber längst nicht immer, zum d wie bei Diebenga, dem schwäbischen Namen für Tübingen, oder beim Deijflszeijgs, dem Zeug mit diabolischer Qualität. Aber der Tee, das gesunde Heißgetränk, bewahrt seinen harten Anlaut. Ähnlich sieht es bei g und k aus: der Klaus wird zwar zum Glauus, aber die Kehrwoch behält, wie der Kuttereimer, den hart knallenden Konsonanten. Hier herrscht der Ernst des Lebens, Pardon: der Ärnschd.

Mit der Theorie kommt man nicht allzu weit. Man muss, wie früher die kleinen Schwabenkinder, zuhören und lernen, frei nach dem Motto von Jakob Wendehals: »Wenn du die Schwaben willst verstehn, musst du ins Land der Schwaben gehn.« Dann merkt man bald, dass wenige Buchstaben, das A und das H, ausreichen, um fast alles zu sagen. Aha, und zwar mit klaren, offenen Vokalen, sagt auch der Schwabe, wenn ihm ein Licht aufgeht. Benutzt das Kind dagegen nur die beiden, sorgfältig getrennten As mit einem lauten »A-a!«, dann gibt es für Mutter und Vater kein heiteres Haha mehr, dann heißt es das Töpfchen holen oder die Windeln wechseln.

Noch besser wird es, wenn das A mit unserem bereits bekannten *parfum*-Schlusslaut genäselt wird. »Ha?« heißt nichts anderes als »Was? Wie bitte?« »A-ha«, beides genäselt, meint »Ja, gut«. »Ha-a« oder »A-a«, beides doppelt nasaliert, ist das genaue Gegenteil: »Noi«, oder auch gleich ein entschiedenes: »Nein, ums Verrecken nicht«.

Überhaupt kommt man im Schwäbischen oft mit Ein-Wort-Sätzen aus. »Ääba«, also »eben«, sagt man, wenn man einverstanden ist mit der Feststellung eines anderen Sprechers. Wahlweise geht auch »Eijo«. Wer sein Staunen kundtun will, sagt einfach »Hoi« oder »Heidenei!«, »Sabberlodd« und »Hobbla-Thekla«. Großes Erstaunen verbirgt sich hinter Floskeln wie »Sag no!« Oder »Jessas« und »Ui Jessas«. Bei »Schlag me's Blechle« wird der Schwabe schon ungewöhnlich gesprächig. Da muss in der Tat etwas ganz Außergewöhnliches passiert sein – die Vollsperrung der B 27 oder die Pleite einer Kreissparkasse. Ansonsten aber reicht dieser Wortschatz, angereichert mit einigen »Jaja« und »Soso«, aufgemotzt mit »Jetzt sag!« und abgerundet mit einem zögernden »Ha noi«, für einen kompletten Familiengeburtstag oder wahlweise für eine Stammtischrunde. Nur dass dort manchmal noch ein »Brooscht«, ein Prosit, dazwischengeschoben wird.

Ähnliche Sparsamkeit gilt für viele schwäbische Wörter. Nicht genug damit, dass der maulfaule Sprecher gern Buchstaben ausfallen lässt wie beim Adjektiv »albacha« für altbackenes Brot. Er benützt, je nach landsmannschaftlichem Umfeld, auch die verschiedensten Bezeichnungen für ein und dieselbe Sache. Nehmen wir einmal die schlichte Kartoffel. Fährt also ein mobiler Viktualienhändler durch das Dorf, dann wird er seine Ware mit Rücksicht auf die allgemeine Verständlichkeit neutral ausrufen: »Kaaardoffi«. Die erste Silbe tönt wie ein Fanfarenstoß, die zweite wie das Niesen eines verschnupften Pekinesen.

Das begreift jeder. Doch dann kommt die erste Kundin an den Wagen und fragt, ob die Äbiera, also die Erdbirnen, auch schön seien; die zweite besteht darauf, Krombiera zu kaufen, also Krummbirnen, und ein Hausmann aus dem zweiten Stock wünscht ein Kilo Erdepfl, also Erdäpfel, was dasselbe ist. Derweil rätselt der Verkäufer, wo der Kunde bleibe, der penetrant immer Bodabiera will. Der kommt nämlich aus dem Oberschwäbischen.

Auch bei den Wochentagen herrscht Abwechslung. Zum Beispiel beim Dienstag. Der heißt, vom Honoratioren zum Albbauern aufsteigend, mal Dinschdag, mal Denschtich, mal Daischdich, mal Zaischdich. Aus Letzterem lugt der alte Germanengott und Zeus-Vetter Ziu hervor, dem der Tag ursprünglich gewidmet war. Selbst beim schwäbischen Schädel gibt es Varianten. Man hält das Haupt hoch, man denkt mit dem Kopf, aber man haut dem anderen notfalls auf den Deez, auf den Meggl oder gleich auf den Kolben, die Birne oder auf den Grind, der »Grend« gesprochen wird.

Noi! Awa! Heidenei!

Bei der Satzbildung neigt der Schwabe, wenn irgend möglich, zur Knappheit. So der Stuttgarter, der eine überraschende Nachricht nicht mit dem Satz »Na so etwas, das kann ich gar nicht glauben« quittiert, sondern mit dem Ausruf »Awa!«, der für »Ach was« steht. Oder mit dem nur vordergründig paradoxen »Komm, gang mr weg«. So wie jener sagenhafte Tübinger Wengerter, den man einen Gogen nennt (mit dem *grand*-Laut!). Als ihn sein Sohn beim Hinaufklettern in den Weinberg mit einer Kopfbewegung auf einen kleinen, herrenlosen Schubkarren hinwies, den man vielleicht »mitlaufen« lassen könne, sprach der Alte nur kurz und lebenspraktisch den Satz: »Em ra« – also: »auf dem Rückweg«.

Kürzer schaffte es nur jener Stadtbahnfahrer, den eine Dame beim Einsteigen am Stuttgarter Hauptbahnhof herrisch und ein bisschen arrogant fragte, ob er zur Prag fahre (bei der es sich nicht um die tschechische Hauptstadt handelt, sondern um ein Flurstück und einen Verkehrsknotenpunkt zwischen Feuerbach und Cannstatt). Der Mann sprach mit einem anderen Fahrgast, dann per Funk mit seiner Zentrale, dann mit einer Bekannten. Nach einer Weile fuhr die Dame resolut dazwischen: »Ja, fährt dieser Wagen jetzt zur …?« Weiter kam sie nicht, denn der Fahrer sagte nur einen Ein-Wort-Satz: »Noi.« Inzwischen war man am Olgaeck. Andere Richtung, in jeder Hinsicht.

Die Sprache des Südwestens eignet sich, trotz Schiller, kaum für das Dramatische und Pathetische. So werden sich der Landsmann oder sein Schatz am liebsten davor drücken, dem Gegenüber eine förmliche Erklärung zu machen: »Ich liebe dich!« Noi, das heißt hierzulande und auf dem Bodensee »I mag di« (mit dem *parfum*-Laut!). Und wenn's noch ärger wird: »I mag di arg.« oder »I mag di ganz arg!« oder gar »I mag di saumäßig.« Oder schließlich, wenn die Hitze sich dem Siedepunkt nähert: »I han di zom Fressa gern.« Es sei denn, es handelt sich um jugendliche Popfans. Die sagen durchgängig: »Ai laff ju.« Klingt irgendwie auch schwäbisch.

Wenn wir schon bei Amor sind: In puncto Geschlecht pflegt der Schwabe ebenfalls seine Eigenheiten. Nein, nicht im Umgang mit demselben – das hat sich inzwischen auf Normalnull eingepegelt. Aber beim Sexus seiner Substantive. Beim Fuß ist es noch einfach: der ist, wie auch sonst im Land, männlich, aber er reicht vom großen Zeh bis zur Hüfte. Klagt also ein Landsmann nach einer Wanderung, dass ihm »d'Fiaß weh« täten, dann kann sich der Schmerz auch auf die Knie, »d'Gnui«, auf die Oberschenkel oder die Hüftgelenke erstrecken. Es ist ein weites Feld. Abgesehen davon, dass der Schwabe »lauft«, wenn er geht, »springt«, wenn er läuft, »hopft«, wenn er springt – und »saut«, wenn er eigentlich bloß rennt. »Sau, Karle!« ist keine Beleidigung, sondern nur die Aufforderung, ein höheres Tempo vorzulegen.

Bei anderen Begriffen ist die Abweichung deutlicher. Dass die Butter hierorts »der Butter« heißt, und der Tunnel »das Tunell«, hatten wir schon. Dass die Zwiebel, die Schokolade, das Litermaß und die Bank, wenigstens die im Stadtpark, allesamt männlich sind, noch nicht. Und ebenso der Peterling, der für die Petersilie steht. Der Mensch verwandelt sich in »das Mensch«, wenn eine Dame gemeint ist, und die Rippe in »das Ripp«, wenn die Dame auch noch »eine Beißzang« ist. Und der Schwan verwandelt sich in »die Schwane«, wenn ein Wirtshaus so heißt.

A Teele fürs Fraule

Allgemein beliebt ist die landestypische Verkleinerungsform, das längst bundesweit bekannte, angehängte »le«. Auf den Speisekarten feiner Restaurants hat dieses Diminutiv inzwischen seinen nationalen Siegeszug angetreten. Da wimmelt es, selbst im Norden, nur so von feinen Schneckensüpple, von Bäckle und Schäufele, dass einem schier der Kindlesbrei hochkommt. Edel, exklusiv soll das klingen. Dabei verrät es oft nur eines: kleine Portionen und saftige Preise.

Dem Auswärtigen sei gesagt: Es hilft nichts, einfach hinter jedes Substativ ein »le« zu setzen. Denn es gibt auch im Schwäbischen Elementares, das nicht miniaturisiert wird: Der Herrgott (daran ändert weder das unschwäbische »Ach Gottle« noch das »Herrgöttle von Biberach« etwas). Dasselbe gilt für den Neckar, den heiligen Fluss der Schwaben, für die Alb, die Wahrheit, den Schultheiß, den König, für Blitz und Donner, Sonne und Mond. Wohl tröpfelt hin und wieder ein mildes Regele, also ein kleiner Regen, auf die Dächer, und die Sternle, die so klein scheinen, blinken vor sich hin.

Ja, Verkleinerung steckt hinter dem »le« – aber die Motivation kann sehr unterschiedlich sein. Die erste Kategorie benennt Junges, Kleinwüchsiges, und ist zärtlich gemeint: das Kälble, das Mückle, das Bäumle – alles noch nicht ausgewachsen. Das gilt auch für das Biberle, das kleine Hühnchen. Aber Vorsicht, schwäbische Buben pflegen so auch ihr Johannesle zu benennen, in aller Unschuld.

Dann gibt es die lobende le-Silbe: »Prima, das war aber a Essele! A feines Kräutle! Isch des net a schönes Wetterle? So a nettes Mädle!« Und die verharmlosende. Sagt der Schwabe, er habe »a Wägele kauft«, kann es sich durchaus um einen Straßenkreuzer, Marke S-Klasse, handeln. Lädt er in sein »Häusle« ein, steht man womöglich vor einem kleinen Schloss, ein »Fabrikle« entpuppt sich als veritabler Konzern, und die paar Äckerle, die unser Untertreiber sein Eigen nennt, können sich bis zum Horizont erstrecken. Bloß: Zugeben wird er das nicht gleich. Genauso wenig, wie er einräumt, er habe sich einen dicken Ranzen angefuttert. Nein, er gibt höchstens dreifach minimierend zu, er habe »a bissle a klois Bäuchle«.

Aber Vorsicht, es gibt auch die verspottende Silbe »le«. Zum Beispiel, wenn eine Ehefrau ihren Mann ein »Ma'le« nennt. Damit dokumentiert sie, dass der Herr Gemahl längst unter dem Pantoffel liegt oder unter dem Sofa sitzt. Verunglimpft sie ihn gar als »Mändle«, dann hat er dazu noch etwas ausgefressen und muss böse Rache fürchten. Zum Beispiel, wenn jemand einen Menschen namens Maier oder einen Abgeordneten namens Kist oder einen Präsidenten namens Bush nicht leiden kann. Dann wird daraus der Maierle, der Kistle, ja sogar »dr Buschle«. Dann wird der Amtmann zum Amtma'le, der Regierungsrat zum Rätle, der Präsident zum Präsidentle. Das schrammt knapp an einer Beleidigung vorbei – ohne dass sie zu beweisen wäre. Es ist ja nur das harmlose »le«, das da angeklebt wurde. Allerdings sollte man nicht auf ein Übermaß an Selbstironie tippen, wenn sich ein Schwabe mit »Gestatten, Häfele« oder »Zipperle« vorstellt. Bitte nicht lachen, die Herren heißen wirklich so. Oder sogar Schwitzgäbele.

Notwendige Fußnote: Das Verkleinerungs-le beschränkt sich nicht nur auf Substantive, es schmückt auch Verben wie schäffle, köchle, fußle, höpfle. In Wirklichkeit mischt sich hier der schwäbische Infinitiv mit miniaturisierten Tätigkeiten. Wer schäffelt oder köchelt, der schafft und kocht nur ein bisschen, wer fußelt, rennt nicht schnell und nicht weit – oder er betreibt Annäherungsversuche unter dem Tisch. Dann wird er bald höpfelig, was gleichbedeutend mit triebig ist. Und wenn es in einem Lied heißt »Es schneielet, es beielet, es goht a kalter Wind«, dann schneit es eben nur kleine Flocken.

Das einzig wahre Schwäbisch

Nun wäre die Materie eigentlich kompliziert genug. Aber sie wird noch dadurch verschärft, dass sich die Schwaben gern gegenseitig die Fähigkeit absprechen, den wirklichen, authentischen Dialekt sprechen zu können. Ob der Calwer, der Rottenburger, der Saulgauer, der Münsinger, der Gmünder oder der Marbacher: Jeder hält seinen Kiefer- und Stimmbandbau für den einzig originalen, die aus seiner Mundöffnung entspringenden Laute als die einzig wahren. Nur in einem sind sie sich einig: die Schtuegerter könnet's überhaupt net. Denn die Stuttgarter sprechen ja so ein geschwollenes Hoch- und Honoratiorenschwäbisch, das gleich nebenan, im einst pietistischen Korntal, in ein frommes »Tönle« kulminiert. Da heißt es dann nicht »Wir sind mit dem Auto gegen einen Baum gekracht«, sondern: »Mir habet an Uuhfall habe dürfe.« Der Herr hat's gegeben, der Herr hat's genommen, der Name des Herrn sei gelobt.

Diese sprachliche Betulichkeit hat den Rottenburger Sebastian Blau (1901 bis 1986), der als Professor Josef Eberle »nebenher« Herausgeber der »Stuttgarter Zeitung« war, immer geärgert. Deshalb nahm er Stuttgarter Kaffeetanten mit »ihre noble Krämpf« auf die Schippe: »Ja, i nimm no so e' Küchle, / aber nachher muss i geh. / Gell, Sie machet bald a Bsüchle, / dass mr schwätza kann. Adje.« Am anderen Ende steht Wilhelm König, der Reutlinger Mundartdichter, dessen Radikalschwäbisch selbst für manche Landsleute schwer lesbar ist: »Noe, ed wie zwischa Diar ond Angl schdandi mid meinr Schbrooch…« Nein, er steht wirklich nicht zwischen Tür und Angel, mit seiner Sprache. Sondern, meinen manche, hinter den sieben Bergen.

Aber es hilft nichts, die regionalen, lokalen Unterschiede sind da. Wenn der gehobene Stuttgarter zählt, dann »Ais, zwai, drei, vier, finf«. Die Landpomeranze wird anders zählen: »Ois, zwoi, dreij, vir, fenf«. Und wenn ein richtiger Schwabe dazustößt, dann heißt es eben »Oas, zwua, drui, vire, faif«. Deshalb kauft man auf dem Stuttgarter Wochenmarkt »Ai Ai«, also ein Ei, weiter draußen aber »Oi Oi« – oder gleich »Oa Oa«, was auf dasselbe herauskommt. Und in drei nebeneinanderliegenden Dörfern des Unterlandes heißt »Nein« einmal »Noi«, einmal »Noa« und schließlich »Nua«. Mögen die Mundartforscher herausfinden, warum das so ist. Allerdings sollten sie sich beeilen – die Vielfalt schwindet.

Diese Nivellierung beginnt heutzutage schon im Kindergarten. Sagt der kleine Paul zu dem ihn abholenden Großvater: »Du, Opa, der andere Opa sagt immer Graoßengerscha.« – »Und wie sagst du?« – »Ha, richtig: Großingersheim, gell.« Immerhin, »Ha« war schwäbisch. Und der Rest typisch. In den Kindis und anderen Betreuungseinrichtungen wird, auch mit Rücksicht auf die Einwandererkinder, zwischen Starwars, Bionicles und Power Ranger ein gemäßigtes Schriftdeutsch gesprochen. Das hat den Vorteil, dass sich der Nachwuchs später nicht als »Schwäble« belächeln lassen muss. Das hat aber den Nachteil, dass die Kleinen nicht mehr zweisprachig aufwachsen, was das kindliche Gehirn wunderbar trainiert hat.

Doch das wird längst auf andere Weise ausgeglichen. Die Globalisierung sorgt dafür, dass in großen Firmen – wir nennen nur Daimler – Englisch zur Konzernsprache wird. Und da die Schwabenbüble und -mädla heute längst »Good morning« lernen, ehe sie Laugaweggle zum Laugenbrötchen sagen können, stehen ihrer Zukunft keine sprachlichen Hindernisse mehr im Wege.

Nur eines wird ihnen fehlen: die Kraft, die aus den alten Kernausdrücken stammt. Die einstige, inzwischen arg geglättete Derbheit des Schwaben drückte sich auch in den Schimpfwörtern aus, die Sebastian Blau in einem Gedicht »St. Grobian« gesammelt hat: »Da pratzelt es mit Donnerkrach,/wie Hagel auf ein blechern' Dach,/von Dackel, Trialer, Dubbel, Lalle,/von Lohle, Drallewatsch und Galle,/von Tagdiab, Trödler, Trübling, Dibbel/bis Grüftel, Kopper, Grupper, Krüppel …« So geht es seitenweise weiter.

Der ebenfalls längst verblichene Thaddäus Troll alias Dr. Hans Bayer hat daraus eine ganze »Schwäbische Schimpfwörterei« gemacht. Aus ihr ragen so schöne Bezeichnungen wie das Märzakalb heraus, das Erdrindvieh und der Mordsdackel. Letzteres klingt bedrohlich, ist es aber nicht, weil der Dackel zur landesüblichen Umgangssprache gehört. Riskant wird es erst, wenn jemand seinen Widersacher einen Halbdackel nennt. Weil der Schwabe nie etwas Halbes sein will, beschädigt das seine Ehre – da ist er heikel. Ersatzweise könnte man den Landsmann dann lieber einen Seckel nennen – je weiter man sich dem Badischen nähert, desto eher wird daraus ein Ehrentitel, wie im Schwäbischen der Schbitzbua. Nur Leedseggl, was von löten kommt, oder Grandseggl sollte man nicht sagen. Das ist nämlich kein Lob für Handwerkskunst oder übergroße Potenz. Und vom Muckenseckele sollte man auch nicht reden. Das ist kein Schimpfwort, sondern ein lokales Längenmaß. »No a Muggaseggele« heißt einfach: noch einen Millimeter.

Ansonsten ist die verbale Kraftmeierei reichhaltig bestückt. Das reicht von guten Ratschlägen wie »Selber essa macht fett« über Komplimente wie »Der kann sprenga wie a Wiesele« bis zum doppelsinnigen Lob »Das ist ein Kerle wie Öl – bloß net so fett.« Das betrifft Gerüche: »Der muffelt wia a Küferschurz«, das betrifft bevorstehende Geburten: »Der fallt bald dr Ofa ei«, das hat selbst vor dem nahen Tod keinen Respekt: »Der lauft auf de letschte Füaß daher.« Das alles ist selbstverständlich nicht bös gemeint. Man sagt es halt »in Gutem«.

Bagasch mit Boddschamber

Was den Schwaben heimlich stolz macht, ist sein Französisch. Nein, nicht das richtige, sondern all die schönen Wörter, die aus jenen Zeiten stammen, als Französisch zweite Landessprache war – der vielfachen Besatzungen wegen. Deshalb spricht der Schwabe gern vom Bartärr (Parterre), wenn er das Erdgeschoss meint, vom Sudderai (Souterrain), wenn er in den Keller geht, vom Blafo, wenn er an die Decke, an den Plafond, guckt, vom Troddwar, wenn er den Gehweg reinigt. Das tut er bartuh (partout) nicht zum Bassleda', zum Passer-le-temps, also zum Zeitvertreib, sondern weil er kein Malhör mit der Bagasch von der Nachbarschaft will. Da ist er schenant, was von genieren kommt. Hinterher wäscht er sich ganz dus'ma (doucement) seine Hände, nein nicht im Boddschamber, also im Pot-de-Chambre (Nachttopf), sondern im Waschlavörle; das ist sicherheitshalber doppelt gemoppelt, weil waschen und lavoir dasselbe sind.

Jedenfalls macht er, auch wenn er nicht zur Hottwollee (Hautevolee) gehört, keine Fissimatenta, also keinen Blödsinn. Dieses Wort stammt von der anzüglichen Einladung französischer Soldaten an junge Schwäbinnen: »Visitez ma tente« – »Besuchen Sie mal mein Zelt.« Worauf die Dame die Flucht ergriff, kuttkekutt, koste es, was es wolle. Sie wollte ja nicht malad werden. Lieber pflanzte sie daheim Pa'seele, was der Plural von Pensée ist und Stiefmütterchen heißt. Und ihr Freund bot dem Franzmann Prügel an: »Voulez-vous da Ranza voll, avec mit a'ma Prügele?«

Als weitere Fremdsprache pflegen Schwaben auch das Chinäbisch, jene berühmte Mischung aus Heimatklang und Ostasien. Das fängt mit einfachen Sätzen an wie: »Gang no, en Backnang scheind'scho lang d'Sonn schee.« Und das hört mit einer Menüempfehlung einer Stuttgarter Künstlerin noch lange nicht auf: »Fang a, heng d'Zong nei, lang glei zua, schleng dei Deng, zom Wei seng lang.« Wir werden uns hüten, das zu übersetzen. Die Chinesen wissen, was gemeint ist. Und für den Rest wäre der Reiz weg.

Aber das ist er vielleicht auch so bald. Früher hieß es einmal, ein schriftdeutsch sprechender Schwabe habe weder Heimat noch Charakter. O je, da laufen zur Zeit viele Heimatlose durch die Landschaft. Einheimische Politiker haben Baden-Württemberg inzwischen zum Feelgood-Country befördert. Wenn das so weitergeht, hat die Devise »I schwätz, wia mir der Schnabel g'wachsa isch« ausgedient. Eduard Mörikes wunderbares Gedicht braucht dann eine Übersetzung: »Uf'am Kirchhof am Chor / blüeht a Blo-Holder-Strauß, / do fleugt a weiß Täuble, / vors taga tuat, aus.« Etwa so: »Auf dem Friedhof, nahe dem Chor des Gotteshauses, blüht ein blauer Holunderbusch. Daraus fliegt eine kleine, weiße Taube hervor, kurz vor Sonnenaufgang.« Nun ja, das würde keinen mehr zu Tränen rühren. Da lachen nur noch die Hühner. Nein: die Biberle, also die kleinen Hennen und ihr Gockeler, der alte, höpfelige Schlawiner. Höpfelig? Dafür hätte man einst »geil« gesagt. Aber dieses Adjektiv hat seine Bedeutung ja auch verändert.

Deshalb schließen wir dieses Kapitel mit einem freundlichen »Adele«. Das klingt nur wie ein alter weiblicher Vorname, ist aber die Koseform von Ade. Und das wiederum stammt aus dem Französischen und bedeutet: Adieu.

Liberale Schwaben

Es geht die Sage, in Deutsch-Südwest gehe es politisch ein wenig menschlicher, liberaler, entspannter zu. Allerdings nicht immer.

Nehmen wir als Beispiel nur den Abgang des vorvorletzten Ministerpräsidenten. Die Art, wie der Amtswechsel inszeniert wurde, hat ihn zutiefst betroffen gemacht – und er hat es auch bei seinem Abschied gesagt: »Ich habe den Rücktritt aus meinem Amt als Ministerpräsident nicht angestoßen, aber ich nehme ihn an. Ich nehme ihn nicht an von denen, die ihn angestoßen haben, denn sie sind mir bis heute jede Begründung schuldig geblieben.«

Erwin Teufel ist seit April 2005 nicht mehr Ministerpräsident von Baden-Württemberg, obwohl er es gern noch länger geblieben wäre, obwohl er gute Umfragequoten hatte und eigentlich nur Spitzenwerte für alle politischen und ökonomischen Parameter verbuchen konnte. Er weiß, dass er immer besser war als sein Ruf. Als die Laudatoren ihn beim Abschied in den Himmel hinein lobten, wusste er auch, dass Nachrufe immer noch besser sind als der beste Ruf.

So war er, der Erwin Teufel, »einfacher Leute Kind«, wie er selbst sagte: kreuzkatholisch, manchmal ein bisschen bigott, aber immer geradlinig, ehrlich, den aufrechten Gang praktizierend. »Er kennt den Boden und pflegt ihn auf Gedeih und gegen Verderb. / Sensationen überlässt er sonstwem und zieht Arbeit vor. / Er lässt die Illusion zu, das Gute sei möglich.« Das schrieb ihm, in Gedichtform, Martin Walser, der große Schriftsteller vom Bodensee, zu seinem 60. Geburtstag. Teufel und Walser wussten es, sprachen aber das Urteil nicht aus, das die »Frankfurter Allgemeine Zeitung« zu seinem Rücktritt fällte: »Königsmord«.

Was hatte er, der es vom Rathauslehrling zum Ministerpräsidenten brachte, verbrochen? Wo hat er sich verrechnet? Was ist schiefgelaufen? Am Ende fokussierte sich die Wahrheits- und Motivsuche auf einen Punkt: Er hatte den aufstrebenden, ehrgeizigen jungen Leuten in seiner CDU nicht flott genug Platz gemacht.

Ohrfeige links und rechts

Die Diskussion über den Fall nahm skurrile Züge an, manches erinnerte gar an schwäbisches Bauerntheater. Staatsminister Christoph Palmer, einer der treuesten Paladine Teufels und ein Neffe des 2004 verstorbenen »Remstal-Rebellen« Helmut Palmer, ohrfeigte während einer Auseinandersetzung einen »Parteifreund« (»Lenks ond rechts an d'Backa na«), der auf Teufels schnelle Demission gedrängt hatte. Der unkontrollierte Wutausbruch hatte dramatische Folgen. Palmers Politkarriere war schlagartig beendet. Aber auch er ging aufrecht aus dem Amt. Die FAZ artikulierte, was die Teufel-Fans den nach ihrer Ansicht illoyalen Verzichtsbefürwortern vorwarfen: »Man hätte diesen seltsamen Paradiesvögeln zurufen mögen: Ja, wisst ihr überhaupt, wie gut es euch geht?«

Teufel stilisierte seine Rolle als »Opfer eines Königsmords« am Ende, und er ließ keinen Zweifel daran, wen er für seine »Mörder« hielt. Palmer hat ihm dabei eher unfreiwillig geholfen. Seinen Backenstreich für den »Parteifreund« krönte er nämlich mit einem selbst für Schwaben nicht gerade feinen Schimpfwort. »Du Drecksau«, rief er dem Geprügelten hinterher, förmlich davongetragen von der Augenblickswallung.

Ach, wenn das alles einst bei Hofe passiert wäre, so hätte es durchaus für ein Shakespeare-Drama gereicht. So aber verdeckte die Mehlschwitze schwäbischer Biederkeit den dramaturgischen Kern dieses Abgangs und ließ die am Ende triumphierenden »Attentäter« einfach nur blass erscheinen.

Aber kein Abgang ohne Aufstieg: Als Sieger vom Platz jedenfalls ging Günther Oettinger. Er hatte schon vorher, im CDU-internen Duell, Annette Schavan ausgestochen. Sie hatte, als der bisherige Amtsinhaber resignierte, ebenfalls seine Nachfolge angestrebt – mit Teufels Segen sogar, weil der die rheinische Katholikin lieber mochte als den schwäbischen Landsmann und Protestanten Oettinger. Am Ende war sie unterlegen und wurde von Parteifreundin Angela Merkel mit dem Bildungsministerium im Berliner Kabinett belohnt. Nach dem dramatischen Führungswechsel in Stuttgart war aber jedermann klar: Auch wenn der nicht mehr abwaschbare Vorwurf des »Königsmords« nur gehaucht, geflüstert oder gezischelt wurde, er blieb an einem hängen – an Günther Oettinger. Doch damit konnte der Nachfolger gut leben, bis er als EU-Kommissar nach Brüssel wechselte und Stefan Mappus den Platz auf der Villa Reitzenstein frei machte – für wenigstens vierzehn Monate.

Spätestens bei der Landtagswahl 2006 zeigte sich dann aber eine typisch süddeutsche Versöhnlichkeit. Trotz des kruden Vorspiels bestätigten die Wähler dem darob erleichterten Oettinger, dass er nicht unbeliebter sei als Teufel, der nach seiner Amtszeit in München ein Philosophiestudium aufgenommen und inzwischen wieder abgebrochen hat. Da mag es eine Rolle spielen, dass der gebürtige Rottweiler Teufel auch nicht für jedermann den Idealtypus eines schwäbischen Landeschefs verkörperte. Die Protestanten taten sich jedenfalls mit ihm schon deshalb schwer, weil Teufel seinen Katholizismus demonstrativ zeigte. Das brachte ihm nicht unbedingt Freunde im eher evangelischen Norden des Landes ein, wohl aber in der katholischen Region zwischen Westalb, Südschwarzwald und Oberschwaben bis hinunter zum Bodensee. Die Laudatio auf den scheidenden Premier durfte denn auch Bodenseeanwohner Martin Walser im Stuttgarter Neuen Schloss zelebrieren. Treffsicher charakterisierte er Teufels Verhältnis zu Amt und Land: »Es ist seine Sache, und seine Sache, das ist er.« Ein wenig boshaft fügte er hinzu: »Mag sein, dass Erwin Teufel in seiner unbeirrbaren Sachlichkeit manchen Jüngeren nervös gemacht hat. Mich nicht.«

Teufel jedenfalls wirkte auf andere wie eine »Geißel in den Händen der Spaßgesellschaft« (Walser). Das gefiel vielen im Lande nicht, vor allem denjenigen, die sich von Teufels Devise »ora et labora« (»Bete und arbeite«) nicht so recht angesprochen fühlten – wenngleich dieser Leitspruch des heiligen Benedikt wie geschaffen war für die Schwaben. Aber im Württembergischen kennt man inzwischen auch den Spaß an der Freud', nicht zu verwechseln mit dem Karnevalstrubel am Rhein oder mit den Trinkritualen beim Münchner Oktoberfest. Nein, der Spaß der Schwaben ist subtiler, leiser und jenseits der Landesgrenzen nicht jedem sofort verständlich. Da ist eine Generation herangewachsen, die vom Hungern und Darben der Kriegs- und Nachkriegszeit nichts mehr mitbekommen hat und deshalb auch leicht über historische Erfahrungen hinweggeht, die die Teufel-Generation noch selbst machen musste. Man will auch was vom Leben haben, also hat sich das Motto gewandelt. Nicht mehr »Bete und arbeite«, sondern »Lebe und arbeite«.

Insofern, aber nur insofern, war der Übergang vom eher asketischen Erwin Teufel zu dem durchaus lebensfrohen Günther Oettinger ein Zeitzeichen, das nichts über die Qualitäten der beiden Charaktere aussagt. Nur insofern schätzen die Schwaben beide, Teufel und Oettinger, lieben erstaunlicherweise den »König«, den »Königsmörder« und nach dem Mord den neuen »König«. Diese Toleranz dürfte ziemlich einmalig sein in deutschen Landen. Zurückzuführen ist sie auch auf ein tief sitzendes, historisch gewachsenes Demokratieverständnis, das schon immer die Notwendigkeit des Kompromisses wie die Bereitschaft zur Versöhnung nach dem politischen Streit akzeptiert und gefördert hat. »Von Demokratie verstehen wir hier unten doch etwas mehr«, wies einst selbstbewusst der erste Ministerpräsident des Nachkriegslandes Württemberg-Baden, der liberale Reinhold Maier, seine Kollegen aus den anderen Ländern zurecht. Seit Theodor Heuss, dem Bundespräsidenten, und Reinhold Maier, dem bisher einzigen FDP-Ministerpräsidenten in Deutschland, weiß man auch außerhalb des Südwestens, dass Liberalität und Demokratie zusammengehören wie Weihwasser und Wedel.

Ein Landtag vor Kolumbus

Tatsächlich reichen im Neckarland politische Mitwirkung und Verfassung weit zurück. Bereits 1514 erstritten die Württemberger von ihrem ungestümen Herzog Ulrich den »Tübinger

Vertrag«, das erste »Staatsgrundgesetz« auf deutschem Boden. Geldnot und der Aufstand des »Armen Konrad«, eines Bauernbundes, brachten den Fürsten zwar in Bedrängnis, aber dass die Schwaben die Gunst der Stunde für ihre weitgehenden Bürger- und Mitspracherechte nutzten, rang den Menschen in benachbarten Ländern Respekt ab. Es hatte vielleicht mehr mit Chuzpe und Opportunität zu tun als mit tief greifendem Demokratieverständnis, aber es wirkte.

Als nach dem Zweiten Weltkrieg den Schwaben nicht alles passte, was die amerikanischen und die französischen Besatzungsmächte trieben, polterte der von den Amerikanern für Nordwürttemberg-Nordbaden eingesetzte Reinhold Maier durchaus mit Stolz und Selbstbewusstsein: »Die Amerikaner sollten wissen, dass die Schwaben sich schon ein Parlament gegeben haben, als Kolumbus Amerika noch gar nicht entdeckt hatte.«

Dass es kein wirkliches Parlament im heutigen Sinne war, das da 1457 als Landtag in Leonberg zusammenkam, focht Maier nicht an. Er hatte gepunktet, das Schlitzohr. Das tat er auch, als er im April 1952 das neue Bundesland Baden-Württemberg aus der Taufe hob. Damals zog, nach der ersten Landtagswahl, der CDU-Kandidat und spätere Verfassungsgerichtspräsident Gebhard Müller als Vertreter der größten Fraktion unerwartet den Kürzeren gegen den liberalen Maier. Die Schwarzen, die in der Südweststaatfrage gespalten waren, mussten rasch den Grund für ihre Niederlage erkennen. Unmittelbar nach Maiers Sieg traten die designierten Minister aus den Reihen der FDP, SPD und BHE (Bund der Heimatvertriebenen und Entrechteten) nach vorne und brachten ihre Ministerurkunde gleich unter dem Arm mit. Maier hatte, weil ihm die politischen Partner nicht ganz trauten, die Urkunden vorab mit »Ministerpräsident« unterzeichnet, als er noch gar keiner war. Manche sprachen da auch von einem »Putsch«. Und als Maier in den Ruf »Gott schütze das neue Bundesland!« ausbrach, registrierte das Protokoll: »Pfui-Rufe bei der CDU«.

Aufsässigkeit und Aufbegehren, es »denen da oben zeigen, wo der Bartel den Moscht holt«, das war im Südwesten Deutschlands immer eine Tugend, ob es nun um Bauernproteste ging, um Krawalle gegen zu hohe Brotpreise oder um die Revolution von 1848 und 1849. Historisch bedeutende Ortsnamen zeugen von Konfliktbereitschaft. Heidelberg steht für das Hauptquartier der Revolutionäre von 1849. Offenburg für die Protestversammlungen um Friedrich Hecker, Rastatt für die Meuterei der badischen Bundestruppen, Konstanz für die Ausrufung der Republik. Und in Lörrach proklamierte Gustav von Struve, der Verbündete Heckers, zwischendurch sogar eine deutsche Republik mit sozialistischem Grundgesetz. Nur Preußens Armee, verstärkt durch die Truppen des Deutschen Bundes, konnten die aufsässigen Badener 1849 blutig niederschlagen. Der Urgroßonkel von Theodor Heuss war als Freiheitskämpfer gegen die Preußen im Kraichgau dabei; das war einer der Gründe, weshalb der erste Bundespräsident in diesen Freiheitskämpfern seine politischen Vorfahren sah.

Ruhe im Schwabenländle

Die Württemberger erwiesen sich allerdings als weniger kämpferisch. Der Funke von Rastatt und Karlsruhe sprang nicht über nach Stuttgart, von wo sich König Wilhelm I. vorsorglich ins sichere Schloss Ludwigsburg zurückgezogen hatte. Durch eine Reihe von Kompromissen, durch eine kluge Personalpolitik und die Aufstellung von Bürgerwehren verdarb er den Bürgern und manchen Soldaten die Lust an den Raufhändeln. Als das Rumpfparlament der Frankfurter Nationalversammlung in Stuttgart tagte, ließ er es vom

Militär auseinandertreiben. Damit herrschte wieder Ruhe im Land. Und in Baden bald auch, weil württembergische Truppen dem Bundescorps gegen die Aufständischen Waffenhilfe leisteten. Das hat die Schwaben jenseits des Schwarzwaldes nicht beliebter gemacht. Es war sowieso eher der Ärger über Willkür und Selbstherrlichkeit gewesen, der manche Bürger aufgebracht hatte, als der Wunsch nach Volksbewaffnung, gesellschaftlicher Änderung und einer Republik. Auch hier zeigte sich das Phänomen, dass im Schwabenländle nichts so heiß gegessen wird, wie es von der Herdplatte kommt.

Klar, die Intellektuellen träumten vom Ende des Gottesgnadentums. In den Landtagen von Württemberg und Baden stritten Ludwig Uhland und Karl von Rotteck für Freiheitsrechte. Und der Herzog-Kritiker Christian Friedrich Daniel Schubart darbte Jahrzehnte vorher wegen praktizierter, aber unerlaubter »Pressfreiheit« von 1777 an zehn Jahre im Staatskerker Hohenasperg. Der Knast ist bis heute noch in Betrieb; hier musste vor einigen Jahren Peter Graf, der Vater der Tennislegende Steffi Graf, einsitzen. Und vor ihm viele Politiker, besonders Liberale, auch Sozialisten.

In Stuttgart »besser dran«

Apropos Sozialdemokraten. Sie hatten es unter den schwäbischen Grundeignern und Stücklesbesitzern nie leicht. 1876 stellten sich ihre Kandidaten erstmals bei Wahlen, 1891 zogen sie in den Landtag ein. Womit sie die Bürger und Bauern verschreckten, war unter anderem das Ziel, »die auf der kapitalistischen Produktionsweise beruhenden Gesellschaftseinrichtungen zu beseitigen.« Was war damit wohl gemeint: die Fabriken? Die Sparkassen? Die Genossenschaften? Der Besitz an Grund und Boden? Das Häusle? Noch im Jahr 1901 blieben SPD-Abgeordnete der Landtagseröffnung fern, weil sie ihren Eid nicht vor dem König leisten wollten. Doch schon acht Jahre später ließen sie, bei einem Festessen, den liberalen Wilhelm II. hochleben. Und zwar, weil er nicht nur ihre Zeitung, die »Schwäbische Tagwacht«, abonniert hatte, sondern weil er auch die II. Sozialistische Internationale in Stuttgart hatte tagen lassen – mit Teilnehmern wie Lenin, Trotzki, Bebel und Rosa Luxemburg. August Bebel hatte diese Liberalität vor 3000 Gesinnungsfreunden auf dem Cannstatter Wasen so gelobt: »Ihr in Stuttgart seid besser dran!«

Im Südwesten opferten die Sozialdemokraten früher als in anderen deutschen Ländern ihre revolutionäre Verbaltheatralik der praktischen Vernunft. Dafür mussten sie sich von Scharfmachern als »königlich-württembergische Sozialdemokratie« beschimpfen lassen. Von ihrer damaligen pragmatischen Haltung bis zum »Godesberger Programm« führt ein direkter Weg.

So richtig belohnt wurden die Sozialdemokraten im Ländle dafür bis heute nicht. Sie blieben, von den industriellen Ballungszentren einmal abgesehen, ein Fremdkörper, wenngleich sie ihrer Partei bundesweit anerkannte Köpfe beschert haben. Ob Wilhelm Keil, der schon im Jahr 1900 als Dreißigjähriger in den Landtag einzog, ob Carlo Schmid oder Fritz Erler, Alex Möller oder Erhard Eppler, jeder von ihnen hatte einen unverwechselbaren Charakter, ein eigenes Weltbild, eigene Ideen – aber selten eine abstrakte Ideologie. Das Grundgesetz wäre in seiner genialen, vorbildlichen Fassung ohne Carlo Schmid nicht denkbar. Alex Möller war Vorstandschef eines Versicherungskonzerns und später Bundesfinanzminister. Dazu hat es sein Parteifreund Edzard Reuter nicht gebracht, der Sohn des früheren Berliner Regierenden Bürgermeisters Ernst Reuter. Doch mithilfe der Deutschen Bank stieg der Junior zum ersten Mann von Deutschlands kapitalistischem Aushängeschild, der Daimler-Benz AG, auf und verwandelte sie zum Global Player.

Ja, und dann Erhard Eppler, der frühere Landesvorsitzende, Oppositionsführer im Landtag und Entwicklungshilfeminister unter den Kanzlern Kurt Georg Kiesinger und Willy Brandt. Sein Rat in allen Werte- und Moralfragen ist heute noch gesucht, doch er wirkte oft so verdrossen, dass Spötter wähnten, er gehe »zum Lachen in den Keller«. Er wollte im Bierzelt den Taktstock nicht schwingen, er konnte nicht schunkeln wie die »schwarzen« Amtsinhaber, die er beerben wollte. Aber die Schwaben honorierten seine redliche, spröde Haltung nicht. Obwohl selbst nörgelnde Moralisten, möchten sie keinen an der Landesspitze, der ihnen die Traurigkeit des irdischen Daseins, die Mühen der Ebene physiognomisch vorstellt. Nein, der Schwabe will auch Humor, am besten gewitzten Humor, intelligenten Humor, gewürzt mit dem, was er gern auf den Lippen, manchmal auch in seiner Seele trägt: Liberalismus. Nicht unbedingt pur, schon ein bisschen sozial garniert. Aber dafür gab es stets ein ausreichendes Angebot bei den Liberalen oder Christdemokraten.

Humor als Entschuldigung

Manfred Rommel, der CDU-Mann und Stuttgarter Oberbürgermeister von 1974 bis 1996, war so einer. Mit seinem Witz und seinem Mut zur Selbstironie erzielte er Wahlsiege gegen Rote und Grüne und heimste noch Lacherfolge ein, wo andere in Sack und Asche gegangen wären. Als er einmal stark verspätet vor großem Publikum erschien, begründete er das so: »Seit heute weiß ich, dass Stuttgart eine Großstadt ist. Ich habe nämlich zwei Stunden von zu Hause bis hierher auf den Schlossplatz gebraucht.« Sein Auftritt war nicht in der Zeit, aber dennoch nachhaltig. Das gefällt den Menschen. Oben stehen und sich selbst als Obrigkeit nicht ernst nehmen – das hat fast etwas Antiautoritäres.

Einmal hat Rommel massiven Ärger bekommen, als er 1977 zuließ, dass die RAF-Terroristen Andreas Baader, Gudrun Ensslin und Jan-Carl Raspe auf dem Stuttgarter Dornhaldenfriedhof bestattet wurden. Die aufgeregte Diskussion über diese angebliche politische »Unkorrektheit« beendete Rommel mit einem Satz: »Mit dem Tod endet jede Feindschaft.« Da waren sie wieder ruhiggestellt, die Schwaben. Und die Liberalität war wiederhergestellt. War Rommels Vater Erwin, der Generalfeldmarschall und Held von Hitlers Afrikakorps, ein berühmter Kriegsherr, so ist sein Sohn ein berühmter Zivilist geworden.

Anderen eine Nase drehen

Aufbegehren, anderen eine Nase drehen, das gehört durchaus zu den Eigenschaften der Schwaben. Das galt auch für den früheren Ministerpräsidenten Lothar Späth. Als Bietigheimer Bürgermeister führte er angeblich einen Regierungspräsidenten auf eine jungfräuliche Wiese und malte ihm das Projekt, für das er einen hohen Zuschuss brauchte, in den schönsten Farben aus. Der Präsident nuckelte an seiner Zigarre und sagte jovial Unterstützung zu. Was er im Gegensatz zu den begleitenden Journalisten nicht wusste: mit dem Bau des Projekts war längst begonnen worden – an anderer Stelle, und ohne Zusage. Risiko!

Nicht vergessen sei auch Heiner Geißler, der frühere CDU-Generalsekretär und Bergsteiger aus Oberndorf am Neckar. Sein Eigensinn, sein Widerspruchsgeist gingen dem einstigen Kanzler Kohl so auf die Nerven, dass er ihn abservierte. Geißler hat das nicht beeindruckt. Oder Helmut Palmer, der Pomologe und Bürokratenschreck aus dem Remstal und Dauerkandidat bei unzähligen Bürgermeisterwahlen im Land. Bis kurz vor seinem Tod kämpfte er gegen alles, was nach Beamtenstaat und Behördenwillkür roch – und fand dabei viele Anhänger. In Schwäbisch Hall hätten sie ihn fast einmal zum OB gemacht. Inzwischen ist sein Sohn Boris zum Stadtoberhaupt von Tübingen gewählt worden.

Und schließlich: Erinnert sich noch jemand an den Kommunarden und Politclown Fritz Teufel, diesen listig dreinblickenden Kerl aus Ludwigsburg mit der runden Nickelbrille, der Prominente mit Pudding und Zaubertinte attackierte? Dieser Teufel brachte der Kommune I den schwäbischen Ton bei – und wurde unsterblich, als er einem Richter, der ihn vor den Robenträgern aufzustehen hieß, geruhsam entgegnete: »Na ja, wenn es denn der Wahrheitsfindung dient…« Dass Konrad Kujau, der Nichtschwabe und Bilderfälscher aus Bietigheim, seine erfundenen Hitler-Tagebücher für die Illustrierte »Stern« in einem kleinen Schuppen in Stuttgart schrieb, sei nur am Rande vermerkt. Lauter unangepasste Leute, jeder auf seine Art.

Der Schwabe ist durchaus imstande und lässt auch mal fünfe gerade sein, tritt heraus aus den Reihen der Pfennigfuchser. Als solcher wird er zwar manchmal verspottet, aber so sieht er sich selbst nicht. Für ihn sind das ungerechte Unterstellungen. Gut, er gibt zwar hin und wieder Anlass zu solcher Etikettierung, kokettiert sogar damit. Aber in Wahrheit trifft es nicht den Kern seiner Identität. Die Schwaben und ihre badischen Landsleute wissen, dass sie besser und erfolgreicher sind als andere Volksstämme in deutschen Landen; das kommt sie beim Länderfinanzausgleich jedes Jahr teuer zu stehen. Allein, dass sie daran nicht verzweifeln, beweist, dass sie lebenslustiger, fröhlicher und friedfertiger sind, als andere glauben. Bloß, sie zeigen es nicht so gern. Es könnte ja irgendwer neidisch werden. Und Neid weckt Begehrlichkeiten.

So kommt es, dass Stuttgart zwar die beliebteste Großstadt Deutschlands ist und sich die Menschen in Baden-Württemberg am wohlsten fühlen, aber dass diese Erkenntnis für alle Welt und die Schwaben selbst eine große Überraschung darstellt. Nach einer Onlineumfrage »Perspektive Deutschland«, die von der Unternehmensberatung McKinsey, der Wochenzeitschrift »Stern« und dem ZDF durchgeführt wurde, liegen von den 20 beliebtesten der 117 Regionen Deutschlands die meisten in Baden-Württemberg, die anderen in Bayern (wo sonst?). 84 Prozent der Menschen zwischen Hohenlohe und Oberschwaben sind mit ihrem Lebensumfeld rundum zufrieden. Von den Städten liegt Stuttgart in der Beliebtheitsskala ganz oben, noch vor München, Düsseldorf und Hamburg. Und Baden-Württemberg insgesamt zeigt Hamburg und Bayern die Rücklichter.

Weitsichtiger sind sie auch noch, die Schwaben. 61 Prozent halten die bisherigen Reformen im Wirtschafts-, Sozial- und Arbeitsmarktbereich für nicht ausreichend. 83 Prozent sprechen sich für eine bessere Belohnung von Leistung aus, und 54 Prozent plädieren für weniger Staat mit stärkerer privater Risikoabsicherung. Allerdings, bei Gesundheit, Rente und Bildung soll der Staat in die Pflicht genommen werden.

Um das Image des Landes in der restlichen Welt zu verbessern, startete das Land eine große, republikweite Imagekampagne. »Wir können alles, außer Hochdeutsch«, hieß der Slogan. Natürlich stieß er sofort auf Kritik zwischen Bodensee und Kurpfalz. Doch die Kampagne wurde ein Erfolg, sogar als beste Länderaktion ausgezeichnet, da mit Understatement und Witz kokettiert wird, und nicht mit Überheblichkeit. Erfinder dieser Kampagne war übrigens der Werbeunternehmer Sebastian Turner, den die CDU 2012 als Kandidaten für die Wahl zum Stuttgarter Oberbürgermeister aufstellte. Es hat ihm nicht geholfen: Turner unterlag dem Grünen-Politiker Fritz Kuhn mit deutlichem Abstand.

Das bessere Image der Bayern wird hierzulande inzwischen locker ertragen. Die Bayern haben eben Gebirge und Almen, Biergärten und Lederhosen, Barockkirchen und alle Heiligen. Sie haben einfach nur Glück, erbauliche Lebensumstände, und sie sind vom lieben Gott verwöhnt. Zu guter Letzt kommt jetzt auch noch der Papst aus Bayern, während Württemberg nur mit dem Vatikan-Kritiker Hans Küng aus Tübingen Aufsehen erregte. Und der ist zudem, ganz unüberhörbar, Schweizer.

Entspannen, aber anständig

Da nimmt es nicht wunder, dass sich der Schwabe zum Verlustieren manchmal nach München bewegt. Hierzulande sind die Lust- und Entspannungsquellen immer auch sozial akzeptiert. Es ist halt der »Europapark« im badischen Rust, der zoologisch-botanische Garten »Wilhelma« in Stuttgart oder ebendort das »Leuzebad«. Das mag man, da kann man sich beim Entspannen auch sehen lassen, ohne dass man gleich in eine schlüpfrige Ecke gestellt wird.

Diese Ecke gibt's zwar auch, aber von Sündenpfuhl kann selbst in Stuttgart nicht die Rede sein. Das »Dreifarbenhaus«, ein schon traditionsreiches Bordell in der Landeshauptstadt, ist beinahe so etwas wie das Müttergenesungswerk für leichte Mädchen. Ob Puffmutter oder -vater, sie versorgen ihre Schützlinge mit Selbstgekochtem, passen auf sie auf, jagen randalierende Freier persönlich vom Hof und kümmern sich um Alltägliches – vom Gesundheitsamt bis zum Finanzamt. Die Russenmafia hat es jedenfalls nicht geschafft, diese Festung der käuflichen Liebe zu stürmen. Wie sagte einst die

Bordellbetreiberin: »Meine Mädla möget a ruhig's Schaffa.« Dabei soll es bleiben.

Dann gibt's in Stuttgart noch das »Städtle«, den Rotlichtbezirk hinter der Leonhardskirche, das auch nicht mehr das ist, was es einmal war. Zwar sind vereinzelt noch einschlägige Bars zu entdecken, aber wenn Manfred Rommel oder sein Nachfolger, Wolfgang Schuster, sagen, sie kämen gerade »aus dem Städtle«, dann unterstellt ihnen keiner, dass sie etwa ein Schäferstündchen hinter sich gebracht hätten. Denn hinter diesem Synonym verstecken sich sowohl die Innenstadt als auch die am Rand gelegene sündige Meile. Hier wie da geht es liberal zu, aber – anders als in Berlin – sehr zivil.

So lässt sich auch die Aufregung der örtlichen Honoratioren verstehen, als der frühere Südwestfunkintendant, Professor Hans Bausch, die Filmproduktionen des Senders nach München vergab. Die erregten Einwände, Stuttgart sei doch auch nicht ohne und im Übrigen existiere hier das Weltzentrum der Bibelherstellung, die Bibelanstalt, beantwortete Bausch mit einem einzigen Wort: »Eben.« An diesem Zustand wird sich auch nach weiteren großartigen Imagekampagnen so schnell nichts ändern.

Da hilft nur lockere Großzügigkeit, so wie sie einst ein Stuttgarter Straßenbahnschaffner einer jungen Dame gegenüber zeigte. Sie wollte ins Mineralbad Berg, hatte aber finanziell nicht vorgesorgt und nur – in alter Währung – eine Mark und fünfzig Pfennige dabei. Das reichte nur bis zwei Haltestellen vor dem Ziel. »Ha ja«, meinte der Schaffner mitleidsvoll, »die restliche zwei Haltestelle nehm i Sie mit. Aber wie kommet Se dann ins Bad?« Dachte kurz nach, öffnete seinen Geldbeutel und gab dem Fräulein eine Münze, die für den Eintritt reichte. Natürlich versprach sie, ihm das Geld zurückzugeben. Aber der Kavalier sprach trocken: »Net nötig, von dem werd i auch net reich.«

Fünfe grad sein lassen – das gäbe es heute nimmer? Doch.

Da saßen abends Vater, Mutter und zwei Brüder im S-Bahnzug von Marbach hinein ins Gottlieb-Daimler-Stadion, wo der VfB ein Heimspiel hatte. Alle hatte ihre Eintrittskarten dabei, die auch als Fahrkarten gelten, nur der Jüngste nicht. Der sollte das Ticket angeblich erst vor dem Stadion von einem Freund bekommen. Prompt erschien eine gestrenge Kontrolleurin. Das Manko wurde offenbar – und eigentlich waren jetzt 60 Euro Strafe fällig. Aber die Kontrolldame lachte: »Pass auf, Büble. Jetzt schrei'sch im Stadion b'sonders laut für da Vaueffbee – und wink'sch ganz arg. I guck mir des Spiel im Fernseha a – und wenn ich dich seh, isch alles in Ordnung.«

Es wurde noch ein schöner Abend, das Büble schrie wie ein Verrückter – und der VfB spielte unentschieden. Aber für die schwäbische Großzügigkeit stand es eins zu null.

Der Schwabe und sein Hang zum Protest

Was ist bloß in die Schwaben gefahren? Welcher Teufel mag sie wohl reiten oder schon geritten haben? Ein ganzes Jahr lang haben sie ihre Wut hinausgeschrien, als hätte man ihnen ihre Maultaschen und ihren Rostbraten gleichzeitig weggenommen. »Oben bleiben« skandierten sie am Stuttgarter Arnulf-Klett-Platz zu Tausenden und Abertausenden. Meistens montags. Und immer waren es angesehene Bürger aus den noblen Vierteln der begehrten Halbhöhenlage, von denen man auf die Stadt runterschauen kann: Anwälte, Richter, Zahnärzte, Steuerberater, Künstler, Unternehmer, Fernsehköche, Architekten und – was es in Stuttgart zuhauf gibt – Ingenieure, die also mit dem angeblich unwiderstehlichen Durchblick für alles technisch Machbare. Ausgerechnet der Schwabe, in des Wortes feinster Übersetzung verdruckt, schaffig, maulfaul und jahrhundertelang lebend nach dem Motto »a stiller Mensch isch ruhig«, ausgerechnet diese Spezies macht Rabatz. Und gleich so, dass nicht nur die Fetzen fliegen, sondern die ganze Republik kopfsteht und sich verwundert die Augen reibt.

Nein, Maultaschen und Rostbraten wurden ihnen nicht weggenommen. Der Fernsehturm, weltweit erster seiner Art und Wahrzeichen der Stadt, soll auch nicht abgerissen werden. Der VfB wegen seiner leidigen Spielkultur nicht verboten und das Alte Schloss unweit des verkehrsreichen Charlottenplatzes auch nicht an einen stilleren Ort versetzt werden. Der Daimler hat die Automobilproduktion nicht eingestellt, und der Bosch baut weiter Scheibenwischer und Zündkerzen. Nein, es geht um nichts Simpleres als um einen Bahnhof. Und der soll »oben bleiben«, also nicht unter die Erde. Der Stuttgarter, normalerweise Mercedes oder Porsche fahrend, hat seinen alten Bahnhof entdeckt und heiliggesprochen. Und das hat er dem erstaunten Publikum der Republik lautstark kundgetan.

Glückliches Stuttgart. Als ob man keine anderen Sorgen hätte, fragt man sich zwischen Wanne-Eickel und Castrop-Rauxel, zwischen Osnabrück und Oldenburg. Schnell sind Kabarettisten in die Sprachlosigkeit des damaligen Ministerpräsidenten und des langjährigen Oberbürgermeisters geprescht und haben die Antwort gegeben: »Der teuerste Bahnhof Deutschlands trifft auf das geizigste Volk der Welt.« Und der SWR parodierte die Parodie-Nationalhymne »Auf der schwäbische Eisebahne« neu: »Früher bisch em Zügle g'hockt, und hasch naus ins Ländle glotzt. Künftig hasch kei Sicht em Schacht, finstre Nacht bis Scheißebach.«

Ja, seinen Humor verliert der Schwabe nicht, auch wenn es ihm ernst ist. Ausgerechnet aus einem Porsche Cayenne heraus ruft ein bürgerlicher Demonstrant »Wir sind das Volk«, dem ein Nichtdemonstrant entgegenhält: »Du bist ein Sünder«. Und Sünder ist im pietistisch durchsetzten Schwabenland noch immer eine grobe Missfallensbekundung, vor allem wenn Vorsatz unterstellt wird. Ein Vorsatz ist im Schwäbischen für die Beleidigung unerlässlich, ohne Vorsatz ist selbst der rüde Ausdruck »Arschloch« keine, wie es ein Augsburger Staatsanwalt bei einer juristischen Aufarbeitung des verbalen Delikts klarstellte. Dann sei es nur noch eine »liebevolle Begrüßungsformel, eine Frage der Betonung«, so der Ex-TV-Journalist Ulrich Kienzle (»Kienzle und Hauser«) in seinem Schwabenkonvolut »Wo kommsch denn Du alds Arschloch her«.

Der Demonstrant aus dem Cayenne präzisierte nach seiner Maßregelung jedenfalls schnell: »Wir sind das Volk, wir sind das Geld«. Es wurde ihm Absolution erteilt, weil er die Wahrheit sagte. Ordnung schaffte auch der Fernsehreporter, dem ein wütender Demonstrant seine TV-Kamera zertrümmern wollte, mit einer für Schwaben höchst disziplinierenden Logik: »Diese Technik ist von Ihren Gebühren bezahlt«, wies er den Aufgebrachten zurecht, der von seinem zerstörerischen Tun abließ. Er befasste sich dann wohl mit der für ihn elementaren Frage: Wie baue ich mir aus einer Flasche Doppelherz und einer Wollsocke einen Molotowcocktail?

Na, also. Und darüber hielt die Republik den Atem an und verstand ihre Schwaben nicht mehr. Der Volksstamm, den man jenseits von Schwarzwald und Bodensee, Neckarmündung und Blautopf im bestem Sinne mit Schubart und Hegel, mit Schiller und Hauff (»das ist bei uns die Regel, die fallen gar nicht auf«) in Verbindung bringt oder profaner mit Gottlieb Daimler, Carl Benz und Robert Bosch, ausgerechnet dieser Volksstamm spielte Hafenstraße Hamburg, Gorleben, Wackersdorf und Startbahn West gleichzeitig. Und die Welt schaute tatsächlich verwundert auf diese Stadt.

»Le Figaro« staunte schon mal über den »Aufschrei der Deutschen« wegen eines gewöhnlichen Bahnhofprojekts. Die »New York Times« verglich die Konsequenz der Proteste mit dem Fall der Berliner Mauer und bezeichnete den alten Bahnhof als »eindrucksvolles Gebäude, eine Steinfestung, die man fast für ein Gefängnis halten könnte«. Und »Die Zeit« entdeckte gar in dem Bauvorhaben für Stuttgart »den abgekratzten Putz des Laissez-faire«. Werbestrategen, die sich in all den Jahren redlich mühten, Stuttgart in die internationalen Schlagzeilen zu bringen, mussten sich fragen lassen, was sie bisher falsch gemacht hatten. Ein Häuflein Demonstranten hatte es ihnen gezeigt. Die Stimmung in Stuttgart schwankte jedenfalls »zwischen Revolution, Bürgerkrieg und Halbjahreszeugniskonferenz«. Der abgerissene Nordflügel des Bahnhofs, lästerte die »Stuttgarter Zeitung«, war »so etwas wie die Abwrackprämie der Witzeindustrie«.

Beste Satire, alles etwas überdreht, alles durchaus auch mit einer Prise Galgenhumor gewürzt und mit der Formel von der »neuen bürgerlichen Protestkultur« garniert. Das muss die Menschen fasziniert haben – und nicht nur die Schwaben, die diese Frage nach dem Gemeinwohl an einem Bahnhofsneubau festmachten. Auf die Idee muss man erst einmal kommen. Das geht nur, wenn man mit dem Stilmittel der List umzugehen weiß, also – wie der Schwabe eben – »knitz« ist, sein Gelenk im Gehirn zu gebrauchen versteht.

Doch die ganze List hat ihm nicht geholfen, als am 30. September 2010 die Staatsgewalt nicht mit List, wohl aber mit Wasserwerfern zuschlug: Eisenharte Fontänen aus nächster Nähe fegten die Demonstranten weg. Hochwertiges Pfefferspray mit Chiliextrakt, natürlich aus schwäbischer Produktion von der Chemiefirma Carl Hoernecke aus Oberstenfeld, ließ die Protestierer in die Knie gehen. Und ein Bild ging um die Welt: Der Mann mit den blutenden Augen, der von einem »mörderischen Strahl« der Polizei erfasst wurde. »Da kannst du einpacken«, beschwor Gerhard Mutter, als Chef der Werbeagentur Crew AG für Bahn, Land und Stadt den tieferen Sinn von Stuttgart 21 vermittelnd unterwegs, die Macht der Bilder. Die Fotos dieses »schwarzen Donnerstags« vom Polizeieinsatz mit Pfefferspray, Schlagstöcken und von Wasserwerfern verletzten Menschen seien unauslöschlich, »ein Desaster«.

Nicht nur für die Werbeleute, auch für die Herrschenden. Einem politischen Erdbeben gleich haben die schwäbisch-biederen Bürger bei der Landtagswahl am 27. März 2011 eine fast unmöglich gehaltene historische Zäsur gewagt und Stefan Mappus als Ministerpräsidenten abgewählt. Ziemlich ramponiert und vom Wähler abgestraft wurde auch sein Wunsch-Koalitionspartner FDP, der nur knapp den Einzug ins Landesparlament schaffte. Der politische Tsunami, radioaktiv angereichert durch das furchtbare Kernkraftunglück von Fukushima in Japan, war jedoch etwas anderes: Ausgerechnet im Bundesland von Daimler, Porsche und Bosch wurde erstmals republikweit ein Grüner Ministerpräsident. Winfried Kretschmann, Biologielehrer aus Sigmaringen, hat die schwarze Festung erobert und Stefan Mappus aus der Villa Reitzenstein gejagt. Auch wenn Kretschmann das so nie sagen würde.

Stuttgart 21 und die Reaktorkatastrophe von Japan haben im wohlhabenden und behäbigen Musterländle einen Mann nach ganz oben gespült, der so ganz und gar nicht dem Klischee von grünen Politikern entspricht. Winfried Kretschmann eint mit dem früheren CDU-Ministerpräsidenten Erwin Teufel mehr als mit seinen Parteifreunden Renate Künast oder Jürgen Trittin. Zwanzig Jahre vor seinem grandiosen Erfolg hat er für den Wertkonservativismus mit seinem legendären Aufsatz »Warum eine ökologische Partei nicht links sein kann« eine Lanze gebrochen und damit die philosophische Grundlage für den späteren Wahlsieg gelegt. Von ihm stammen Worte wie »Schöpfung bewahren« oder – nach der Wahl – »ich bin zuerst dem Land verpflichtet und erst dann irgendwann meiner Partei«. Schöner hätte das ein CDU-Mann nicht sagen können.

Mit der Regentschaft von Günther Oettinger und Stefan Mappus haben die Schwaben ihren – von den eigenen schwarzen Parteifreunden grundlos in die Wüste geschickten – Erwin Teufel wieder lieben und schätzen gelernt. Teufel, der war einer von ihnen: aufrichtig, geradeheraus und der Arbeiter im Weinberg des Herrn, aber auch bedächtig und langweilig. Oettinger und Mappus, das waren die allzu Forschen, die Technikverliebten, die Atomgläubigen, die Hauruck-Apostel, die dem Fortschritt nicht schnell genug freie Bahn verschaffen konnten. Teufel dagegen stand für Entschleunigung, für die Sehnsucht der Menschen nach Orientierung in einer sich immer schneller drehenden Welt.

Die Vermutung ist gar nicht so abwegig, dass die Schwaben und Badener mit Winfried Kretschmann ein Abziehbild von Erwin Teufel gewählt haben: Klosterschüler, Kirchengemeinderat, Schützenkönig, Narrenzünftler – ein Mann aus dem Volk eben, der für Demut und Bescheidenheit steht.

Einfach wird er es in seinem verantwortungsvollen Amt nicht haben und das wusste Kretschmann auch seit seinem überraschenden Wahlsieg. Den ersten Tiefschlag kassierte er auf den Tag genau acht Monate nach dem historischen Wahlsonntag. Am 27. November 2011 stimmten nämlich die Baden-Württemberger über das Projekt »Stuttgart 21« ab – und zeigten Kretschmann und seinen grünen Jüngern die rote Karte: 58 Prozent der Bevölkerung sprachen sich für die Tieferlegung des Stuttgarter Bahnhofs aus, 41 Prozent waren dagegen. Selbst in Stuttgart, dort also, wo der Volkszorn sich so heftig gegen das Milliardenprojekt gewehrt hatte, votierte die Mehrheit für den unterirdischen Bahnhof.

Der eindeutige Volkswille traf Kretschmann voll in die Magengrube, den Schmerz konnte er nur mühsam verbergen. Ein halbes Politikerleben hatte er gegen den Tiefbahnhof gekämpft und fest an das Wunder geglaubt, dass er ihn am Ende mit dem rebellierenden Bürgertum im Rücken verhindern könnte. Und jetzt das. »An Wunder kann man glauben, aber bestellen kann man sie nicht«, sagte er tief betroffen am Tag nach dem Volksentscheid im Pressesaal des Landtages. Seit Monaten hatte er von dieser Stelle aus gegen den Bahnhof argumentiert, die Bahn attackiert und seinen bahnhofsbegeisterten Koalitionspartner SPD behutsam, aber doch bestimmt mit feiner Klinge alt aussehen lassen. Es hatte alles nichts genützt: Der Gewinner der Landtagswahl wurde zum Verlierer der Volksabstimmung.

Doch Kretschmann zeigte Haltung, ja fast schon so etwas wie den staatsmännisch aufrechten Gang. Seine Niederlage münzte er in ein »fulminantes Ergebnis« um und meinte damit den »Sieg der direkten Demokratie«. Selbstverständlich sei auch für ihn das Ergebnis der Volksabstimmung bindend, das Megabauprojekt werde man »kritisch begleiten«. Die Protestbewegung, die ihn mit an die Schalthebel der Macht hievte, ließ er ratlos zurück.

Dank durfte Kretschmann von den Bahnhofsgegnern nicht erwarten, selbst wenn er ihnen den Zuspruch nicht verweigerte. »Nicht dort, wo Menschen sich einmischen – auch wenn sie dies mit Trommeln und Pfeifen tun – ist die Demokratie in Gefahr, sondern dort, wo sie sich abwenden von der »res publica«, den öffentlichen Angelegenheiten«, rief er den 800 Gästen an seinem ersten Neujahrsempfang im Januar 2012 zu, die ihm – wenig beherzt, aber immerhin – applaudierten. Die Protestierer überzeugte seine staatsmännische Haltung nicht. Sie skandierten noch vor den Feierlichkeiten mit »Kretschmann weg«-Rufen und machten ihrem geballten Ärger Luft. Einige warfen sogar Schuhe nach ihm, als er mit Winfried Hermann, dem grünen Verkehrsminister und erklärten Bahnhofsgegner, das Neue Schloss verließ. Getroffen wurde er nicht, wohl aber einer seiner BodyGuards. Kretschmann wackelte nicht: »Es ist das Wesen der Demokratie, dass man Entscheidungen akzeptieren muss, ob sie einem gefallen oder nicht.«

Ironie des Schicksals: Der Bahnhof wird nun gegen jede grüne Absicht tiefergelegt – und das mit einem grünen

Ministerpräsidenten an der Spitze des Landes. Die Mühen der Ebene werden dem einstigen Biologielehrer noch lange die Sorgenfalten auf die Stirn treiben. Nicht einmal die ständig steigenden Kostenschätzungen für das Bahnhofsprojekt werden Kretschmann und seiner grünen Fraktion zu Hilfe kommen. Den Bau des teuersten Bahnhofs Deutschlands werden sie zwar »kritisch begleiten« und auch der Streit über die weiteren Kosten dürfte anhalten. Aber Demokratie lebt nun mal vom Kompromiss, das weiß der Schwabe und auch der Schwabe Kretschmann. Mit dem Spott wird er sich halt noch anfreunden müssen, wenn Kabarettisten lästern, dass Kretschmann eben nicht mehr ist als »ein Oettinger mit Rußpartikelfilter«.

Mehr als »kritisch begleiten« kann auch Stuttgarts neuer Oberbürgermeister das Bauprojekt nicht. Baden-Württemberg ist ja nicht nur das erste Bundesland mit einem grünen Ministerpräsidenten, es stellt auch den ersten grünen Oberbürgermeister einer Landeshauptstadt. Mit der OB-Wahl am 21. Oktober 2012 wurde der einst singuläre Durchmarsch der Grünen an die Macht schon beinahe zur Normalität im Ländle, als Fritz Kuhn überraschend deutlich seinen von der CDU nominierten Mitkandidaten Sebastian Turner abhängte und zum Oberhaupt der Schwaben-Hauptstadt gewählt wurde. Wurde die Wahl Kretschmanns zum Ministerpräsidenten von der CDU noch als »Betriebsunfall« eingeschätzt, der spätestens vergessen sein sollte, wenn die Ökos bei der Regierungsarbeit scheitern sollten, so darf seit der Wahl von Fritz Kuhn die Unfallthese abgehakt werden. Die Grünen sind in Baden-Württemberg angekommen. Sie sind volksnah, bodenständig und treffen die Tonalität eines pietistisch geerdeten Menschenschlages. Vor allem aber: Die Schwaben fürchten sich nicht vor den Ökos, die für einen aufgeklärten Konservatismus stehen. Und dort, wo sie schon die Rathäuser des Landes erobert haben – wie in Freiburg und Tübingen beispielsweise –, soll es dem Vernehmen nach noch immer Straßen, Dienstfahrzeuge und elektrischen Strom geben. Am Ende bauen sie sogar Bahnhöfe, die sie gar nicht wollen.

Das Ländle ist offensichtlich ein gigantisches Politik-Labor. Schon vor Kretschmann rückte nämlich noch ein anderer in den Fokus des politischen Rampenlichts, den ob seines Alters niemand mehr auf dem Radarschirm hatte: Heiner Geißler, über achtzig Jahre alt, ehedem Generalsekretär der CDU und bekennendes Mitglied bei den Globalisierungsgegnern Attac. Den Schlichter im Bahnhofsstreit zwischen der Fraktion der »Obenbleiber« und der Fraktion der »Tieferleger« sollte er spielen, obwohl es eigentlich wenig zum Schlichten gab. Er befriedete denn auch mehr, als er schlichtete. Die Schienen kann man nicht nur ein bisschen nach unten legen – entweder ganz oder gar nicht. Und ganz wurde ja schon mal beschlossen.

Geißler überraschte und überzeugte, vor allem machte er keinen auf basta. Mit seiner Schlagfertigkeit und Gewitztheit hat der aus Oberndorf am Neckar stammende Schwabe die Gemüter nicht nur gekühlt, sondern auch für sich gepunktet. Noch erstaunlicher: Er hat auch für gute Unterhaltung gesorgt, die dem Landessender SWR und dem Bundessender Phoenix hohe Einschaltquoten bescherten. Die damalige forsche Verkehrsministerin Tanja Gönner rüffelte er schon mal, wenn sie wieder unaufgefordert das Wort an sich riss. Der Frau Gönner, die sich mit Vorliebe Wortgefechte mit Tübingens Oberbürgermeister Boris Palmer von den Grünen lieferte, erklärte Geißler, »was keinen guten Eindruck macht«. Und dem Publikum im Schlichtungssaal des Stuttgarter Rathauses und vor den Bildschirmen versuchte er auch dann den Gegenstand verständlich zu machen, wenn er selbst nicht so genau wusste wie: »Wendezüge sind solche, bei denen man vorne und hinten losfahren kann.« Der Saal lachte.

Und so weiter. Vor allem die sogenannten Experten haben es ihm angetan: »Zahnlücke ist mir klar, aber was ist eine Taktlücke?« Oder auch schon mal bei Charts, die an die Wand projiziert wurden: »Begrenzt verständlich, deshalb nehmen wir lieber die nächste Folie.« Vor allem aber: Geißler benannte ein Problem, das dem Volk unter den Nägeln brannte und das die schwarzen Politiker allzu gerne ausgebremst hätten: »Mein Votum wird auch stark davon abhängen, ob die zu bebauenden Grundstückflächen bis zum Jahr 2020 vor Immobilienspekulationen geschützt werden können.« Rums. Das war Salz in die Wunden der Entscheidungsträger, das kam beim Publikum an. n-tv-Reporter Thomas Präkelt war von der Schlichtungsinszenierung so angetan, dass er begeistert ins Mikrofon jubelte: »Das ist wirklich hervorragend. Wir schauen fasziniert auf Stuttgart.« Der »Spiegel« schaffte sogar mit seiner Wortschöpfung »Wutbürger« über die Stuttgarter Renitenz das Wort des Jahres. Und das ZDF holte sich die Lacher auf seine Seite mit der Sendung: »Big trouble in little Stuttgart.«

Alles Geißler oder was? Er hat jedenfalls mit seiner Schlichtung ein bisher nie da gewesenes Politikexperiment gewagt, das am Ende das Verhältnis des Volkes zu seinen Vertretern neu justierte: ein Verfahren, das Gegner und Befürworter eines Mammutprojekts an einen Tisch brachte, um nach fünfzehn Jahren Planung und einsetzendem Baubeginn die Fakten aus den Asservatenkammern in die Öffentlichkeit zu zerren. Die Demonstranten zwangen Bahn und Landesregierung in die Gesprächsrunden, »weil sie trotz der Legalität des Projektes die Legitimität desselben angezweifelt haben«, wie die ortskundige »Stuttgarter Zeitung« messerscharf analysierte. Geißler wagte jedenfalls eine politische Innovation, die als Vorlage dienen könnte, wenn an anderer Stelle der Republik wieder einmal etwas Großes und deshalb schwer Akzeptierbares hochgezogen werden soll. Allerdings müsste noch geklärt werden, wie die »Geißler-Schlichtung« künftig gestaltend funktionieren soll. Kein einziger Teilnehmer der diskutierfreudigen Runde hatte eine demokratische Legitimation für sein Engagement im Schlichtungsgremium. Es blieb dann auch lediglich bei Empfehlungen.

Vorbei sein dürften aber die Zeiten einer patriarchalischen Informationspolitik der Regierenden. Erst entscheiden und sich dann überlegen, wie man es den Menschen beibringt, funktioniert nicht mehr. Es ist Geißlers Verdienst, deutlich gemacht zu haben, dass die Menschen mitgenommen werden wollen, dass ihnen Mitsprache etwas bedeutet, auch wenn diese Beteiligung am Ende zu noch höheren Baukosten führen sollte. Dieses Opfer bringt dann sogar der vermeintlich geizige Schwabe auf.

Offenbart hat die Auseinandersetzung um einen banalen Bahnhof aber in erschreckender Weise noch etwas anderes: Die Regierenden kennen ihr Volk nicht wirklich. Die Wucht der Ereignisse war ihnen fremd, die Demonstrationslust einer an sich konservativen Schicht von gut situierten Menschen nicht minder.

Dabei hätten sie es besser wissen müssen. Schon immer waren die Bürger des Südweststaates renitent, auch wenn sie meistens am Ende gekniffen haben. Die Renitenz ist ein Wesenszug aller Alemannen, ob Badener oder Schwaben, und ist historisch verbürgt. Auch wenn dies zeitweilig in Vergessenheit geraten mag.

Einige Jahrhunderte ist es her, da haben die Schwaben schon mal richtig Aufstand geübt. Herzog Ulrich von Württemberg, der nicht gerade berühmt war für schwäbische Sparsamkeit und eher nach dem Lustprinzip lebte, brauchte wieder einmal Geld und erfand deshalb eine für das Volk doch recht widerwärtige Steuer: das »Umgeld«. Sie war nichts anderes als die heutige Umsatzsteuer, nur eben noch ungewohnt.

Besteuert werden sollten Lebensmittel und sogar die hauseigene Schlachtplatte, die »Metzelsupp« also. Noch mehr verärgerte das Fußvolk aber die Anweisung Herzog Ulrichs, die Maßgewichte zu reduzieren. Für den gleichen Preis erhielt man dann statt eines Kilogramm Mehls nur etwa 700 Gramm. Das alles musste die Schwaben regelrecht auf die Palme bringen. Und da hockten sie dann auch.

Schwäbisch-direkt machten sie sich lustig über ihren Landesherrn. Der »Geißpeter von Beutelsbach« marodierte 1514 mit gehässigen Witzen über die Stuttgarter Obrigkeit durch das Remstal. Und Schorndorf, zehn Tage in der Hand der Aufständischen, wurde schnell zum Kristallisationspunkt einer saftigen Bauernrebellion, die sich »armer Konrad« nannte, was wohl ein Synonym für »einfache Leute« war.

Was fehlte, war ein Geißler, ein Schlichter eben. Herzog Ulrich ließ jedenfalls alle Anführer der Aufständischen in Schorndorf einen Kopf kürzer machen und 1700 Bauern aus dem Remstal gefangen nehmen. Die rabiate Staatsgewalt erstickte zwar die Rebellion, die Forderungen der Aufständischen führten aber am Ende zum »Tübinger Vertrag«, der am 7. Juli 1514 beschlossen wurde und als schwäbische Magna Charta in die Geschichte einging.

Hochgradig rebellisch waren auch die schwäbischen Anführer 1525 im Bauernkrieg. Der aus Großbottwar stammende Matern Feuerbacher organisierte 8000 Bauern, die als der »Helle Christliche Haufen« bekannt wurden und bei Böblingen und Sindelfingen eine verheerende Niederlage erlitten. In einem Schauprozess wurde er mangels Beweisen freigesprochen und durfte in die Schweiz ausreisen.

Ganz so gnädig meinte es das Schicksal mit Jerg Ratgeb, dem Bauernjörg aus Schwäbisch Gmünd, nicht. Ratgeb war ein Maler der Dürerzeit, lernte in Italien und schuf in Frankfurt am Main für das Karmeliterkloster die größte Wandmalerei nördlich der Alpen. Sein bekanntestes Werk ist allerdings der 1521 fertiggestellte »Herrenberger Altar«, den er für die Stiftskirche in Herrenberg schuf. Seine politische Ader entdeckte er als Mitglied des Rates von Stuttgart, als er im Bauernkrieg mit den Aufständischen verhandelte und sich später von ihnen als Kriegsrat wählen ließ. Der Aufstand wurde niedergeschlagen, Ratgeb verhaftet, des Hochverrats angeklagt und als Strafe 1526 in Pforzheim von vier Pferden gevierteilt.

Erwähnenswert in dieser Aufzählung ist auch der Aufstand der »Neuwürttemberger« 1809 im durch Napoleons Gnaden eingegliederten Hohenlohe. Bei einer Revolte gegen die von König Friedrich I. befohlene Rekrutenausbildung kamen durch den Einsatz urschwäbischen Militärs 30 Menschen in Mergentheim, damals noch kein Bad, ums Leben. Sechs Rädelsführer wurden zum Tode verurteilt, die anderen auf den Hohenasperg verfrachtet. Diese Niederschlagung gilt vielen heute noch als Indiz, weshalb die Schwaben bei den fränkischen Hohenlohern nicht beliebt sind.

Oder der Vormärz, die bürgerliche Revolution in deutschen Landen. Man wollte endlich Demokratie, wollte die Ideen der Französischen Revolution von Freiheit, Gleichheit, Brüderlichkeit umsetzen. Der Mannheimer Advokat Friedrich Hecker, 1842 jüngster Abgeordneter der Zweiten Badischen Kammer, verfasste im März 1848 die Forderungen nach Redefreiheit, Pressefreiheit, gleicher und gerechter Besteuerung, Auflösung aller feudalen Privilegien, freien Wahlen sowie der Vereinigung der 38 deutschen Staaten zu einer Republik. Das war starker Tobak für die absolutistischen Herrscher.

Am 11. April 1848 jedenfalls rief Hecker in Konstanz die Bevölkerung zur bewaffneten Erhebung auf. Zwei Tage später verließ er mit nur 30 Mann die Bodenseestadt, um auf dem Weg nach Karlsruhe weitere Aufständische in seinen Zug der Freischärler aufzunehmen, was irgendwie nicht wirklich gelingen sollte. Auch als ihm der russischstämmige Karlsruher Gustav Struve mit einer Schar kriegswilliger Revolutionäre in Donaueschingen zur Hilfe kam, war die Schlacht gegen die Truppen der badischen Regierung nicht mehr zu gewinnen. Am 20. April 1848 – bereits wieder auf dem Rückzug – musste Hecker seine militärische Niederlage eingestehen.

Diese Schmach mit einem hohen Blutzoll seiner Leute konnte auch der Schwabe Georg Herwegh, Gastwirtssohn aus Stuttgart, nicht verhindern. Der in Maulbronn und im Tübinger Stift, der württembergischen Theologenschmiede, ausgebildete Herwegh bildete im Pariser Exil die »Deutsche Demokratische Legion« und eilte mit 700 Emigranten und Söldnern über Straßburg Hecker zu Hilfe. Er erreichte badisches Gebiet vier Tage nach Heckers Scheitern und musste sich bei Dossenheim selbst geschlagen geben. Von Herwegh stammt übrigens auch der bittere Vers aus seinem »Lied vom Hasse« (1841): »Wir haben lang genug geliebt und wollen endlich hassen!«

Hecker flüchtete in die Schweiz, die eine Auslieferung entschieden ablehnte. Die Revolutionsstimmung hielt an, und um den badischen Freiheitskämpfer und seinen »Hecker-Zug« entstand bereits 1848 ein Personenkult. Kein Geringerer als der 2006 verstorbene Stuttgarter Antiquar und Kulturschaffende Horst Brandstätter hat diese Geschichte undogmatisch und kenntnisreich aufgearbeitet. Zum 150. Jubiläum des Heckerzuges initiierte er für die Außenfassade des Konstanzer Bürgersaales ein großes Relief. Martin Walser, der große Schriftsteller vom Bodensee, rief dafür eine Spendenaktion ins Leben, das Kunstwerk schuf Johannes Grützke. 2010 hat die gemeinnützige Stuttgarter Stiftung des ehemaligen Porsche-Chefs Wendelin Wiedeking die Hinterlassenschaft Brandstätters, einschließlich der Entwürfe für das Majolikarelief, erworben und dem Haus der Geschichte Baden-Württembergs in Stuttgart vermacht. So schließt sich der Kreis.

Ausgeprägter als anderswo war in Württemberg auch der Widerstand gegen die Hitler-Barbarei. Als erster deutscher Bischof protestierte Theophil Wurm, Chef der Protestanten in Württemberg, gegen das Euthanasieprogramm der Nationalsozialisten. 1934 schon einmal wegen regimekritischer Predigten unter Hausarrest gestellt, wetterte er auch 1943 öffentlich gegen die Judenverfolgung. Nach dem Krieg gestand er als Mitunterzeichner des »Stuttgarter Schuldbekenntnisses« das Versagen der evangelischen Kirche im Dritten Reich ein. Die Renitenz der Pfarrer bewies auch die sogenannte »Württembergische Pfarrhauskette«, eine Untergrundorganisation, die in ihren Kirchen und Privathäusern Juden und andere Verfolgte aufnahm, deren Identität verschleierte und sie so vor dem Zugriff der Nazis schützte. Die Liste dieser aufrechten Pfarrer ist lang: Gustav Beierbach aus Metzingen zählte dazu, auch Alfred Brecht aus Calw oder Paul Harr aus Stuttgart-Sillenbuch, ebenso Adolf Rittmann aus Dettingen/Erms oder Helmut und Hildegard Spieth aus Stetten im Remstal. Und und …

Oder eben Johann Georg Elser, Schreiner und Möbeltischler aus Hermaringen von der Ostalb. Ein echter Schwabe also, und ausgerechnet er war es, der am 8. November 1939 im Münchner Bürgerbräukeller ein Bombenattentat auf Adolf Hitler und weitere NS-Funktionäre verübte. Seine Kenntnisse für den Bau eines ausgeklügelten Zeitzünders erwarb er sich in einer Konstanzer Uhrenfabrik, Bombe samt Zünder baute er Nächte zuvor in riskanter Kleinarbeit in die Säule direkt hinter dem Rednerpult im Bürgerbräukeller ein. Alles funktionierte wie am Schnürchen, die Bombe explodierte genau zum vorgesehenen Zeitpunkt um 21.20 Uhr. Und trotzdem schlug das Attentat fehl, weil das Wetter nicht mitspielte. Der schnauzbärtige Diktator musste – wetterbedingt – die Bahn dem Flugzeug nach Berlin vorziehen und deshalb schneller und kürzer reden als geplant. Dreizehn Minuten nachdem

Hitler den Saal verlassen hatte, ging die Bude in die Luft. Zu spät. Schwaben pflegen in solchen Momenten aus ihrer Verzweiflung heraus gerne das Stilmittel der knappen Quintessenz: Knapp daneba isch au daneba.

Geklappt hat die Verhinderung Hitlers auch vorher schon nicht. Der deutschlandweit einzige Versuch, die Machtergreifung am Tag nach der Ernennung des Braunauers zum Reichskanzler zu vereiteln, fand ausgerechnet im Württembergischen statt. Am 31. Januar 1933 organisierten Textilarbeiter in Mössingen am Rande der Schwäbischen Alb einen politischen Generalstreik gegen das Hitler-Regime. Ein massiver Polizeieinsatz beendete auch diese Revolte schnell und brachte die Rädelsführer ins Gefängnis.

Ja, der Protest ist in Deutsch-Südwest nichts Ungewöhnliches – und die Dichter des Landes haben ihn noch mehr geschätzt als die vermeintlich braven Bürger. Ludwig Uhland reimte in seiner Ballade über den Kreuzzug Kaiser Barbarossas: »Die Streiche sind bei uns im Schwang, sie sind bekannt im ganzen Reiche. Man nennt sie halt nur Schwabenstreiche.« Gemeint war das Abschlachten der Türken auf dem Weg ins Gelobte Land. Friedrich Schiller verschaffte der Schweiz mit dem Aufständischen Wilhelm Tell einen Nationalhelden und stritt mit seinen »Räubern« für das Unbedingte. Und als ob es nichts Naheliegenderes gäbe, verkämpfte sich Friedrich Hölderlin für die Griechen im Freiheitskampf mit den Türken.

Aber man muss gar nicht so weit zurückgehen. Helmut Palmer, der »Remstal-Rebell« aus Geradstetten, wetterte in den sechziger und siebziger Jahren auf alles und gegen jedes, vor allem aber gegen Behördenwillkür. In über 250 Gemeinden und Städten Württembergs trat der Bürgerrechtler und Obstbaumkundler als Bürgermeisterkandidat an, in Schwäbisch Hall eroberte er 1974 im ersten Wahlgang gar satte 41 Prozent der Stimmen. Seine politischen Aktivitäten bewahrten ihn nicht davor, mehrfach die Gefängnisse von innen zu sehen, auch den berühmten Hohenasperg, auf dem schon Friedrich Schiller seinen Freund Daniel Schubart besuchte. 2004 starb Helmut Palmer 74-jährig in Tübingen, zwei Jahre bevor sein Sohn Boris genau dort in der Universitätsstadt zum Oberbürgermeister gewählt wurde. Ein Aperçu am Rande: Exstaatsminister Christoph Palmer, der 2005 vor Erwin Teufels Demission als Ministerpräsident einen Teufel-kritischen CDU-Parteifreund ohrfeigte und dann auch abdanken musste, ist ein Neffe des verstorbenen Remstal-Rebellen.

Stichwort Teufel: Gemeint ist der Fritz aus Ludwigsburg, der mit seinem legendären Statement vor Gericht wie sein Namensvetter Erwin auch in die Geschichte einging.

Rebellen also, so weit das Auge blickt. In den sechziger Jahren protestierten die Stuttgarter so wild gegen den neu zu bauenden Fernsehturm, dass die Stadt aus dem Projekt aussteigen musste. Die Verlängerung der Startbahn des Stuttgarter Flughafens erzürnte die Filderbauern in den achtziger Jahren genauso wie zuletzt der Bau der Messe auf den Fildern. Massenhaft Proteste gab es auch beim Bau der ICE-Strecke Mannheim-Stuttgart. Und bei der Westumfahrung Freiburg haben Demonstranten Kühe mit Parolen bemalt und alle Wege versperrt. Ende der siebziger Jahre verhinderten militante Umweltschützer und Landwirte den Bau einer Teststrecke von Daimler in Boxberg und erzwangen ein richtungsweisendes Verfassungsurteil: Enteignungen sind nur zum Wohle der Allgemeinheit möglich, nicht zum Wohle eines Unternehmens. Später baute Bosch die Teststrecke in Boxberg. Die Revoluzzer mit der symbolträchtigen Entlehnung »Bundschuh« aus den Bauernkriegen waren nicht nur müde, Bosch hat die Sache auch geschickter angestellt als Daimler. Vor allem provozierten die Einspritzpumpenhersteller von der Schillerhöhe die Bundschuhleute nicht. Das half.

Diese noble Attitüde könnte auch Stuttgart 21 zum Erfolg

verhelfen. Im Hauptgebäude des Bahnhofes ist unter der Decke der Schwaben größter Dichter verewigt: »Brüder, über'm Sternenzelt muss ein lieber Vater wohnen«. Wer in der »Ode an die Freude« weiterliest, findet das Rezept für ein Gelingen: »Wenn gute Reden sie begleiten, dann fließt die Arbeit munter fort.« Also die Leut nedd für domm halta, sondern mit ihne schwätza.

Es wäre nicht der schlechteste Rat für die schwarzen Ministerpräsidenten des Landes gewesen, sondern auch ein guter Rat für Kretschmann: Schlag nach bei Schiller, wenigstens hin und wieder. Der Dichter kann nämlich durchaus als Blaupause herhalten, wie man die Menschen für eine große Sache gewinnt – auch für eine Sache, die man selbst nicht wirklich will.

Übrigens: Völlig kostenlos. Und das ist bei Schwaben ein Wort.

Sodele. Gell.

Der Spaß hat sämtliche Mühen verdrängt. Ohne Frage. Aber die Mühen waren größer, als ich es mir zunächst vorgestellt hatte, nachdem ich dem Piper Verlag die »Gebrauchsanweisung für Schwaben« zugesagt hatte. Selbstverständlich hatte ich ausreichend Material – am eigenen Leib Erfahrenes und Niedergeschriebenes aus der schwäbisch-pietistischen Gemeinde Dettingen an der Erms, in der ich aufgewachsen bin. Aus »Boss-Town« Metzingen, wo ich meine Bleisetzerlehre absolvierte und später ein journalistisches Volontariat anhängte. Aus der Universitätsstadt Tübingen, die ich als Student gründlich kennenlernen durfte. Aus den Räumen der »Stuttgarter Zeitung«, die damals noch die Redaktionskollegen unterschied in rechtschaffene (kommen von der Schwäbischen Alb) und besserwisserische (kommen aus Stuttgart). Und schließlich aus dem Backsteinbau der Sportwagenschmiede Porsche in Stuttgart-Zuffenhausen mit einem wegen »Sparsamkeit ausgewiesenen Westfalen« als Chef, wie es der Betriebsratsvorsitzende vor versammelter Belegschaft treffend kundtat.

Ja, Erfahrung, Selbstgeschriebenes, Gelerntes und Angelesenes waren da. Aber aus all dem sollte ein in sich geschlossenes Werk komponiert werden. Ob ich denn nichts Besseres zu tun hätte, wurde ich mehr als einmal gefragt, weil ich Wochenenden und Urlaube opferte. Und diese Frage stellte nicht nur meine Frau.

Nein, ich wollte nichts Besseres tun. Ich bin zwar katholisch-bayerisch geboren, denke, fühle und handle aber pietistisch-schwäbisch. Und noch etwas: Ich sympathisiere mit diesem Volksstamm.

Der Schwabe ist kein Großkotz, er redet zwar laut und bisweilen missverständlich, aber er kann auch schweigen – bis sein nicht schwäbischer Partner vor Verzweiflung rasend wird. Wo andere lachen, sitzt er jede Pointe aus. Das macht ihn stark, vermittelt aber den Eindruck des Hilflosen, des Schwächeren. Mit diesem falschen Image lebt er nun schon seit ewigen Zeiten.

Aber seine Attitüde erfährt Sympathie – und in jüngster Zeit immer mehr. Denn Sympathie gilt im Zweifel dem vermeintlich Schwächeren, weil wir uns in seine Gefühlslage hineinversetzen können. Der Starke hat Kraft, den Schwachen kostet es immer Kraft, Siege zu erringen. Und der Schwabe siegt gern, weshalb er sich immer anstrengt. Auch wenn er keine Chance hat, versucht er es. Niemand kann ihn daran hindern, unbeirrbar geht er seinen Weg, und allen Zweiflern trotzt er. Irrtum per definitionem ausgeschlossen. Ein Schwabe glaubt an sich – und hat deshalb Erfolg. Doch Erfolg wird einem bekanntlich selten vergeben.

Auf diesem Humus gedieh die vorliegende »Gebrauchsanweisung«. Das Heranwachsen war im klassisch-schwäbischen Sinne Arbeit – schöne Arbeit. Sie wurde schöner, je mehr Freunde und einstige journalistische Begleiter Sympathie für mein Unterfangen zeigten. Ratschläge erhielt ich reichlich, und für jeden einzelnen bin ich dankbar.

Ein guter Rat war es schließlich auch, die vorliegende »Gebrauchsanweisung« für eine Neuauflage zu überarbeiten und um das dankbare Kapitel »Der Schwabe und sein Hang zum Protest« zu erweitern. »Stuttgart 21«, der republikweit unüberhörbare Kampf um einen Bahnhof, rückte die historisch verbürgte Protestneigung der Schwaben wieder auf die Radarschirme. Die Protesthaltung ist beileibe nicht neu, vielleicht außerhalb der Landesgrenzen wenig bekannt, aber Schwierigkeiten hatte der Schwabe schon immer mit seiner Obrigkeit. Und das hat er auch jedem laut in seinem unverwechselbaren Idiom gesagt. Nein, nicht gesagt. Er hat seine Wut oftmals auch hinausgeschrien. Wie beim großen Bahnhofsprojekt. Ganz undankbar.

Auch wenn Dankbarkeit nicht unbedingt steigerungsfähig ist, so versuche ich es dennoch für einen Mitstreiter, ohne den unter das Werk wohl nie ein Schlusspunkt gesetzt worden wäre: Martin Hohnecker, hochgeschätzter Kollege aus meinen Zeiten bei der »Stuttgarter Zeitung«. Sein profundes Wissen über die schwäbisch-alemannische Geschichte, seine intimen Kenntnisse der regionalen und der außerschwäbischen Weine und seine Sensibilität für die Schwaben-Semantik haben mich nicht nur vor manchem Fehler bewahrt, sondern das Buch insgesamt bereichert. Hohnecker hat auch bei den Kapiteln eingegriffen, wo meine Kunst an Erfahrungsgrenzen gestoßen ist.

So gesehen ist die »Gebrauchsanweisung für Schwaben« ein Werk von uns beiden geworden, wenngleich er sich bewusst und im Vollbesitz seiner geistigen Kräfte immer hinter den Vorhang gestellt hat. Er empfand sich als Zuträger, ich begriff ihn als tragende Säule. Im Mai 2012 hat er uns nach längerer, schwerer Krankheit verlassen. Für immer. Er war ein herausragender Journalist und ein Meister im Geschichtenschreiben. Seine Gedanken leben in diesem Buch weiter.

Sodele, und jetzt hoffe ich, dass die lieben Leser bei

der Lektüre mindestens so viel Spaß haben, wie ihn Martin Hohnecker und ich im Schein von 60-Watt-Glühbirnen und dem Verzehr etlicher Flaschen Lemberger beim Niederschreiben hatten. Gell.